古文書を読む

北条氏邦と鉢形領支配

梅沢太久夫

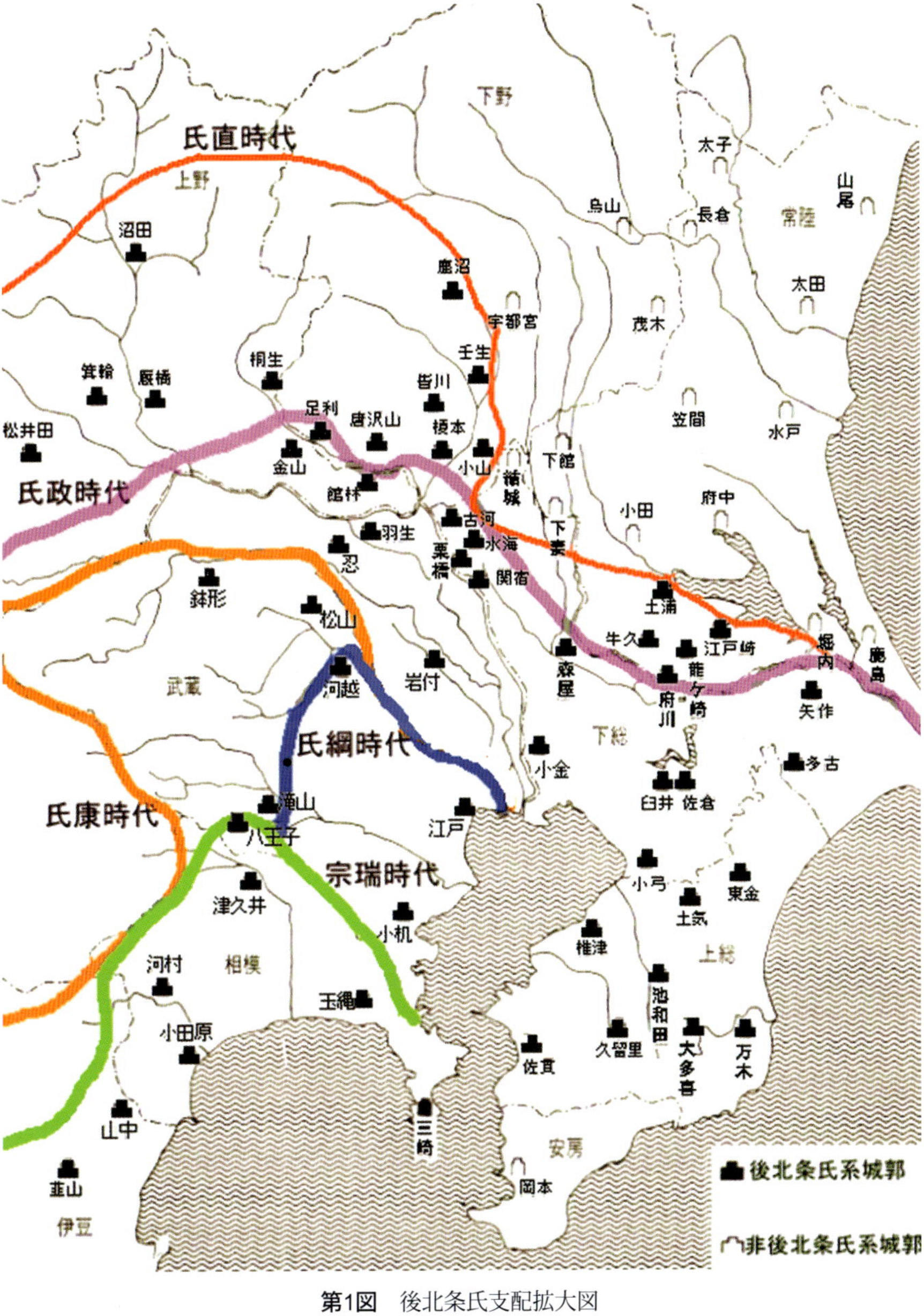

第1図　後北条氏支配拡大図

『新編埼玉県史』通史編第２巻　4－89図に加筆作成

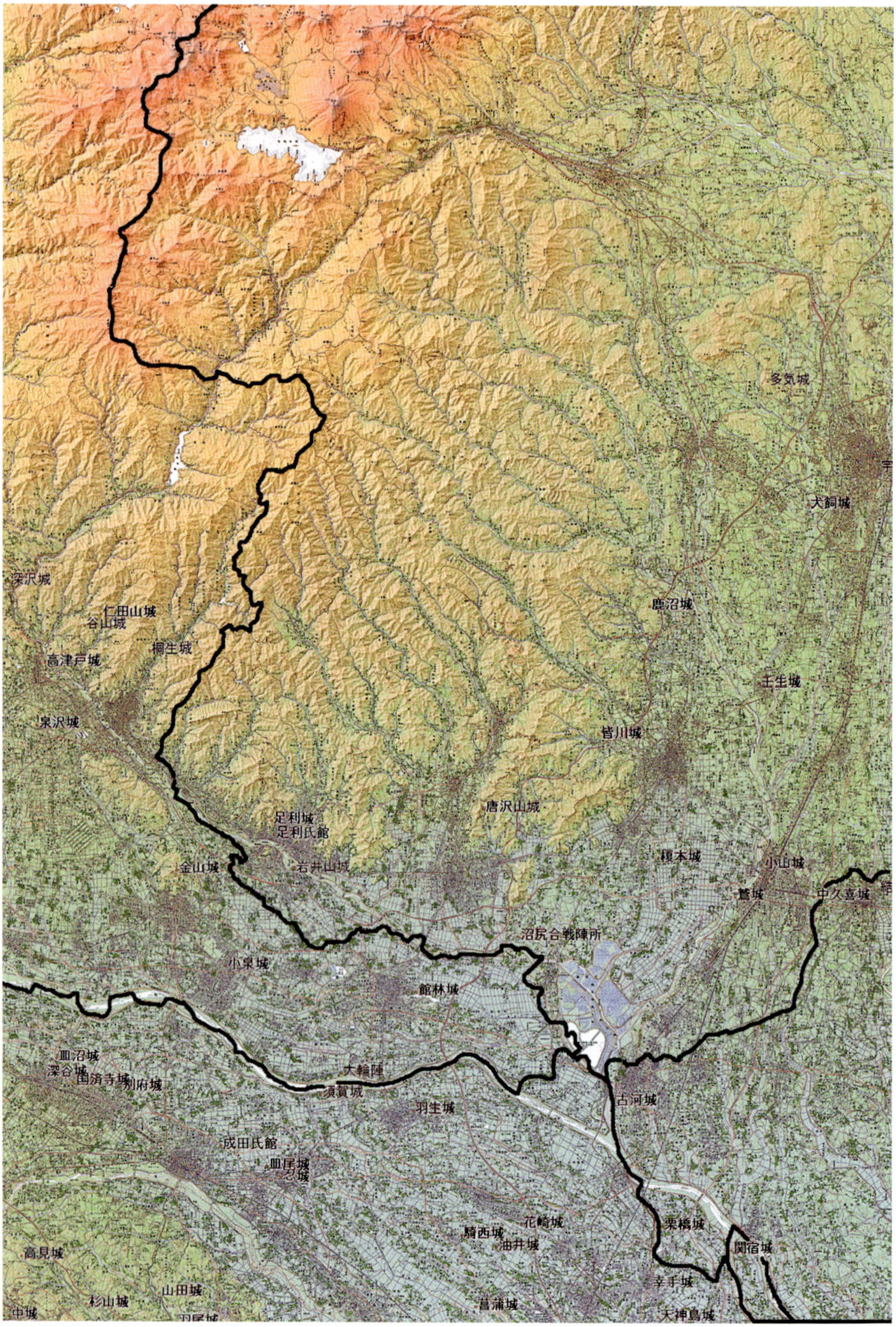

第2図　北条氏邦支配関係・上野地域東部の主な城郭分布図

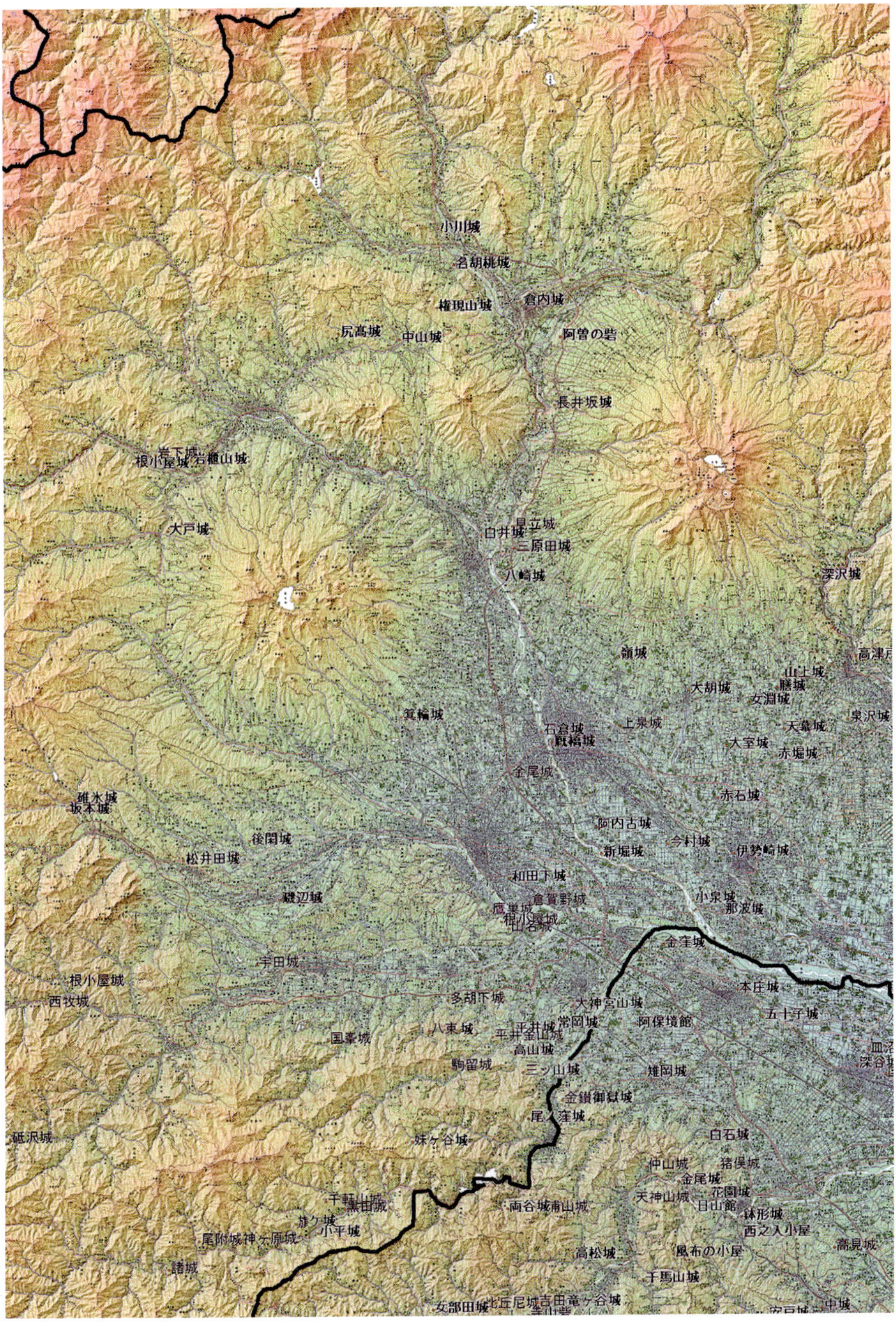

第3図　北条氏邦支配関係・上野地域西部の主な城郭分布図

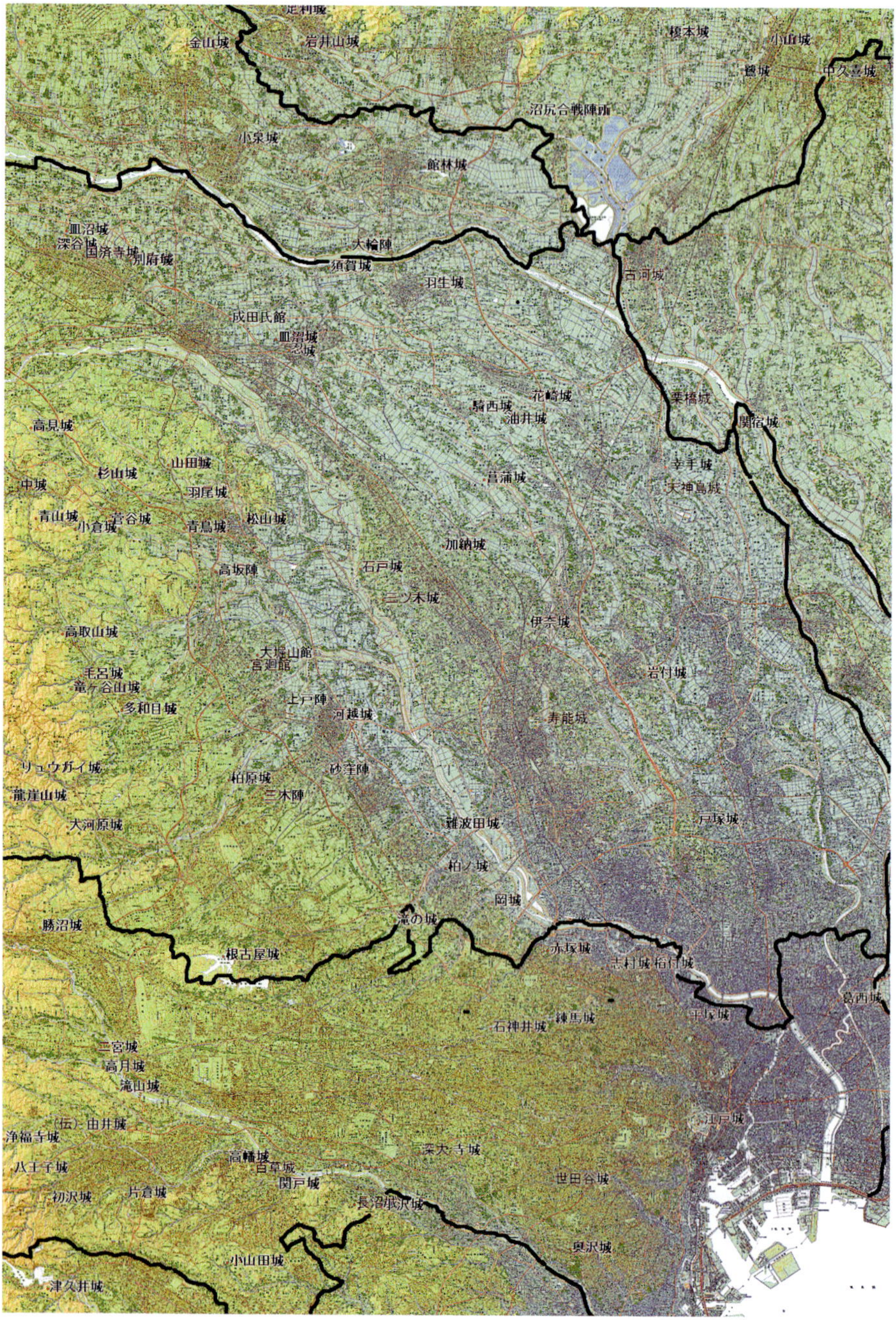

第4図　鉢形領と東部周辺地域の主な城郭分布図

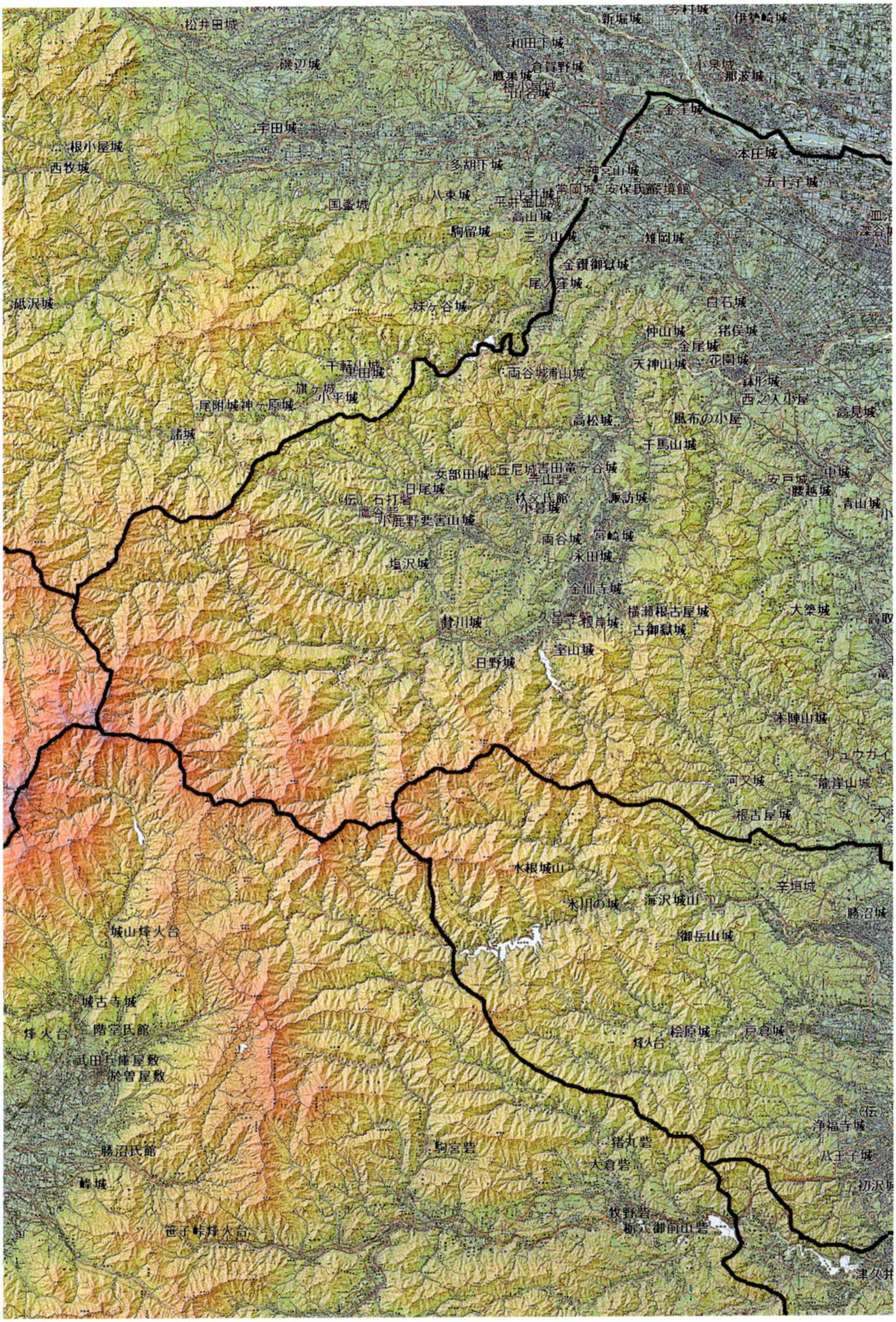

第5図　鉢形領と周辺地域の主な城郭分布図

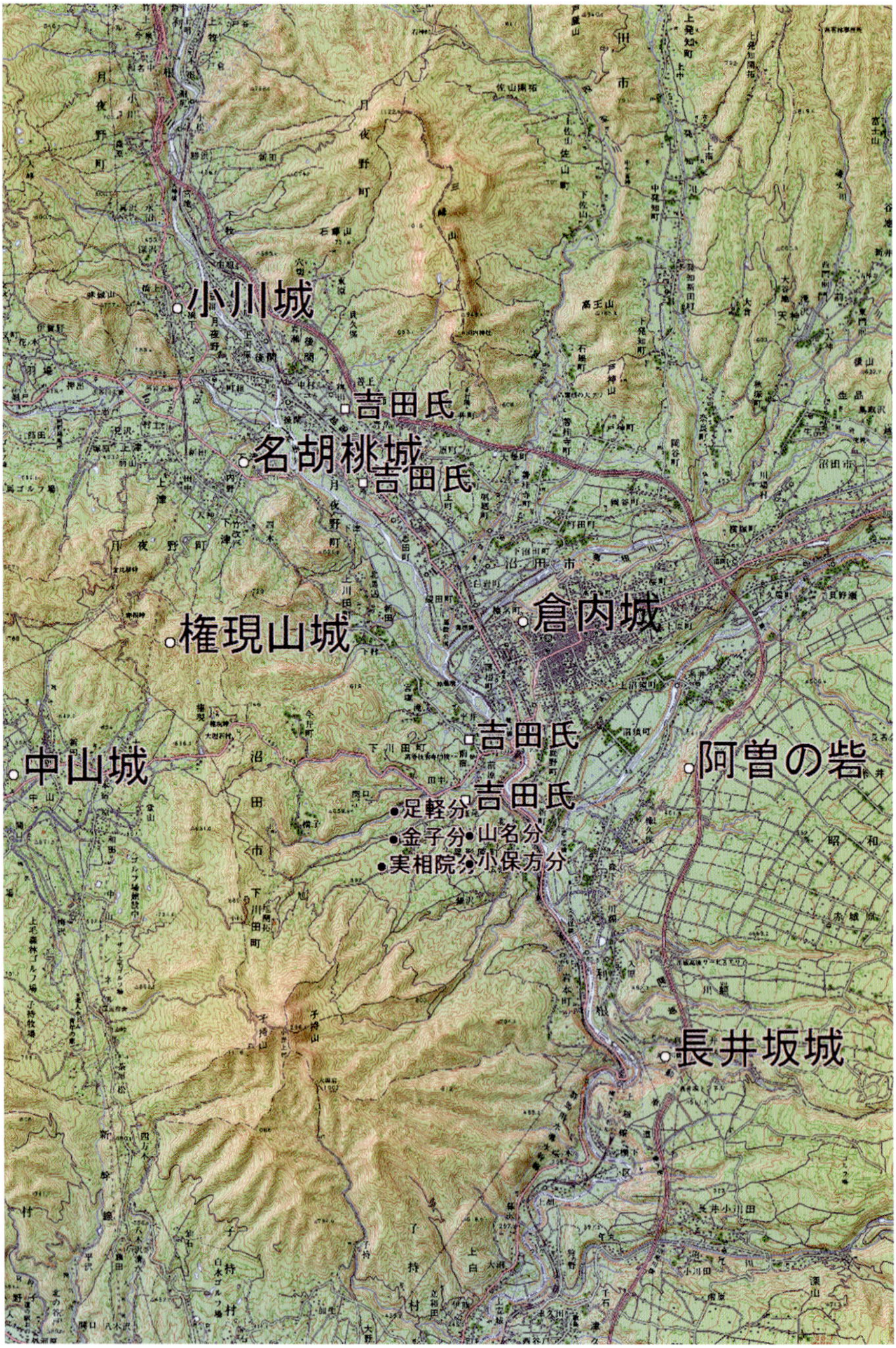

第6図　沼田地域で吉田氏へ宛行われ場所

目　次

はじめに

今年は、北条氏邦が秩父一乱を乗り越えて、用土氏や秩父衆の働きで修築なった鉢形城に入城して、鉢形領の経営に本格的に着手したと考えられる永禄七年から数えて、四五〇年の節目の年に当たる。

北条氏邦は北条氏康四男として生まれ、若くして後北条氏の政略をもって、北武蔵の名族「藤田氏」の元に養子として出された人物で、鉢形支城領主として後北条氏関東支配の一翼を担った武将である。この人の生年は不詳であるが、慶長二年（一五九七）八月八日に金沢で没した。五十七才であったというからこれまで言われてきたように、天文十年（一五四一）の生まれといえるのだろうか。しかし、それでは永禄七年に幼名を廃し、元服して氏邦を名乗り、朱印状を発給した時の年齢が二五才であった事になるので、その年をそのまま確認することは出来ないだろう。氏邦は幼名を乙千代と称し、藤田泰邦の養子として、娘福と婚姻した。その年は相変わらず不明の儘であるが、戦記等に拠れば、天文十五年の四月二十日に起こった「河越夜戦」の直後であったとか、天文十八年頃であったと伝えられている。天文二十一年には北条氏康によって、藤田氏の金鑽御嶽城筋での活躍が伝えられており、管領山内上杉氏の没落が決定的になった天文二十年頃では無かったのか。

氏邦の鉢形領支配の流れは、後北条氏による関東支配の推移を如実に表しているので、関東の戦国史を理解する上で不可欠な研究テーマと考えられ、これまでも多くの研究者が北条氏邦をテーマに数多くの論文を発表している。それらの研究成果の主たるものは、先に黒田基樹と浅倉直美両氏の編集によって戦国大名と国衆2『北条氏邦と武蔵藤田氏』、同3『北条氏邦と猪俣邦憲』として岩田書院から刊行され、利用の便が図られた。ここに載せられた研究成果は、その研究を進めた年代の幅が長く、史料の収集が不十分な時代のものもあって、研究史を理解する上で活用できるものと、今日の研究の現状を理解する事の出来るものとが混在している。戦国史研究は、昭和五〇年代から進められてきた自治体史編纂の成果で、史料の探索と、それらの年代研究などが進められ、非常に多くの史料が集約され、たくさんの研究が、中央・地方の両側面から進められている。杉山博・下山治久両氏は『戦国遺文』後北条氏編の編纂を始め、その後、下山・黒田両氏が引き継いで完成させた。自治体が編纂した戦国史料集と一体となって、戦国史料が身近なものとして研究できるようになった。

下山氏はさらに『戦国時代年表』—後北条氏編—を編纂した。鉢形領などの地域の戦国史は、黒田基樹氏が『戦国関東の覇権戦争』—北条氏VS関東管領・上杉氏55年の戦い—を著し、その流れを克明に記した。斎藤慎一氏は『戦国時代の終焉』を著し、後北条氏が関東を席巻していく中で、他の関東諸氏との間に行われた熾烈な戦いをグローバルな視点で解りやすく描いている。

筆者も、これらの研究に触発されながら地域研究を行っている。史料を精査していく中で、秩父の地域には鉢形城主北条氏邦との関係を記す史料が多くの家に残され、それらには鉢形家臣団の中でも下級の武士に関わると観られる史料が多く存在し、伝えられている事に注目し、『戦国の境目』—秩父谷の城と武将—にその一端を披瀝した。これを契機にして、辺境の境目を守り抜いた在地の武将達の活躍を中心に、研究を続けている。そこで、更にその研究を深化させる意味で、今回は、戦国大名や、地域領主などの書状等の史料等を実際に読み込み、解読して、史料の年代比定を再確認しながら、それらの史料が語り伝える地域の戦国史を綴る試みを行ってみた。北条氏邦が鉢形領経営に着手してから鉢形城の落城までに、北条氏邦や氏邦支配下の武将達がどのように関わり、活躍をし、生き抜いてきたかを中心に置いた後北条氏北進の歴史と、北条氏邦が支配してきた鉢形領の実態を描いてみた。

第一章　後北条氏北進の歴史

一　北武蔵支配への出発―河越合戦―

後北条氏の武蔵支配が決定的となったのは、天文十五年四月二十日の「河越夜戦」であろう。天文十四年、関東管領上杉憲政が、関東の諸将を集めて八万騎（年代記配合抄は八千騎）とも言われる大軍で河越城を包囲したのは、九月二十六日であった。河越合戦の様子は、『鎌倉九代後記』『関東管領記』『北条記』等の戦記物が中心に伝える。

記録された河越合戦　**関東管領記　巻之下**（意訳）・原文『宮内庁書陵部本』

天文十五年の夏、武州の河越で合戦があった。その由来は、駿河の今川刑部大輔義元の国内の長久保城を故北条氏綱が攻め取り、兵を置いた。義元はこれに憤慨して上州の上杉兵部大輔憲政と組んで多くの兵を引き連れ、長久保城を攻める事とし、義元は長久保城を攻め、憲政は武州河越城を攻め取って、直ちに相州に攻め込み、共に北条を退治しようと言うことであった。これによって、憲政は関東の諸国の軍兵八万余騎を引き連れ、武州に乱入し、河越城を総勢で取り巻き、憲政の本陣は河越の砂久保においた。河越城主北条左衛門大夫綱成、これは本名福嶋氏で氏康第一の老臣であり、近国では並ぶ者のない剛の武者である。三千人の兵で城を守り、氏康の後詰めを待った。時に、古河公方晴氏は氏康の妹の聟であり、それ故、上杉と北条の和睦仲介を行ったが、上杉憲政が難波田弾正・小野因幡守を通じて言うには、この度は氏康が申すままに、上杉と北条両家共に公方は手助け無用である。しかし、北条は一代の縁者であり、上杉は先祖基氏公以来代々の執事で累年の重臣である。上杉家は合体し、関東は二度平和いたし、公方を崇敬し、上杉は管領として君臣の繁栄を司ってきたと言われた。晴氏は最初は和平の事を言っていたが、氏康が、北条・上杉共に皆公方の御家人である。どちらにも御贔屓・力添えが有ってはならないというと、納得されたが、また、上杉が色々とだまし、晴氏はお心変りをされて、上杉憲政方の援軍として河越に出陣した。城中は、兵糧の道を閉ざされ、城兵は困窮し、相州へ援軍の派遣を要請した。北条氏康は八千人の兵を連れて小田原城を出て、河越の後詰めに出陣した。先遣として、福嶋綱成の舎弟弁千代を送り、氏康が後詰めに出てきたことを伝えた。城中は不屈の気力を持って堅く防戦していたが、弁千代はこの時十七才で、氏康の寵愛する少年であった。数万の敵軍の中を紛れて通過し、城中へ入り、この事を兄の綱成に伝えた。誠に希代の勇士と人々が噂した。城兵の木村平蔵がこれを見知っていて引き入れたのである。この連絡を受けて城兵は気力を増し、勇んで防戦した。氏康が又、諏訪右馬介を使者に、晴氏へ申し上げたことは、河越城中の勢力は兵糧・薪が無く、城兵の命を助けてくれるなら、氏康は今後長く旗下に属し、城は献上すると申しあげたが、御所はいっこうにお許しにならず、氏康が差し出さなくとも、この城は近日中に落城し、味方の物となる。されば、遂に氏康を退治するその時が、すぐそこにあるとお答えになった。その間に、氏康が上杉方の織田刑部少輔政治の陣代菅谷隠岐守に頼んで憲政へ申し送ったことは、城主の綱成の命を助けていただければ、河越の城を明け渡し、上杉と北条が和睦し、共に公方様を助け、関東に並ぶ者のない謀を相談したいと申し送ったが、憲政は大軍を頼りに北条を侮って、それを赦さなかった。四月二十日、公方・上杉両方へ使者をつかわし、大軍であることを頼み、北条を侮って戦わないとみて、同日の夜、北条方より笠原越前守を忍びとして敵陣へ送り込み、油断の様子を窺って、その夜、子の刻に氏康自身が先駆けとなって、八千騎を率いて砂久保へ夜討ちをかけ、憲政の陣を切り崩した。上杉勢は油断をしていた上、思いもよらず斬りかかられて、大いに慌て、戦わずして、悉く敗北した。難波田弾正入道、同子隼人佐、勢野儀入斎・上杉五郎朝定・小野因幡守・本間近江守・倉賀野三河守を始めとして、上杉勢の討死の輩、数え切れない。手負人はあたかも木を散らかしたかのようであったという。

年代記配合抄〔内閣文庫〕（意訳）・原文『北区史』資料編　古代中世2―一四六頁

天文十四年の秋に難波田弾正が謀を以て、足利晴氏・上杉憲政・上杉朝定を奉り、武蔵・上野・下野・常陸・下総の五カ国の軍勢八千騎を率いて河越城を取り巻き、毎日攻めたが、落ちることなく、年が明け、翌十五年四月二十二日に、北条氏康が河越城の後詰めとして三千騎にて押し寄せ合戦した。足利晴氏の軍が負けて、倉賀野三河守・小野因幡守等をはじめとして、三千人が討ち死にし、その日のうちに松山城も落ちた。その年の九月、太田資正は松山城を隠密裏に攻め取り、翌十六年十二月九日、松山城に上田又次郎を城主において、資正は岩付城に移った。上田は謀反を企て、氏康に従い、九月十三日に氏康は三千騎にて岩付城を攻囲し、年を越した（天文十七年）正月十八日に（太田）資正は氏康に従ったので（氏康は）陣を引いた。

上杉憲政書状（意訳）・原文『藤岡市史』資料編原始古代中世―一六四

去る二十日の河越での一戦で父（原）内匠助が討死した事、その忠信は浅くない。然るに名代と成ってその意を受けて走り廻るように。

（天文十五年）四月廿六日　（上杉）憲政

原長命丸殿

この合戦によって、河越城下から逃走した管領上杉憲政は、武蔵の拠点であった鉢形城を捨て、一気に上野の藤岡にあった本拠の平井城に逃れたと戦記は伝える。後北条氏は河越城を北進の拠点とすると共に、松山城を天文十五年四月に手中にしたが、八月には上杉方の岩付城主太田氏によって奪回され、太田資正が在城したが、翌十六年十二月、後北条氏は上田又二郎政広の内応によって松山城を再度手中にした。そして、岩付城の太田資正が天文十七年に旗下に属し、河越城を中心にして岩付城・松山城・鉢形城を結ぶ領域を押さえた。この時に岩付城の太田氏の他に、北武蔵の国衆であった滝山城の大石氏と、秩父郡主を名乗っていた花園城・日山館の藤田氏が後北条氏に従属していると言うが、それを伝える確実な史料はない。

金鑽御嶽城合戦

秩父地域が、後北条氏の史料に本格的に登場するのは、天文二十一年であろう。この段階は後北条氏が、天文十五年河越合戦に勝利し、北武蔵の経略を本格的に開始した段階である。管領上杉憲政を北武蔵から駆逐し、天文二十年には上杉氏の本拠であった藤岡市の平井城を攻略して、上武国境を形成する児玉地域の領主であった安保氏に対して攻勢をかけていた。これは、神川町金鑽に所在する金鑽御嶽城に籠もった安保氏に対して、北条氏康が行った城攻めの記録である。

仁王経科註見聞私奥書「身延文庫」（意訳）・原文『新編埼玉県史』資料編9―七六三頁）

（前略）実然は伊勢崎市宮柴山満善寺光琳坊の住持になる前に金鑽の大光普照寺の僧として五・六年在寺した事がある。その時は世の中が動乱して金鑽にいるのが危険であったため、再び光琳坊に戻り隠居した。金鑽を退出したのは天文二十年四月であった。その年の冬に、相州の北条氏康が出陣の準備を行い、明ける二十一年二月に武州（□□）に至り、金鑽山（大光普照寺）の近くにある御嶽の山城に攻め入った。二月十一日に攻めかかり、（天文二十一年）二月十五日に金鑽山を焼き尽くし一堂も残さなかった。山城は三月に落城した。城中の人□□き城主の安保信濃守入道全隆（泰広）と、息子の中務大輔（泰忠）など四・五人は降参して助けられたが、残りの数千人は一人も残さず討ち死にした。又、雑兵数千人は水の手を絶たれ乾死した。その時、那波郡主刑部大夫（宗俊）は北条氏康に同心し、新田・足利長尾・佐野・桐生・大胡・厩橋等を敵に回し、度々掛け合うが、未だに一戦もなく、利根川以西の衆は、一同北条に帰順し那波に合力した。上野の上杉憲当は乱行が過ぎたため、馬廻り衆まで北条と和し、管領の上杉憲当を排除した。このことで、憲当は新田（金山城主横瀬成重）や足利（足利城主長尾当長）を頼ったが、味方であったにもかかわらず、城中にも入れられなかった。仕方が無く、越後国の長尾殿（景虎）を頼った。これにより北条衆の（平井城）出陣となり、城中に籠もった（憲当の）若君は北条に生け捕られたが、今日聞くところによると殺されたと言うことを聞いた。このような時、この科註を書くこととなった。いろいろなところに逃げたが、光琳坊の近くの利根川の中州に小島があり、近辺の人は此処に小屋を架けて数千人が籠もった。我らも、この小屋に籠もったが小屋が狭く、書くところさえ無く、立ちながら書く時もあった。少しばかりの隙間をを見つけて書く時もあった。暫く戦乱が続いたが、少し静まれば光琳坊に帰り、又動きがあれば小島の小屋に入る（後略）。

金鑽御嶽城は天文二十一年二月二十一日、後北条氏によって総攻めされ、全山焼き討ちをかけられ、多くの犠牲を出して三月落城した。安保氏は命乞いの後、助命されて後北条氏の軍門に降り、上杉氏は上野を退去したものの、この段階は、後北条氏にとって未だに勝利を確信できる段階では無かったのである。河越合戦の後、後北条氏の軍門に降った北武蔵の盟主藤田氏は、後北条氏の先兵として北武蔵経略に奔走していたが、この文書は、その藤田氏の活躍の一端を伺う事の出来る手紙である。この書状には、上杉の反撃が天文二十一年の秋口にも予想されるが、これに呼応するかのように、高松城においても上杉に味方する在地の武将達の不穏な動きが見られ、藤田泰邦が必死にそれを食い止めようとして、奔走していることを伝えているものと理解できよう。この時点では、藤田氏は、泰邦を中心に反上杉の立場を貫いていた事が知られるが、天文二十四年九月二十三日に泰邦が没すると、その立場は一変する。

北条氏康書状写（意訳）・原文『新編埼玉県史』資料編6—一〇三

わざわざ、使いを以て申し上げる。先日申したように松山城の普請は今月は致していない。この秋には、敵の反撃の可能性が有ることを考えたからである。三日の内に当地（松山）を出立しようと考えている。分相応の守りを固めているので、ご安心ください。また、高松（城）にたいして敵が動き、藤田が色々と望んできているので、ひと働きを申し付け、敵を退散させた。兵を調えることは大変なことであろうが、必要なことである。

（天文二十一年）七月二十一日　　（北条）氏康

真月斎（大石道俊）殿

北条氏康判物写〔「管窺武鑑」ニ所収〕『新編埼玉県史』資料編6—一九一

武（上）州高山の知行している領地の内、（藤岡市）神田・川除郷を差し上げる。以上である。

天文十九年

二月十九日
用土新左衛門尉殿
氏康判

北条氏康判物写〔「管窺武鑑」ニ所収〕『戦国遺文』後北条氏編―三七八

上州（藤岡市）金井村を差し上げる。知行して良い。知行地へ書付を持たずに入ってくる者は、これを糺明し、主人を持たない者は受け入れて良い。以上である。

（天文十九年カ）六月九日
氏康判
用土新左衛門尉殿

＊黒田基樹氏は「駆け込み入部する者で書付を持たない者は糺明した上で、主のいない者は受け入れて良い」とある事を受けて、これを金鑽御嶽城攻略後の事とし、天文二十一年に比定しているが、これも平井城攻撃に先立って出された予約宛行状と見ておきたい。用土氏は二十一年三月の金鑽御嶽城攻略を終え、藤岡を中心とする河南地域を手中にしたが、この地域はまさに、管領上杉氏の本拠であったのである。

ここで、藤田氏の後北条氏帰順を確認する事と同様に、これらの領地宛行状によって、秩父一乱を通じて、氏邦の鉢形領支配の基礎を築いていった用土氏の存在を確認しておく必要がある。この宛行状によれば、藤田氏帰順かと言われる段階で、すでに用土氏は後北条氏側にあり、神流川左岸にあたる上野の藤岡に領地を宛行われ、後北条氏の上野進出への先陣を切っている事であろう。北条氏康は天文二十一年三月の金鑽御嶽城攻略後も、上杉勢の反撃に備えて、金鑽御嶽城を中心とした上武国境の備えを怠ることは無かったとし、主要な武将にも、大石氏宛のような檄を発していた。平井城や金鑽御嶽城攻略以前に、用土氏に対して上杉憲政の本拠であった藤岡市域等に領地を宛行ったのもこの一環と考えて良いだろう。

二　長尾景虎第一次出陣・北条氏康北武蔵制圧

先の真月斎宛ての手紙は、南武蔵の盟主であって、やはり河越合戦の後、後北条氏の軍門に降った（八王子市）滝山城主大石道俊に宛てた手紙で、北条氏康が松山城に在城し、北武蔵経略の要として松山城を修築していたことを読み取ることが出来る。敵とされる相手であるが、岩付城主の太田資正は天文十七年に支配下に入っているので、上杉憲政であろう。しかし、上杉憲政はすでに平井城を出奔し、越後に落ち、長尾景虎を頼って上野への出陣を要請（6―二〇〇）し、長尾景虎の関東出陣に際しての協力要請（6―二〇一）を、天文二十一年七月三日付けで、平子孫太郎（越後上田衆）に行っている。この長尾景虎関東出陣は、次の北川辺町矢島に掲げられた制札によって確認されよう。景虎関東出陣の時期は不明であるが、平子氏あて書状では「近日出陣」とあり、概ね七月中旬以降であったと考えられる。長尾景虎がこの時利根川を越えたか確認できないが、金鑽御嶽城を支配下に置いた後も、上杉氏勢力の圧力が加えられていた事が確認できよう。そして、この出陣を受けて山内上杉氏の支配下にあり、未だ従順していなかった児玉・秩父地域の武将達が敵対したのであろう。これを鎮圧する為に、北条氏康は七月末には松山城を出立し、児玉・秩父方面の不穏な動きを押さえるために出陣した。

長尾景虎制札（意訳）・原文『上越市史別編Ⅰ―九三』

制札

武州の岡部左衛門尉のすんでいる北川辺矢島地域には、越後の軍勢は乱暴狼藉をしてはならない。若し、これに違反する輩があれば、どのようなものでも罪を問われ、処断される。

天文二十一年七月日　（長尾）弾正少弼（景虎）（花押）

この天文末の児玉・秩父の混乱は大きな混乱にはならなかったのであろうか。長尾景虎の出陣も、具体的に知られるのは先の文書など四通（上越市史別編Ⅰ―八七、九七、九八）のみで有り、秩父地域でも史料は見られない。ただ一つ、天文二十三年（推定）に斎藤右馬允に藤田泰邦が屋敷分十貫文の地宛行を約束した文書が残されている。秩父郡主藤田氏発給文書最後のものといえるかも知れない。藤田泰邦（法名祖繁）は天文二十四年九月十三日に没しているが、藤田氏はこの時点まで、秩父郡主として支配権を掌握していたものであったのだろうか。その三年後の永禄元年、後北条氏は天神山城にいた藤田泰邦の母親（邦広妻）に対して、神川町小浜に川屋敷共に五貫五〇〇文の地を宛行った（戦北―五九三）。

北条氏政書状写（意訳）・原文『戦国遺文』後北条氏編―六五四

足軽衆の人数が不足していると言うことを度々聞くが、よもや公の仕事を私用と考えて出仕しない者があるのでは無いだろうな。皮（河越城）の常番は片時も持ち場を離れること無い様にせよ。境目故、敵が近くに迫っており、油断をしないように。加勢として蕪木刑部大輔を差し遣わすので、念には念を入れ、精を出して働くようにせよ。

永禄元年十一月二日　　（北条）氏政

金子左衛門大夫殿

山角紀伊守殿

この文書では、河越城が未だに「境目の城」であると言っている。このことは永禄元年末においても、松山城以北の北武蔵の支配が完成していないと言うことであり、後北条氏は北武蔵の比企以北を境目と認識し、その備えを怠たらなかった事を示す。支配未完成の記録は、永禄二年に編纂された『小田原衆所領役帳』にも示され、後北条氏によって領地宛行された北武蔵の地域は第一一図のようになっている。この図では、松山領も西半分の上田氏支配の大河原・西之入筋と旧慈光寺領などが掌握されていない事が知られる。松山領は、上田氏の本領であったが、松山城周辺の主要な地域は後北条氏の直臣で形成された松山衆によって占められ、上田氏は比企西部地域の「大河原・西の入筋」の本領を主な支配地としていた。

註　番号は新編埼玉県史通史編２　五五〇頁から五五三頁の表の番号に一致する。

第11図　松山領周辺の領地分布図

浅倉直美1988「第４章第３節１支城領の形成」『新編埼玉県史通史編２』を参考に作成

他国衆に位置づけられた上田氏は後北条氏にとって未だに不確定要素があった。後北条氏の上田氏に対する疑念は、永禄三年からの長尾景虎関東出陣に際しても、上田氏が他の武将のように離反しなかった事で、後北条氏の信頼を得たように見られるが、永禄十二年の越相元亀元年三月二十六日の書簡で「武州・上州の二箇所は忍・松山で、大途に他意はないが、(相手はこれを認めなければ)一度は越後府中を御退治するべきという事を深く考えるだろう。まして、越相の身内に見放された以上は、併せて相州も得るべく退治されるよう、信玄に申し寄せることも考えなくはない。このようなことは、これまでに度々通用しており、信玄がこの計画に乗ること間違いないと思う。(成田・上田が)内通することを止めさせるべく、越後府中がまず御誓詞を出し、忍・松山から人質を取るように御誓句を申し入れるべき」(6—六四三)といっている。

三　後北条氏の反撃「秩父一乱」鎮圧

永禄三年八月末に、長尾景虎は上杉憲政を同陣して、関東へ出陣した。長尾景虎は龍渓寺の寺僧に対して、常陸・下野の武将に対する出陣の働きかけを依頼している。その趣旨は上野・武蔵の武将は参陣しているが、常陸・下野の武将の参陣がはかばかしくなかったためらしいと言われている。この文書からも知られるように、長尾景虎越山の報に接して、多くの上武の武将は景虎の下に参陣し、『関東幕注文』に記される。

長尾景虎書状〔三股文書〕（意訳）・原文『新編埼玉県史』6―二七九

この度、（上杉）憲当が（関東）入国により、越後口に供奉して在陣した。これにより、常陸や下野両国の諸家中や、その他の者から出陣の事について、度々催促されて来たが、遠境の地のためか、その首尾は今まで延び延びになっていた。しかしながら、御大儀のこと故、上州へ打ち越され、各々の方々を引き立てられることは大切なことで、上武の衆は悉く先の忠勤の様態に復されている。詳しくはご見聞されたことの話を伝えて頂きたい。

（長尾）景虎（花押）

（永禄三年）十月廿九日

龍渓寺御座主殿

『関東幕注文』に記された武蔵の武将は次の通りになっている。

武州之衆

成田下総守（長泰）、親類成田尾張守、親類成田大蔵丞（長親）、親類同越前守、親類田中式部少輔、同野沢隼人佐、同別府治部少輔、同別府中務少輔、同心須賀土佐守、同心鳩井能登守、同心本庄左衛門佐、家風山田豊後守、同田山近江守（田山信見）、同山田河内守（山田直良）、手嶋美作守（手島高吉）、小田助三郎（朝興）、家風富沢四良右衛門尉、

羽生之衆

広田式部大輔（木戸直繁）、河田善右衛門大夫（木戸忠朝）、渋江平六良、岩崎源三郎、

藤田幕（藤田邦房）、飯塚、桜沢、猪俣、岡部長門守、

深谷御幕（上杉憲盛）、秋元掃部助、行草源左衛門尉、

市田御幕（上杉氏盛）、

岩槻衆

太田美濃守（資正）、大石石見守、小宮山弾正左衛門、浅羽下総守、本間小五郎、春日八郎、春日攝津守、埴谷図書助、小宮右衛門尉、広沢尾張守、浜野修理亮家風、河内越前守家風、賀藤兵部少輔、川口将監家風、

勝沼衆

三田弾正（綱秀）、毛呂、岡部、平山、諸岡、賀沼修理亮、

藤田一族、反北条に

長尾出陣に対して、後北条氏側では、北条氏康の甥の公方足利義氏に、会津の蘆名氏が懸念の意を伝えてきたのであろう、これに「越国の凶徒（長尾景虎）が上州へ出陣した。これにより長尾の同族である白井長尾・足利長尾・総社長尾の三人も同陣し、指図も出来ない。北条氏康は松山城に在城し、その備えをおこなっているので安心して欲しい」と返書（6―二七八）を送っている。

ここでは、安心して欲しいと伝えているが、その実態は安心できる状況に無く、北条氏康の狼狽ぶりは大きかったとみられる。永禄四年二月に長尾景虎は松山城まで進出し、三月には後北条氏の本拠である小田原城を攻囲していた。後北条氏を取り巻く関東各地の武将が敵対し、北武蔵では上杉氏に荷担しなかった主な武将は松山城にいた上田朝直のみとなるだろう。そうだからこそ、長尾景虎帰国後、北条氏康をして、「関八州の武将が残らず攻め込んできて、武蔵・相模の城の内、江戸城・河越城ほか七・八箇所の所を守り切った」等という、次のような書簡が発せられたのだろう。

第12図　長尾景虎出陣に参陣した関東の武将と主な城

北条氏康書状写〔安房妙本寺文書〕（意訳）・原文『新編埼玉県史』資料編6―三二一

先日はねんごろなる書簡を度々拝見し、本望です。年間を通じて、国家や御所（の安寧）を頼んでいたが、今度は北狄（長尾景虎）が侵攻してきて、国中が山野の如くになってしまい、御面目を失われ、更に、分別が及ば無くなってしまった。去る春、景虎の威勢を恐れて、正木（時茂）をはじめ、関東八州の武将が残らず攻めて来たとは言え、江戸・河越城など七・八ケ所の地は相違なく守り、結局、度々の戦いに勝利を収め、凶徒は程なく敗れ去った。所々で逃げ帰る敵の侍・凡下を千人程討ち取ったが、これは偏に御所念の力でなく何であろうか。（後略）

（永禄四年）五月二八日　　　　（北条）氏康

金剛王院御同宿中（箱根権現別当金剛王院融山あて）

この長尾景虎出陣に伴う混乱は、秩父地域ではその盟主であった藤田氏が、これまで秩父の土豪達の反北条の動きを押さえてきていたが、天文二十四年の藤田泰邦の死を境に、藤田一族は、反北条氏の立場を鮮明にした。そして、藤田氏に連なるほとんどの武将が、上杉氏側に立って、反後北条側の立場に立ったのであろう。北武蔵では「秩父一乱」と言われる象徴的な混乱に発展している。日山藤田氏の本流や、秩父の国衆達は、秩父左衛門尉を中心に、皆野町高松城を拠点にして、後北条氏に公然と戦いを挑み、反北条の旗を掲げていた。しかし、後北条氏は、永禄四年初夏の長尾景虎帰国を受けて、すぐに反撃を開始している。その第一歩は青梅の三田氏への進攻であった。これは永禄四年夏の出来事として記録される。四月十三日付け武田信玄書状に「由井筋の事について氏康の書状を見た。それ以後、勝沼口が無事であるか伺いたい」（『埼県史叢書』12—二一四、二一五）と記され、この三田氏攻めに際して、氏康は大石氏の本拠の由井（八王子市）に在陣（戦武—七四六）していた。これと並行して、秩父へも先陣を送り込み、秩父一乱平定をも目論まれていたことが知られる。小鹿野町の日尾城を攻略し、長瀞町の藤田泰邦母の在城していた天神山城が自落したと、次のように太田新六郎に書状を送っている。ここでいう「天神山城自落」は藤田本流が降伏したと言うことと理解できよう。この時の藤田氏当主は『上杉年譜』によれば、藤田（花園）城主藤田邦房とされる。秩父の土豪達は、拠点を高松城として籠城戦に臨み、永禄四年十月には秩父の中心地である秩父神社のお膝元の大宮郷で合戦が起きている。

北条氏康書状写（意訳）・原文『新編埼玉県史』資料編6—一六四五

（九月）十日の報告は、今日十一日午後六時に到着した。当口（秩父口）の様子を度々申し伝えてきているが、届かない物はないだろうか。辛垣城を攻め落とし、すぐに、当地の高坂へ陣を寄せた。そこで秩父郡の日尾城を南図書が攻め落とし、味方に属させたので、このことによって兵の人数を分け、荒川を越えて軍を進めたところ、（藤田氏の）天神山城が自落した。秩父谷は総て本意のこととなった。そのほか打ち合わせたきこと多数有るが、密事のことなので申し上げることは出来ない。

一、先刻も幸便を以て申し伝えてきたが、河越へ参られ、下総口のことを遠山と詳しく打ち合わせるように。

一、下総口（葛西城）のことは、味方であること相違ないことであろうか、大切なことである。

（永禄四年）九月十一日　　　　（北条）氏政

（江戸城代）
太田新六郎（康資）殿

秩父一乱と乙千代　この「秩父一乱」は、後北条氏にとっては北武蔵支配の象徴的な出来事でもあった。後に鉢形城主として鉢形領を支配し、上野支配の先兵となって、上杉氏や武田氏と対峙した北条氏邦が、戦国史上に登場した事件であったからである。天文十五年の河越合戦以降、後北条氏に帰順し、氏康四男を娘婿として迎えた藤田氏であった。『管窺武鑑』では天文十八年入籍としているが、その氏康四男の動向が明確にされるものは無かった。次の判物は乙千代丸（氏邦幼名）として初出するものである。

秩父には、氏邦が福と婚姻し、横瀬根古屋城に在城していて、その後天神山城に移ったという伝承が残っているが、この裏付けとなる史料は全く存在しない。しかも、天文末の泰邦没後から、永禄四年初期の長尾景虎越山段階では、秩父の藤田氏は反北条の立場を鮮明にし、敵対していたことは先に示した。したがって、乙千代が藤田氏の婿となっても秩父に在住していた事は考えられない。

乙千代判物（意訳）・原文『新編埼玉県史』資料編6―三五八

この度は、使いとして、難所を凌駕して参り、忠節を尽くした。そこでどのようなことであっても本意を達せられれば、（領地を）一ケ所与えるであろう。

（永禄四年）九月八日　　乙千代丸

斎藤新四郎殿

この資料は、秩父一乱の情報を乙千代に伝えたと考えられる斎藤新四郎に対する感状である。この時期は当主北条氏政は青梅の三田氏を攻略し、秩父への進軍途中であり、感状が発せられたのは高坂在陣

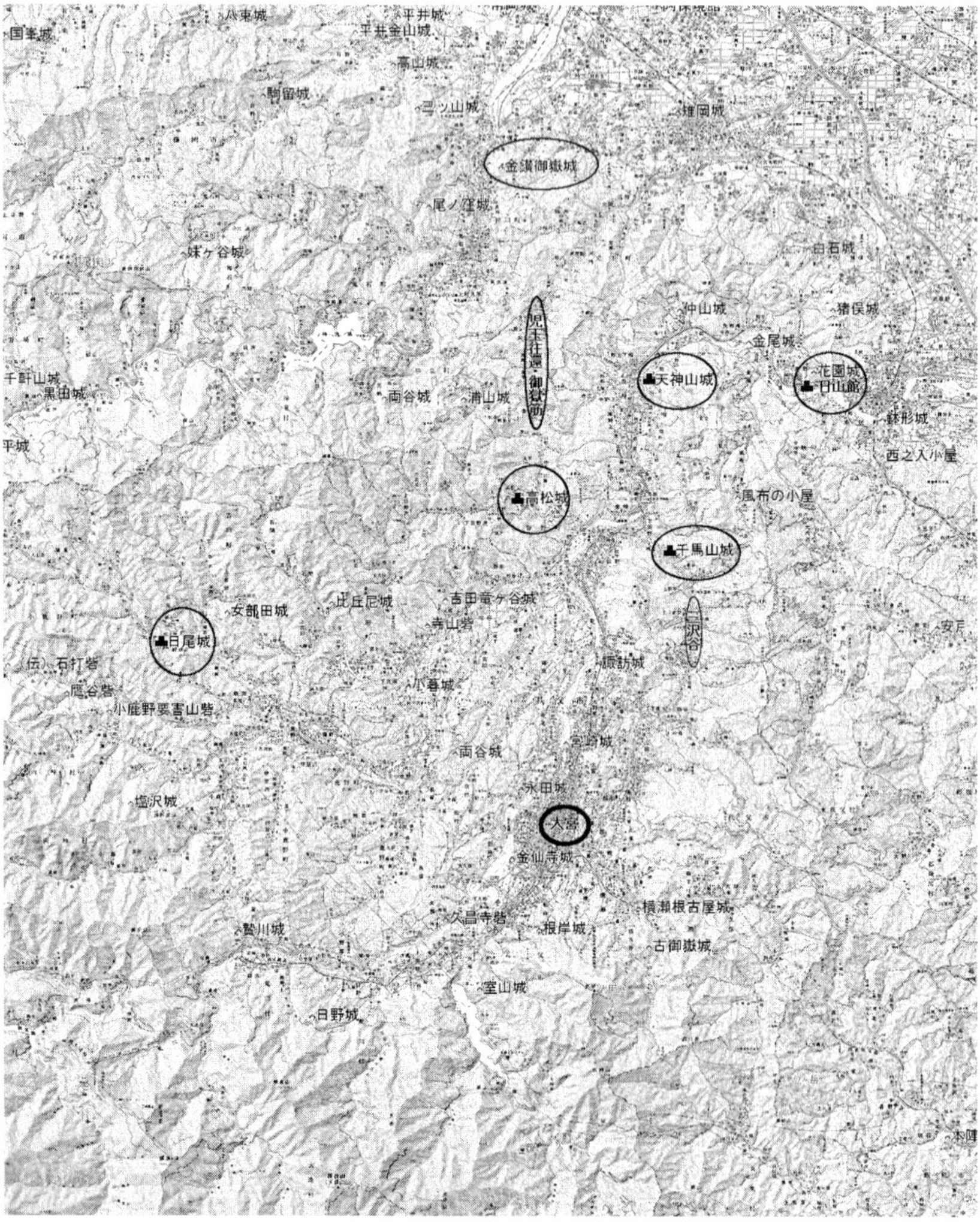

第13図　秩父一乱地域図

中の時と同時期であったと認識されるだろう。乙千代は氏政に同陣していたのであろうか。
後北条氏は永禄四年の十月に大宮合戦、十一月は児玉生山合戦に勝利し、上州勢を牽制すると、その勢いをかって秩父へ進軍した。斎藤八右衛門に与えられた感状にある「二度に亘る高名の内、大宮合戦の高名」とされるものは、先に示した「難所を凌駕して参り、忠節を尽くした」事と理解でき、諜報連絡役として相当な功績があったのだろう。この功績で斎藤氏は鉢形から秩父への山通り道の要である千馬山城の山麓・三沢谷二〇貫文の領地を宛行われ（戦北―七二二）、後北条氏の先兵としての地位を確固たるものとした。そして、さらに後北条氏は秩父の武将に対して、後北条氏への与力を鮮明にするよう働きかけを行っていた事が知られ、西秩父の辺境にいた高岸氏に対して「当郷の諸役を免除する。（秩父谷が）本意となるときはこの時であり、在所の者達を集め、一生懸命走り廻り、忠節を重ねれば一カ所宛行う事とする。」と領地宛行の約状を出した。この史料の存在によって、秩父一乱に際して、後北条氏側に立った秩父の武将が存在したことが明らかに出来る。それは用土氏・斎藤氏・逸見氏・出浦氏・高岸氏等であった。後北条氏は、永禄四年十二月三日、秩父一乱を起こし、高松城に立て籠もった武将達に、開城要求の最後通牒を発している。

北条家印判状〔逸見文書〕（意訳）・原文『新編埼玉県史』資料編6―三二七

今当地（秩父）へ進軍している。高松城を早く引き渡すように印判状を以て伝える。
（永禄四年）酉十二月三日（朱印・虎印「祿寿応穏」）
高松城衆中

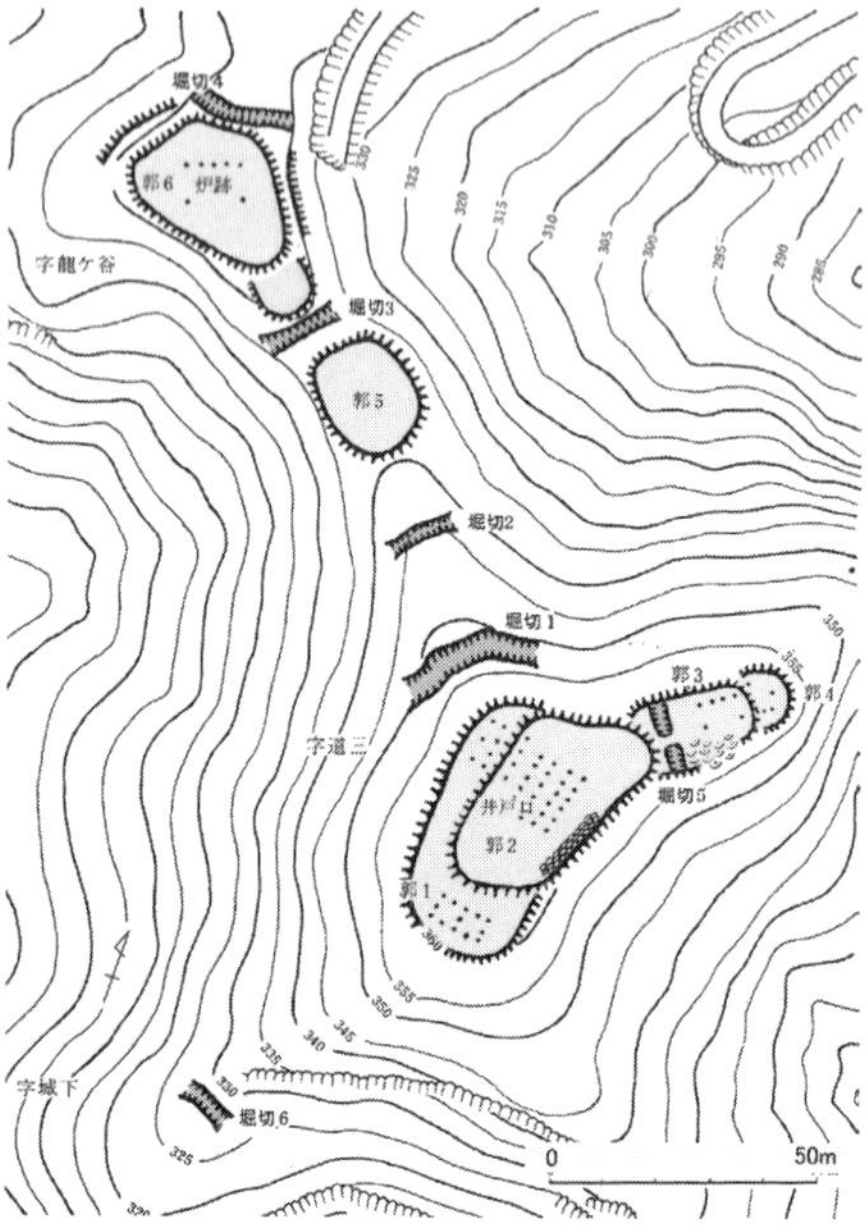

第14図　皆野町高松城縄張図
（小林茂氏提供図に加筆修正）

この最後通牒を受けて高松城楯籠もりの秩父衆は、次のように乙千代から本領安堵の確約を受け、高松城を明け渡し、降伏している。この時、高松城に立て籠もっていたのは秩父衆だけでは無く、藤田本流の武将達も存在していた事が確実視されるのである。この中に書かれる「檜山」とは寄居町末野に所在し、藤田氏の本拠にある「日山館」を差すと考えるからである。

乙千代判物（折紙）〔逸見文書〕（意訳）・原文『新編埼玉県史』資料編6―三五九

この度、高松城・日山から降伏し、出仕した者共の本知行は間違いなく安堵する。人質を千馬山城に出し、用土新左衛門の指示によって奔走をすること。今後の忠信によっては更に扶持を致すであろう。

（永禄四年）十二月十八日　乙千代

秩父衆

乙千代判物写（意訳）・原文『新編埼玉県史』資料編6―三五五

急ぎ申し伝える。秩父郡のことについて各々が談合し、忠節を尽くすことが大切である。走り廻り次第によっては、知行については扶持を致す。詳しくは用土と南図書助が申すであろう。

（永禄五年）正月二十九日　乙千代（花押）

秩父衆中

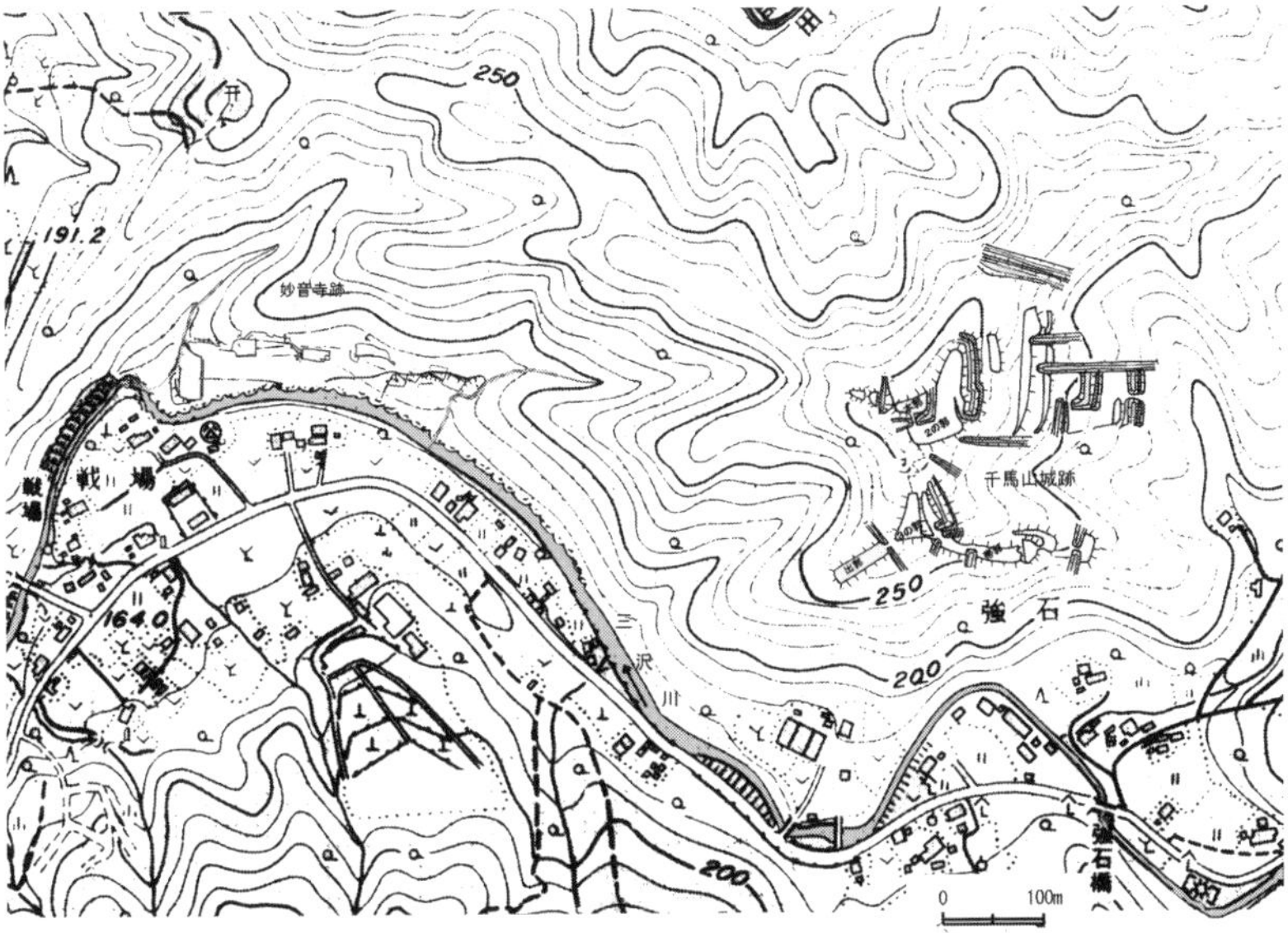

第15図　用土新左衛門尉の千馬山城と根小屋地区

鉢形城修築

秩父への進軍の先兵は先の十二月十八日付け文書によって用土氏であった事が知られるが、この時、用土氏は三沢谷の入り口を押さえる皆野町戦場の千馬山城に在城し、秩父衆から人質を預かり指図する立場にあった。そして、秩父衆に対しては秩父衆自体の主体的な働きを期待し、その働きに領地宛行を約すことによって答えている。これはすぐに成果として現れ、秩父衆は後北条氏への帰順を確実なものとしていた。次の文書は乙千代がどこに居たかを推し量る史料として注目されるものである。これまでも浅倉直美氏や栗原一夫氏らによって明らかにされてきていることではあるが、三月二十八日に出された注進状が四月一日に着いたと記されており、その伝達に中三日を要していることである。この日数を考えると、乙千代は小田原に在住していたと考える事が出来るのである。この文面は、鉢形城修築について大方ができあがった事の報告を受けており、水手への細心の注意を指示していること、さらに金鑽御嶽城への兵員の増派などを指示している。用土新左衛門はこの時、秩父左衛門尉らの秩父衆と共に鉢形にいて、金鑽御嶽城方面に注意を払いながら、鉢形城修築に従事していた事を示している。このことを考えると、乙千代はすぐ隣にある陸路で約九㎞の天神山城にいた事は考えられない。後の天正十年に多く交わされた氏邦と氏政との往復書簡でも、小田原城と鉢形城との間が飛脚便で約三日がほとんどで、長くて五日となっているからである。

乙千代書状〔逸見文書〕（意訳）・原文『新編埼玉県史』資料編6―三三九

（永禄五年三月）二十八日付けの注進状を四月一日に受け取り、詳しく拝見した。上杉憲政や長尾景虎が越後へ帰国したことは間違いないことと、厩橋城を焼き払ったことは満足な事である。また、其の地（鉢形城）の築城について、大方が出来たことというが、水の手には念を入れること肝要である。秩父衆から預かった人質を館沢へ搦め置く事は、横地と相談して措置する事を承知しておくように。御嶽城には人数を籠め置くように一段と気遣いを行うようにせよ。正龍寺周辺に打ち出す不審な者が有ると言うことは十分考えられることである。藤田泰邦の母親が正龍寺へ逃げ込むという出来事は不審なことであるが、その所在についてはいずれにいてもそのままとするように。いつも、大鉄砲や弓の義意（戦備えの事）については、三山の指示に従うよう。

追伸、高松衆が味方として奔走していること満足であり、この混乱が続くともこの秋までには、赦免すると申されているので、一様に扶持を与える事とする。

（永禄五年）四月二日　　　　乙千代

用土新左衛門尉殿

乙千代書状写（意訳）・原文『新編埼玉県史』資料編6―三五六

急ぎ申し伝える。その地（鉢形城）の番や普請を致し、特に、金鑽御嶽城筋には必要に応じ巡回して、その役割を果たしていること、用土新左衛門が上申してきている。以後も忠節を尽くせば扶持を与えるであろう。

（永禄五年）四月十七日　　乙千代

秩父左衛門尉殿

乙千代書状写（意訳）『新編埼玉県史』資料編6―三五七

織田（小男）を返したので、手紙を差し上げる。この間、御嶽郷に何か変わったことはなかっただろうか。話を聞きたいものである。どのような工夫をしてでも（長井政実を味方に）引きつけられるべきで、彼の地（金鑽御嶽城）の事は大切である。さて、先般以来要望されていた木部の旧領については、これを差し上げることに致した。ついては以後、奔走して貰いたい。こちら（北条）の御出馬は一両日中に行われるので、其の（児玉）郡の人々に油断無きよう申し付け、守っていただきたい。なお、重ねて御嶽城の事は第一に行うように。吉田宮内のことについて問い合わせがあったが、是非申し付けるべきで、当方へ味方につくということについて返答をしないのは何ら考えてもいないことになる。少しの土地であるが、猪俣方（左衛門尉）に一箇所宛行っておいて走り廻らせることが重要である。

追伸、富永与六が日尾を訪れた際に、指南賜りたい。なじみの者で有る。

（永禄五年）八月四日　　　　　　乙千代

用土新左衛門尉殿

この鉢形城修築は、乙千代の鉢形領への着任を確実にするためのものとして行われていたことが伺え、後北条氏は、用土新左衛門に足利氏満から平一揆の乱の勲功の賞として与えられた藤田覚能ゆかりの小川町木部の旧領を与えた。このことは藤田の後継として、用土氏を位置づけたこととも理解されよう。さらに、秩父衆へも加増の約束を行っている。そして、次の判物では「秩父一乱」段階から後北条氏側に立って活躍したのであろう逸見氏に六貫三百文を宛行、大滝筋を押さえさせた。出浦氏には、末野少林寺分二貫文の他、八貫文等の領地を宛行い、支配基盤の強化を図っている。しかも、出浦氏に与えられた末野は、藤田氏の本拠内そのものであり、この宛行は、藤田氏本領の解体が早くも始まったことと理解できる。この時期は松山城をめぐっての混乱が中心となっている段階で、松山城では太田資正が上杉輝虎の支援を受け、松山城奪回を計り、「秩父一乱」段階では、その念願を果たし、上杉憲勝を城主に置き、北武蔵支配の生命線を岩付・松山ラインとして、後北条氏の北武蔵支配経略路の分断を目論んでいた。まさに上杉領・後北条領境目の攻防であった。後北条氏は先ず、秩父支配の完成を急ぎ、松山城は動きを押さえる程度であったのであろう。「秩父一乱」平定過程で、太田氏や上杉氏側の動きは伝えられない。この時期上杉氏は、越中の神保氏の討伐に出陣中で、一進一退の末、十月には神保長職を増山城（砺波市）へ追い詰め、講和し帰国したが、援軍を求めた岩付城の太田父子に対して、兵が陣労の為にすぐの出陣不可能と伝えている（6―三五三）。

乙千代判物（意訳）・原文『新編埼玉県史』資料編6―三五四

知行について

藤田領（寄居町）飯塚にある東方寺分四貫三百文。

（秩父市）贄川にある宝雲寺分二貫文

以上六貫三〇〇文

右は昨年以来、数回に亘って走り廻り、その活躍は類の無いことである。褒美としてこの地を遣わすので知行致すこと。

永禄五年みずのえい十月十日　　乙千代（花押）

逸見蔵人殿

北条氏判物（意訳）・原文『両神村史』史料編1　出浦家文書3

知行地について

圓岡　五貫文

（秩父市）田村にある松村弥三郎分　一貫文

（寄居町）末野にある少林寺分　二貫文

以上　八貫文

右は昨年以来、日尾城に於いて走り廻ったことが上申されたので、これを差し上げるが、御大途（北条家）の印判を押した物はそれぞれ一通しか発給されないので、拙者の署名した物を差し上げる。

（永禄五年）八月十二日　　南図書助（花押）

出浦小四郎殿
町人衆中

鉢形領の支配確立　永禄五年に入ると、後北条氏側では、松山城へ攻撃の矛先を向けると共に、岩付領下足立郡等に多方面作戦を開始している。武田氏は本庄方面に進軍し、上野では、上杉輝虎が佐野・館林方面へ進攻している。

永禄五年十一月、武田信玄は北条氏政の求めに応じて、松山城攻めに参戦した。上杉軍が積雪などの為、援軍の到着が遅れ、松山城は岩付太田氏の援軍も得られず、里見氏の援軍もないという不運な状況の中で、永禄六年二月三日に籠城していた上杉憲勝は松山城を開城し、退去した。この時、三日遅れで石戸城に到着した上杉勢であったが、「松山城書捨」(『新編埼玉県史』資料編8―六四五頁)によれば、松山城攻めに際して、上杉氏に援軍を出した武蔵の諸将は一人もいなかったという。永禄四年春の関東進攻時とは全く逆の現象が記録されている。この松山城攻略を機に、北武蔵西部の支配権は確実に後北条氏のもとで安定したものとなった。乙千代は、鉢形城入城の条件をクリヤーし、永禄六年から七年にかけて鉢形城入城を果たしたと考えられる。乙千代がこの幼名を廃して氏邦を名乗り、朱印を使用したことが確認されるのは、永禄七年六月十八日付け斎藤八右衛門尉あて印判状であるが、永禄五年夏の鉢形城修築の記録を考えると、遅くとも秩父地域支配が確実になったと考えられる永禄六年中と考えて良いのではないだろうか。

次は、用土新左衛門に対して、秩父一乱以来の忠信を称え、児玉郡の旧領を与えるという文書であるが、この地域は金鑽御嶽城主安保氏の支配していたところで、この後、永禄六年五月十日、安保晴泰・

泰通に藤岡市内の地を与えている(6―三七五)。安保氏は金鑚御嶽城主として位置づけられるが、天文二十一年の三月には籠城の兵を犠牲にして、自らは命乞いをして、かろうじて命脈を保った武将であった。永禄八年四月段階では金鑚御嶽城主は平沢政実として記録(6―四三四)される。永禄十二年の史料(6―五七七)では安保左衛門尉と宛所があるが、この史料をつぶさに観察した黒田基樹氏は、本来、平沢であったのを擦り消して書き直したものとし、平沢左衛門尉が正しいとしている。安保氏は後北条氏によって藤岡市内に領地宛行が行われ、金鑚御嶽城を退出したと見られるが、平沢氏は永禄六年の頃から金鑚御嶽城主として出現する。この平沢氏と安保氏の関係については知られるところは無いが、埼玉県が所有している「安保文書」の中にある史料であり、その経緯はわからない。安保氏は領地替えされ、神流川左岸地域へ移り、用土氏が神流川を挟んだ境目の地域を掌握している事が窺える。

北条氏康・同氏政連署判物写(意訳)・原文『新編埼玉県史』資料編6―三七〇

知行について

武州(上里町)長浜郷、(本庄市)保木野村、(秩父市)久長村

以上

右はこの度その方の旧領に相違ないとの事であるが、当方の関係者も同様に考えている。その方の秩父一乱以来の忠信は浅くなく、その三カ所を永く差し上げる事とする。

永禄六年みずのとい

二月二十六日

(北条)氏政判

(北条)氏康判

用土新左衛門尉殿

次の文書は、秩父の武将高岸氏に関する史料である。用土氏から出されており、高岸氏が用土氏の寄子的存在であった事を示すものと考える。高岸氏は永禄四年にも後北条氏から領地宛行を約束された朱印状を持っている。宛所は欠いているが、高岸氏宛のものと考えて良いだろう。その文面は、「在所の者を集めて奔走すれば、領地を一箇所与えるという内容」であり、まさに後北条氏が秩父一乱の中で、在地の武将達を陣営に誘引するために、その寄親掌握だけでは無く、その寄子にまで直接誘いをかけるなど、あらゆる行を尽くしていたかを示すものと捉えられる。

用土新左衛門尉書状（折紙）〔高岸文書〕（意訳）・原文『新編埼玉県史』資料編6—付六二

小屋役はいつから申し付けられたのか、先ずは訴え出て、（沙汰を）待つようにせよ。自身の役については誰も無理なことは言うまいが、もし、横槍を入れる者があれば、こちらへ申しだしてくるようにせよ。

（永禄六年）十二月九日　　用土新左衛門尉（花押）

高岸三郎左衛門

四　氏邦の鉢形城入城・後北条氏、上野に進軍

北条氏邦（実は藤田新太郎氏邦であるが、その後、天正に入って北条を名乗り、北条氏邦で一般的に通っ

ているので、これを基本的に使用した）は永禄七年六月十八日、朱印状発給が確認され、氏邦は修築なった鉢形城への入城※を果たし、鉢形支城領の鉢形城主として活動を開始しているのが確認される（梅沢二〇一三）。

北条氏邦印判状〔斉藤文書〕（意訳）・原文『新編埼玉県史』資料編6―四〇五

綿役のことについて

一は　間々田十郎太郎
一は　同式部
一は　大夫
一は　若林
以上

右は、三沢二十貫文の地を御本城様より御扶持を為されたが、（その内容に）相違があった事を申し出された。そこで、知行なされるものの内で（先の四人に賦課されている）綿役四抱、一回を免除とする。今後も、益々活躍をなされるようにとの仰せであった。

永禄七年六月十八日甲子（朱印・象印「翕邦挹□」）　三山奉之

齋藤八右衛門殿

この年の七月二十九日、氏邦は配下の武将達に参陣命令（戦北―三九八八）を発し、領地宛行を行うなど、支城領主としての権限の行使が認められる。次は氏邦が発した出陣命令であるが、宛所の武将の内、本郷越前守・増田弼正忠についてはその後の史料が認められないが、文面から捉えて、秩父在住の武将達に宛てた物と考えて良いだろう。この増田氏は、天正八年の黒澤新八郎・大学助あて小幡信真書状（群7―三〇二二・三〇一八）に知られる「小鹿野近辺の地増田分」とある増田氏であろうか。

北条氏邦書状写〔正龍寺文書〕（意訳）・原文『戦国遺文』後北条氏編―三九八八

明日、（八月）一日、北条氏政様のご出馬は必ず行われるであろう。その地（秩父）の兵は必ず三日に必着致すように。鑓・小旗などの着到の決まりは、全く不足ない様に申し付ける。兵が散り散りにならないようにすることは重要で、いろいろな考えがあろうが、来る十日ころまでには、兵が参陣されるようにすべきで、御嶽城にも夜通し飛脚を遣わし、御嶽城の衆も違うことなく出陣させるようにせよ。さらに、明日ご出馬を決定されれば、三日には江戸城へ着陣するべく、日限を違うことなくいたさせ、立物等が無い武者がいれば（北条家の威信がおちるので）、支給する。陣の小屋が狭くも一騎一人たりとも離れて陣を取らず、一箇所に集まっているよう申し付ける。

右は何時でも陣屋を一箇所に取られるべきである。

（永禄七年）七月二十九日　（北条）氏邦

猪俣左衛門尉殿

本郷越前守殿

用土新六郎殿

黒澤右馬助殿

逸見左馬亮殿

増田弼正忠殿

鉢形城周辺に番小屋を置く　この時期、鉢形城周辺には交通を監視する番小屋が交通の要所に置かれるが、この中の一つの西之入の番小屋については、番頭が新井佐渡守で、番衆として野上の馬上足軽衆三〇人の存在が知られる。この西之入の新井氏は小川町奈良梨の八幡神社奉納鰐口銘により、弘治三年（一五五七）に新井佐渡守在住が知られ、この新井氏は西之入の土豪であった可能性が高い。新井氏はその後、江戸期に入ると、西之入名主として史料に現れ、その屋敷地は鉢形から五の坪川を渡ってすぐの要衝の地域内に所在する。番小屋の番頭としてそのまま、鉢形城落城をむかえ、その地に帰農し、折原村の百姓として地域に指導的役割を果たし続けていたのだろう。このあり方は、秩父地域の武将の多くに共通したあり方で、氏邦家臣としてその地域を支配していた者が、帰農して名主等になって江戸時代も身近な地域の指導を担っているのは、『新編武蔵風土記稿』の記録（梅沢二〇一三『戦国の境目』付二）を見ても十分に理解できる。

※黒田基樹氏は、二〇一四年八月十六日に行われた寄居町鉢形城歴史館主催の講演会「北条氏邦と鉢形城」で、次の『長楽寺永禄日記』の存在を根拠にして、氏邦は永禄七年には鉢形城に入っていなかった。そして、氏邦の入城は武田氏との手切れを受けて、その備えを確実にするため、花園城から鉢形城へ永禄十二年までに移ったと主張している。黒田氏はこの文書を、氏邦が深谷上杉と談合の為に関山に到着しているから、（鉢形城下の関山に鉢形城から到着と記すわけが無い）としている。しかし、八月二十五日には金鑽御嶽城へ出陣途中の北条氏康が鉢形（城）に寄陣と記される（『長楽寺永禄日記』群6―七七六頁）ので、先の日記の「藤田氏邦方」はそのまま「藤田氏邦方が」とし、「関山」は「関山（にある〈臨済宗〉泉福寺カ）に着き」と解

するのが妥当だろう。そして、何よりも氏邦を前面に立てた後北条氏は、永禄四年末に日山・藤田の本流が起こした秩父一乱を制圧しており、氏邦の鉢形領への入府では花園城下の藤田氏の本拠を避けたと考えるべきで、氏邦が、この段階で、藤田氏の本拠であった日山に存在したと考える事は出来ない。

長楽寺永禄日記（意訳）・原文『群馬県史』資料編5―七七五頁

（永禄八年）八月十九日に境目よりの便りで、（金山城主）横瀬氏に書状が伝えられた。その内容は藤田新太郎方が一昨日、鉢形の関山（にある〈臨済宗〉泉福寺カ）に着き、深谷上杉方と談合した。（書状の内容は）新田への進軍のことであったと言う噂がある事。また、忍の成田への進軍の事ともいい、二つの話を申し伝えてきた。齋藤主税助は毎日利根川端へ軍勢を出してそれに備えているとも手紙の中に書き加えてある。

北条氏邦印判状（逸見文書）（意訳）・原文『新編埼玉県史』資料編6―四二五

三十人の足軽を十騎毎、三組に分け、中三日の食料を用意して西の入に出向き、新井（佐士守）が申すよう働くようにせよ。少しでも横槍を申す者があれば、今からでも自分の耳に入り次第成敗する。

（永禄八年）丑正月十五日（朱印・象印「翕邦挹□」）　三山奉之

野上足軽衆中

先の「長楽寺永禄日誌」や「野上足軽衆宛印判状」は、後北条氏が武田氏と組んで上野の国分けを行い、後北条氏が領有するとした、東上野に進軍した時の後北条氏の軍勢の動きを示している。永禄六年二月松山城を攻略した後北条氏は、その勢いを維持したまま、永禄六年末の閏十二月初旬、後北条氏と武田氏の連合軍は太田金山城を攻めた。

上杉輝虎書状〔千葉妙本寺文書〕（意訳）・原文『新編埼玉県史』資料編6―三三二九

昨年の冬（永禄五年冬）以来、度々書簡をもって挨拶をいたしたが、遂に返事をもらえず、心許ない事である。そもそも、武田・北条が侵攻し、その上、去る十一月二十日に利根川を越えるだろうと考え、すぐに攻め懸かろうとしたが、勝敗を決することができなかった。その理由は関東の味方が多忙で、ことさら、その原因は遠境の地で有った事、古くから考えを通じ合い、特に先年（永禄四年）小田原や鎌倉において対面し、細かく申し合わせたが、当口（金山口）への（上杉軍が）着陣以前に一戦に及び、慌ただしくて思いを述べることや、頼ることも出来なかった。まして、その心中を推し量ると、互いに約束を行ったとは雖も、あまり着陣を引き延ばされると許すことが難しくなる。ついに、他に方法がなく、防戦を致すべく、去る十二月十九日、厩橋まで進軍し、翌日未明に討ち取るべく急いで準備をしていたところ、裏切り者が両敵にその事を伝えたため、その夜中に武田・北条両軍が退散したが、思いどおりの事だろうか。筋目を通したことは黙止しがたいが、古の諺に背いては信頼を守り深める事は出来ない。虜同様の凶敵を取り逃がし、大変残念である。しかし、輝虎はどこで有っても戦準備を整え、後詰めを致す考えである。氏康は松山に在城し、晴信は西上野に張陣している。しかるに、此の上は二・三箇所の城を攻める予定なので、急いで着陣していただき、意見を伺いたいものである。何時も申し上げるように、其の口のみ如何に堅固に守っていても、万一、大途（管領そのもの）に本来の形がなくなれば、どんな凶事がおきても、それを取り返すことは出来なくなる。道理を誤るべからずである。先の事が証明しているだろう。上総久留里城が大変なことになった時に、自慢ではないが、輝虎は図らずも久留里口に出陣し、敵中にも恐れず、悠々と歳を越し、一途に（敵を）攻め破り、久留里口も好転させ、結局、両総州の争乱を鎮めた。おそれる者はこちらの余勢にあらず、遠国なれど、一旦依頼を受ければ、軍旅の苦労を顧みず、かくの如く励む様は、隣州まで味方に属さないまでも、争いを首尾良く治められるよう変えることが出来た。いわんや、公方様のご幸福空しくといえども、熟慮の上の行動には何の不足が有ろうか。まして、管領にとっても、かつ、氏康に対されてもである。かねてからの遺恨があり、このことのみでも、北条やその一派を根絶やしにするという働きをするのはこの時である。関東の長久安全の基は、自他共に争点を明らかにされるべき事が重要である。ただし、理にかなった道理も厳しさがなくては、ただの手前味噌となり、それ相応の戦備えや、歴代の名声があっても同志を失うべからずで、今の御胸中は言葉では言い表せないくらい困っているでしょう。これ以上の手紙は不要である。

（上杉）輝虎

（永禄六年）閏十［二］月二十七日

里見太郎（義弘）殿

同　入道（義堯）殿

国府台合戦　この戦いは、後北条氏が武田氏の援軍を得て、兼ねてから敵対していた金山城横瀬氏、館林城富岡氏等の陣営に進攻したことによるものであった。先の書状で知られるとおり、上杉謙信は十二月十九日に厩橋城に着城し、これにより、後北条氏は松山城に撤退した。上杉氏は先の書状で、房州の里見氏に「上総久留里城が大変なことになった時に、自慢ではないが、輝虎は図らずも久留里口に出陣し、敵中にも恐れず、悠々と歳を越し、一途に（敵を）攻め破り、久留里口も好転させ、結局、両総州の争乱を鎮めた。おそれる者はこちらの余勢にあらず、遠国なれど一旦依頼を受ければ、軍旅の苦労を顧みず、かくの如く励む様は隣州まで味方に属さないまでも、争いを首尾良く治められるよう変えることが出来た。いわんや、公方様のご幸福空しくといえども、熟慮の上の行動には何の不足が有ろうか。まして管領にとっても、かつ、氏康に対されてもである。かねてからの遺恨があり、このことのみでも、北条やその一派を根絶やしにするという働きをするのはこの時である。」と改めて出陣を要請している。

年が明けると、里見氏の葛西領内への進軍を受けて、江戸城の太田康資が後北条氏から離反した。この時、後北条氏は太田氏の配下で離反を思いとどまった太田康宗と常岡弾正忠の二人に、家中の離反を抑えるよう指示を出した。七日には、国府台で里見氏と合戦し、富山綱景父子が討ち死にし、敗退した。夜に入って後北条軍が反攻し、里見勢を敗走させ勝利している。その後は、後北条氏と里見氏の下総・上総両国での綱引きが有り、両勢力は国衆達を調略しつつ、一進一退を繰り返していた。永禄七年七月二十九日と見られる北条氏邦の家臣達への江戸城への着陣指示は、東上総の万喜城攻めのためのものであったろう。この文書には八月三日着陣と、陣小屋での在陣の仕方まで細かく指示を行っている。

北条氏康書状写（意訳）・原文『新編埼玉県史』資料編6―三九四

葛西へ敵（里見）が動き、（太田）新六郎（康資）が寝返った。太田家中は一段と心配である。寄子・加世者は申すまでもなく、中間・小者まで人改めを致し、葛西へ加わらないように申し伝え、もし、また、葛西へ敵が攻撃を仕掛けたら、太田康宗・恒岡弾正両人（江戸太田氏の家宰・主人に従わず後北条氏に従う）の妻子をはじめ、悉く、孫二郎（北条氏秀）に渡し、（江戸城の）中城に（人質として）入れ、奔走をさせるようにいたせ。忠儀を尽くすのはこの時である。

（永禄七年）正月一日　　　　　（北条）氏康

太田次郎左衛門尉（康宗）殿

恒岡弾正忠（信宗カ）殿

太田資正追放　永禄七年、七月には岩付城から太田資正を倅の氏資が追放した。資正の宇都宮出陣中の事であった。これにより、武蔵の中枢にあった上杉方の重要な拠点が失われた。この直後であったのだろうか、八月四日の「上杉輝虎書状」に将軍足利義輝から上杉・北条の和睦を進められた事が記されている。この返書は次の様に知られるが、ここでは将軍様の下知で有り、従わざるを得ないが、北条は討つべきであるとの信念をもったまま受け賜った旨を申し述べている。

上杉景虎書状写〔杉原謙氏所蔵文書〕（意訳）・原文『新編埼玉県史』資料編6―四〇九

〔北条氏康と和睦致すべきの〕内容の（将軍様からの）御内書を頂き、誠に過分の事であります。だいたい東国の事は申すに及ばず、板東では古河（義氏）様を御成敗なされ、その上関東副将軍の事は上杉に仰せつけられ、関東五カ国を拝領し、大変ありがたく思っている。それで、累代都鄙に対し奉り、誤りなきよう忠を尽くしてきたところ、左京大夫（北条氏康）が関東をほしいままにし、結局、上杉憲政の旗本まで計略に乗せ、上杉家の中を引き裂き、正体無いようにされた結果、越後へ納馬された。関東と越後は代々の好みが浅くなく、憲政以前から見放すこと無く、これを除こうとして、先年、上州へ進出し、那波要害を始め、所々の要害を攻め落とした。この筋目を守る為に味方に力を付け、先の忠義を思い起こし、諸軍を引き連れ、相州まで押し詰めて、百里に及んで小田原を放火、そのほかの村々の家を一軒も無く焼き払い、内々敵陣を打ち亡ぼすべく考えていたところ、佐竹（義明）・小田（氏治）・宇都宮（広綱）らが推して意見を出し、その事総てを任せ、それ以後、遂に鎌倉に入り、恐れながら我等の余勢をもって、憲政が鶴岡八幡神社に参詣した。鎌倉にいるとき、数百里内外の旧跡を見て回り、大変驚いた次第、しかるに憲政は病気になり、（関東管領の）名代職の事について私に与えようとした。諸家の方々や同心が、その事がしかるべき事とお考えになったが、望んだことではなく、若輩の身故、不相応であると伝えた。足利義輝様のお考えも伺わず、私の考えで受けてしまうことは出来ないと数日申し上げていたが、八幡宮の御前にそれぞれが参詣され、（沢山の方々に管領就任を）催促された。出陣の最中であり、このような事でいたずらに日時を送っていると、自ずと敵の反撃が行われるので、その大旨に異存なく、様々な申されようもあるが、名跡のこと、あれこれ考えたすえ受けた。此の上は、奔走をいたし、憲政が煩わしさを繰り返さないように、その旗を預かると返事をいたした。皆々も一旦（憲政を）慰め、（永禄三年・四年の）両年に亘り在陣し、諸軍の兵は疲れたので、備えを万全に致すよう申し伝え帰国した。関東はその大半が静かに平穏に成ったが、（北条）左京大夫（氏康）は手柄を上げるような働きもなく、いつものとおり武略を廻らし、弱者を（味方に）引きつけた。これが出来、常陸の小田氏治は先頃北条に攻められ、十余年浪々の身であったが、憲政が越山して戦い、二度も在所へ帰参することができた。その厚恩は未来に亘るものであり、忘れないと血判の起請文を数通差し出しているにもかかわらず、すぐに忘れ、氏康に味方し、味方への慮外を連続して致している。遠境の地域であると雖も、この春は小田の要害に入り、年来から普請を行い、攻める準備を行っていたが、攻めることが大切と各々が申されるので、攻囲し攻略、籠城者を二千人程討ち取った。残党は堀の中で溺死したり、焼死した者が沢山で、その数が知れない。小田に与力した者の地、三〇余箇所は人質を出し降参した。下野の内、佐野小太郎も離反したが、小田から帰陣の折、攻め寄せ、難しい場所ではあったが、手を尽くしてこれを攻め、外郭を破ったところ色々詫び言を申し出した上、多くの人質を取ったので、小太郎の処分は許した。そもそも氏康は、既に晴氏様・藤氏様の父子を伊豆の奥地に押し籠み、あまつさえ殺された。不忠不義は言葉を絶することである。溝があり、これを推し量ると、和談致すべきとの事は、そもそも立前に過ぎないと存じますが、御下知に背くことは出来ず、上意で有るので、従うべくであろうが、（北条を）討つべきであるとの信念を以てお受けいたした。上様の使いが下向され、関東は味方であり、氏康に対しての敵対を忘れるよう堅く申し付けられた。皆が油断していたが、御下知はどのようなことなのであろうか。七月二十三日、太田美濃守の城を北条が略取した。日をおって（北条方から）色々慮外が盛んに行われようになり、大変悔しい思いをしている。その上使者は拙者に落ち度がないにもかかわらず、上意の本旨は使者の大館兵部少輔の部下から聞いた次第である。拙者の考えはいい加減な考えでは無いことをはっきりとさせ、達せられるべきであった。上奏の趣旨はよろしくご披露頂たく思う。景虎謹んで申し上げる。

藤原景虎（註　永禄四年閏三月には政虎と改名し、この時は輝虎）

（永禄七年）八月四日

謹上　大館陸奥守（晴光）将軍家側近　殿

関宿城を攻める

永禄八年は、武蔵では後北条氏と深谷上杉氏が組んで忍の成田氏と戦い、一方では、後北条氏は関宿攻めを行い、太田金山城の由良氏とも戦った。この合戦の経緯は、長楽寺永禄日記に詳しく記されているので、関係部分を示すと次の様になっている。

長楽寺永禄日記（意訳）・原文『新編埼玉県史』資料編8―六四七〜六五五頁

（三月）二日、（略）中途より旦那（由良成繁）から伝語あり、関宿へ南方（北条軍）が動き、夜中に注進につき、帰城。三日、（略）昨二日に南衆、関宿にとりかかり、外宿いたす。四日、（略）金山城の実城へ関宿の様子を聞きたく書状を遣わす。南衆はこの朝関宿から撤退という。六日、（略）関宿へ敵が再び攻め掛かったとの注進があった。（略）。十七日、この日、深谷に鐘・法螺貝が殊の外、鳴ると言い、にわかに成田で（軍勢の）動きがあったと聞こえた。（五月）七日、（略）太田美濃守が計略をもって夜中に岩付へ討ち入った事が、実城から備場へ伝えられた。喜ぶべきことなり。八日、（略）太田美濃守は渋江宿の近くまで攻め込んだが、内応していた一人が心変わりを致し、途中まで引き返し、太田下野守、小宮山その他の味方衆も相違無く栗橋城へ撤退したという。十七日、（略）関宿へ陣触があった。二十五日、（略）関宿の敵は昨日二十四日撤退したので当庄の人々がそれぞれ引き返してきた。

（八月）、（略）十九日に境目よりの便りで、横瀬に書状が伝えられた。その内容は藤田新太郎方が一昨日の十七日、鉢形の関山（にある〈臨済宗〉泉福寺カ）に着き、深谷上杉方と談合した。（その内容は）新田への進軍のことであったと言う噂がある事。また、忍の成田への進軍の事ともいい、二つの話を申し伝えてきた。齋藤主税助は毎日利根川端へ軍勢を出して、それに備えているとも手紙の中に書き加えてある。二十三日、（略）羽生より関宿へ南（北条）の動き有りと注進が有り、（北条高広が上野）和田の陣をにわかに引いたという。二十五日、（略）利根川辺の話に氏康が鉢形へ昨二十四日寄陣したと告げてきた。信州への援軍のため御嶽に馬を進めると聞いたという。二十八日、（略）南方衆市田へ進軍と成田からの注進と金山から伝えてきた。二十九日、（略）この日、市田で火の手が見えたと申してきた。

（九月）十五日、（略）この日十一頃、南方衆は（熊谷市）御正の陣を払い、長井の南の肥塚という所に陣を張ったという。十六日、（略）南方衆忍へ動く。二十日、（略）南衆は肥塚の陣を払い、奈良へ寄せるという。二十一日、（略）旦那（由良成繁）父子共に帰陣。敵は成田・北河原を焼き、（妻沼）聖天の南の堰宮のはつつばという所に陣を取った。二十六日、（略）敵は堰宮の陣を払い、羽生より（行田市）須賀山に下ったと申してきた。旦那はこの日も川辺に出馬と聞いた。堰宮の竹内の叔父と甥、福嶋、谷津の四人は変心し、この内、福嶋が敵へ味方したので谷津を成敗し、竹内は手傷を負い、両人（竹内の叔父と甥）共に敵陣へ駆け込んだという。二十七日、（略）この日も成田で鉄炮の音、頻繁に聞こえる。

永禄七年七月の岩付城主太田資正が氏資によって出陣の留守中に追放された事は、北武蔵の名だたる国人領主であった太田氏の没落の出発点となった。太田資正・梶原政繁父子は里見氏と同盟し、第二次国府台合戦で戦うが、敗北した。五月に上総の酒井胤治の支援を得て岩付城に帰ったのもつかの間、子の氏資に追放されたわけである。太田資正は常陸の佐竹氏の助力を得て片野城主に宛てられ、子の政景は柿岡城主真壁久幹の婿になって城主になると、この両城を拠点に太田父子は反後北条の立場を貫き、上杉謙信支配下の武将として、東関東の佐竹氏や里見氏等への申し次役となり、岩付城復帰を目指した。終生戦乱の世のフィクサーに徹しているが、その出発点はここにあった。

五　武田信玄・上杉謙信との戦い

上武国境にある金鑽御嶽城は、後北条氏が天文二十一年に攻略し、永禄三年の長尾景虎越山に伴う奪還の可能性も考えられるが、先の永禄八年の氏邦書状では、「御嶽城の衆も違うことなく出陣させるようにせよ」と記され、後北条氏の手中にあった事が理解される。永禄十一年末には、後北条氏と武田氏の間には不穏な空気が流れていた。十月二十三日、氏邦は児玉の阿佐美郷の井上孫七郎に「敵が動いているので、印判無き兵粮は一駄も他所へ移動させてはならない。見つけ次第足軽に引き渡し、その身は傑にいたすようにせよ。(見張り)小屋は金尾・風布・鉢形・西の入に定めた。十五歳以前と六十歳以後の男を(除いて)総て書き出し、申し出すようにいたせ。」(6―五二〇)と指示している。これによれば、鉢形城への主要な交通路の要所である鉢形城や日山館から天神山城への入り口である「金尾」、鉢形城から秩父への主要な往還にある峠の要所「風布」、鉢形から児玉筋への荒神渡口の「鉢形」、小川―鉢形通り、鉢形城への入り口に当たる「西の入」に番小屋を置いて、兵糧の移動を監視させている。そして、緊迫した情勢の中での兵員該当者の把握の徹底を図っているのがわかる。

甲相同盟破綻

十二月には甲相同盟は破綻し、十二月十三日には武田信玄は後北条氏が支配していた東駿河に進攻し、興津城(静岡市)を攻めた。この時の興津城攻めでは、由良成繁書状写(6―五二六)によれば、甲州勢は四百余人が討ち取られたという。鉢形勢は十二月二十三日に興津へ出陣している。この興津出陣では北条氏邦は永禄十二年二月二十八日に興津城を攻め、そこでの働きがあった秩父の武将・井上雅楽助、四方田源左衛門・源五郎父子に対して感状(戦北―一一六〇~一一六二)を発している。

一方、次の文書によれば、氏邦が興津出陣で留守であった同年二月には、信州から武田勢が鉢形領へ侵入し、これを鉢形衆が迎撃し、児玉筋の榛沢などで合戦があったことを記している。これは、深谷上杉氏も兵を出して、防戦に努めたようで、北条氏康から上杉憲盛あてに感状が出されている。

北条氏康書状写〔鈴木文書〕（意訳）・原文『戦国遺文』後北条氏編―一一五七

この度、信濃衆が児玉筋へ侵攻したおり、鉢形衆が迎え撃ち、合戦に及び、大勝して敵百余人討ち取りその頚が到着した。殊に手早く兵を出し、榛沢において敵多数を討ち取った事、誠に以て好ましい戦であった。大慶とはこのことであろう。鉢形衆・そのほかの味方も歓迎すると申している。深谷口の備えは申し入れに任せる。

（永禄十二年）二月二十四日　　（北条）氏康

深谷（上杉憲盛）殿

武田氏は西上州を手中に収め、武蔵出陣の体制を着実に固めていた。その一つとして、金鑽御嶽城への向城築城を目論み、永禄十二年五月十七日には、高山氏に対して、武田氏の家臣浅利右馬介と談合して、新たな城郭を築城し、そこへ在城のうえ、近隣の武将への調略を進め、味方を増やすようにとの指示が出されている。この時のことを『甲陽軍鑑』は、

甲陽軍鑑（意訳）・原文　品三十七　巻十一下

信玄公は西上野に在陣され逗留した。小幡三河守が味方になり、長井豊前守も味方になった。武蔵の内、忍・深谷領の中に入り組んだ八千貫余の地を御加勢を得て案内してくれれば取ってあげると申し上げたところ、小幡尾張守・安中左近・後閑・長根衆、原隼人・跡部大炊助・長坂長閑という七頭の都合九将

を差し遣わされ、十日の内に取り従えたので、そのところを三千貫を長井豊前守に、五千貫を小幡三河守に与えた。所領替えが行われた後、山名・鷹巣の間に新しく城を築き、信濃の武将望月甚八郎・友野助十郎の両人を差し置かれ、七月初めにご帰国された。

と記し、金鑽御嶽城主長井豊前守（政実）と鷹巣城の小幡三河守（信尚）が味方して、本意に達し、この時、永禄三年に小幡図書助景純に国峯城を乗っ取られていた小幡氏嫡流の小幡尾張守憲重は、国峯城主に復帰したという。忍・深谷領内で長井氏に三千貫文、小幡氏に五千貫文の地を与え、新城を築き、信濃衆を置いて永禄十二年七月初旬に帰国したと伝える。

しかし、次の北条氏康書状は、平沢政実が小幡信尚と長根某を味方に引き入れ、戦端を有利にした功績を称えており、『甲陽軍鑑』の記載と北条氏康書簡とは反する内容となっている。六月二十九日付けの北条氏康書状によって、この時西上野において、武田勢との間に合戦が行われた事は確認でき、平沢氏へのその功績評価をめぐって、天文二十一年の合戦で、神流川左岸へ領地替えされた平沢氏へ、浄法寺が異論を挟んでいた事が知られる。氏康は氏邦に対して、次のように書簡を送り、大滝口への武田信玄出陣を虚説と伝えると共に、金鑽御嶽城仕置きで生じた平沢氏と浄法寺氏の争いについて、特段の配慮を行うよう指示している。

北条氏康書状写〔群馬大学図書館所蔵新田文庫文書〕（意訳）原文・『戦国遺文』後北条氏編―一四二八

（六月）二十三日の書状は二十八日に着いた。詳しく拝見した。

一、この春西上州へ進攻し、所々に放火し、敵を殺し、或いは討ち取った事、心地好いことである。各参陣の衆の人数やまた、□□の人数書き立てを拝見した。
一、敵が重ねて大滝筋の日尾城口へ進攻しているのだろうか。このような小さな動きは、五□□七日を経ずにはっきりするだろう。各大将は奔走するために、残らず兵を集めるべきで、日尾口には守りの人数を決め、要所に差し置いて、郷人をも集め、あらかじめ通路を切り塞ぎ、砦を築いて待ちかかれば、その先には勝利があるだろう。只、今は普請に集中することである。
一、信玄は富士宮に進攻し、大宮に陣を取っている。多勢の事であるという。大滝筋へ進攻したというのは虚説では無いだろうか。口々に信玄がいるかのように申している。大宮口では（陣を取っているというのは虚説ではないことははっきりしている）。
一、矢・鉄炮が必要なら、際限なく使うが良かろう。馬・刀も要らないのだろうか。なんといっても備えがなくてはどうにもならない。
一、（金鑽）御嶽城の仕置きは先の手紙に示したように、まず関係者をなだめ、小田原へ申し入れるべき事では無く、平沢と浄法寺ともに融和させるべく、その人の身になって親切に申されるべきであろう。
なおもすべき事は使者をもって申し伝える。
（永禄十二年）六月二十九日　（北条）氏康
（藤田）新太郎（氏邦）殿
ここでは「（金鑽）御嶽城の仕置きは先の手紙に示したように、まず関係者をなだめ、小田原へ申し入れるべき事では無く、平沢と浄法寺ともに融和させるべく、その人の身になって親切に申されるべきであろう。」と注意を与えているが、その後もこの両者の反目は収まることがなかったのであろう。これに合わせて、北条氏康は三日後に平沢政実宛てに書簡（6―五七七）を送っている。

北条氏康書状〔安保文書〕（意訳）・原文『新編埼玉県史』資料編6―五七七

この度は、思いがけない噂があり、心配し書状を書いた。そもそも薩埵陣の中で、数度に及んだ諸口の合戦での奔走は手紙には書き尽くしがたい。その上、小幡三河守（信尚）・長根（某）両人を（味方に）引きつけたこと忠信浅くないところであるが、証拠も証文もないと浄法寺が申し出たが、誠に取り上げるべきに非ず。証文がないとこのような事を申し出られては、誰であっても安穏として味方になっていられるだろうか。殊更、其の方は老母を鉢形へ差し出され、（金鑚御嶽城の）本城・中城にこちらの兵を入れており、少しも疑いなく、その上、其の方には落ち度無く、給されたものであり、中城・本城に（北条）新太郎（氏邦）の兵を差し置くこととした事は功第一である。浄法寺は証拠もないまま申し出たことなので、当方で却下しておく。

（永禄十二年）七月一日　（北条）氏康

安保左衛門尉（政実）殿
（平沢を擦り消し安保としている）

平沢政実の離反

この手紙の冒頭に記される「思いがけない噂」とは平沢政実が武田氏の誘いを受けたのではないかと言う情報が寄せられたのであったのだろう。この書簡から、この時、金鑚御嶽城には鉢形衆が番衆として在城している事が理解できる。しかし、平沢氏に対する思いがけない噂としての氏康の危惧は現実となった。翌、元亀元年六月には、武田信玄は金鑚御嶽城を攻略し、長井（平沢改め）政実は金鑽の大光普照寺に対して「存分達本意」として、武田氏に与して、金鑽御嶽城主に復帰できた事の感謝を伝え、寺領を三貫文寄進（6―六五九）している。後北条氏の扱いには大きな不満を持っていたのは疑い無いことであろう。後北条氏にとっては、上武国境を押さえるためには、この地域の雄であった長井氏は、どうしても、陣営に引き留めて置く必要があったのである。しかし、大石氏や上田氏への扱いとは違い、本領を取り上げ、領地替えという処置を行ったことが、この結果を生み出したのではないか。いずれにしても、この時、後北条氏は、平沢政実を味方につけておくことに精力を傾注したが、この書簡の後、平沢政実を翻意させることが出来ず、平沢政実は後北条氏から離反し、武田氏に付いた。

安保氏は、天文二十一年の敗戦で後北条氏支配に属し、永禄八年からは、平沢政実が神流川右岸地域で黒澤源三に領地宛行を行っている。これは安保(カ)中務少輔から宛行われていた領地を改めて宛行った事によるものである。そして、元亀元年には長井に改姓した。黒田氏は、安保氏は永禄六年頃没落し、平沢政実が後北条氏の元で金鑽御嶽城主になり、神流川右岸一帯の領主として存在したという。

一方、武田信玄の重臣・浅利右馬介信種を中心として、高山氏に命じて築城させた上武国境の城郭について、群馬の城郭研究者である山崎一氏と秋本太郎氏は、『甲陽軍鑑』巻十一下に「山名・鷹巣との間にあたらしく城を取立」と記されることなどから、これを高崎市の根小屋城とし、山崎氏は、高山城の中でも「永禄十一年頃北条・武田が戦った時、信玄の指示によりこの城の南の堡塁を築いて以後、もっぱら上野・武蔵境の守備にあった」とも記している（『日本城郭体系4』一七一頁）。山名城と鷹巣城の間と言えば根小屋城の可能性の方が高いが、なにせ、軍記物とされる『甲陽軍鑑』の記載であり、その妥当性は不確実と言わざるを得ない。一方、次の史料は藤岡の武将高山氏に発給された武田信玄の築城指令を伝えるものであるが、築城場所については具体的な指示が記されていない。指示を受けた武将は同じ高山氏であるが、この史料で高山城と捉えることには又、齟齬は無い。山崎氏の著した『日本城郭体系4』の記述でも、永禄十一年高山城の南側尾根上の堡塁を築き、永禄十三年根小屋城を築城した事としている。これに対して斎藤慎一氏は高山城の観察から「藤岡市教育委員会の報告も松岡も線状の遺構が大名権力の関与であると論じており、この点は筆者も賛成するところである。（中略）構造を確認すると、問題の線状構造は北面を内側に、南面を外側としていた。言い換えれば、上野国側を内として、武蔵国側すなわち北条領国内部を外としているのである。高山城は大名間戦争にも耐えられる規模の拠

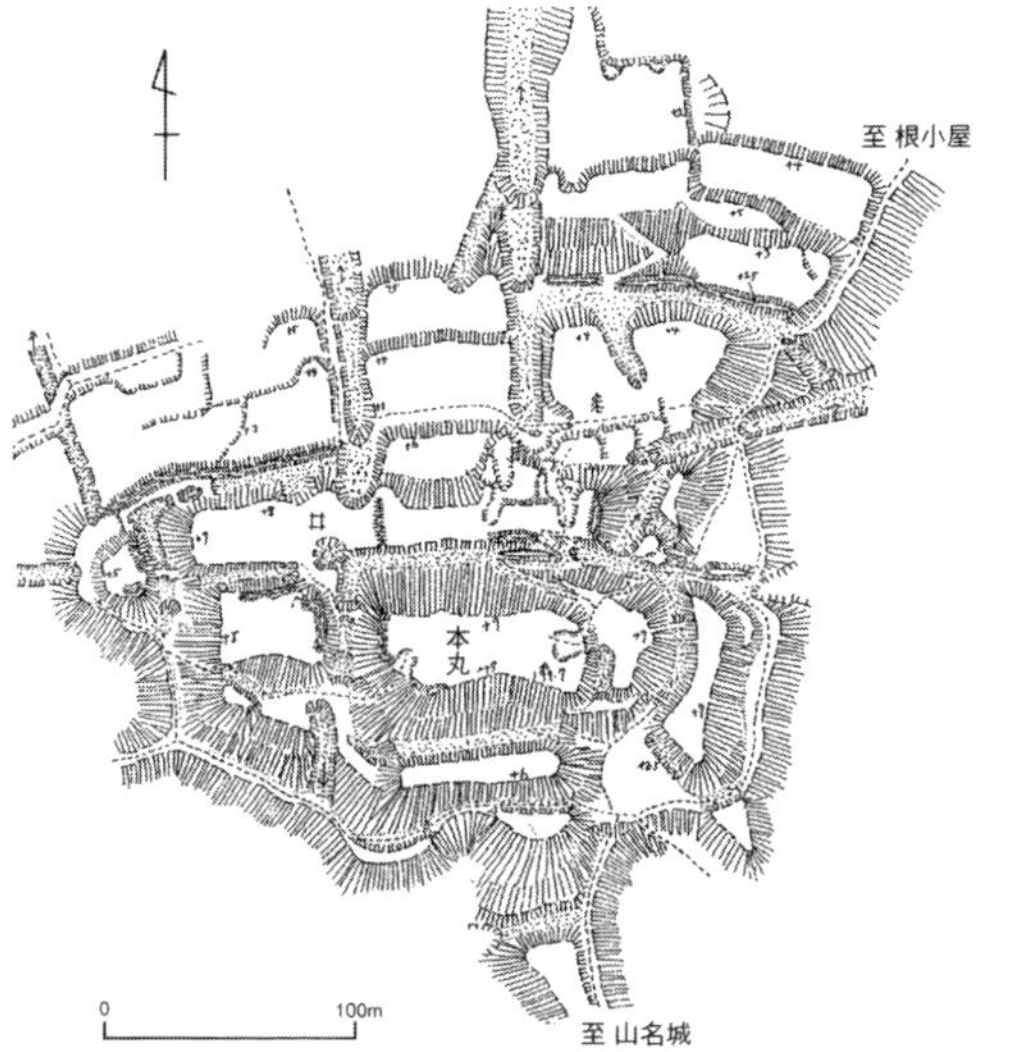

高崎市根古屋城縄張図　群馬県中世城館跡調査報告書より引用

藤岡市高山城縄張図　群馬県中世城館跡調査報告書より引用

第16図　根古屋城・高山城縄張図

点的な山城であることから、この構造をもって北条氏の普請とすることには賛同しかねる。構造的な内外関係や先の【史料6】（筆者註　6―五六三）を踏まえたとき、当該の遺構は永禄十二年五月十七日以降に浅利右馬助の関与で普請されたと考える方が妥当ではなかろうか。この説が肯定されるならば、武田家は既存の高山氏の本城を基礎として線状の構造を普請して境目の城となし、在地の高山氏を城主として据えたことになろう。武田家の築城法を知る重要な遺構といえるのではなかろうか。」（斎藤二〇〇二b）と評価した。

武田家印判状〔高山文書〕（意訳）・原文『新編埼玉県史』資料編6―五六三

武州と上州の境に築く砦の場所については、浅利右馬介（信種）と相談して築き、在城するようにせよ。そして、その方は調略を以て同心の兵を多く集めるよう申しつけられたので伝える。

永禄十二年つちのとみ五月十七日（朱印・龍印）　原隼人佐之《昌胤》を奉る

高山彦兵衛尉殿

武田軍、秩父筋への進攻

越相一和が成立した永禄十二年六月に武田軍は再び秩父郡域に進攻した。この時、北条氏康は、

一、敵が重ねて大滝筋の日尾城口へ進攻しているのだろうか。このような小さな動きは、五□□七日を経ずにはっきりするだろう。各大将は奔走するために、残らず兵を集めるべきで、日尾口には守りの人数を決め、要所に差し置いて、郷人をも集め、あらかじめ通路を切り塞ぎ、砦を築いて待ちかかれば、その先には勝利があるだろう。只、今は普請に集中することである。

第17図　小鹿野町三山地域

一、信玄は富士宮に進攻し、大宮に陣を取っている。多勢の事であるという。大滝口へ進攻したというのは虚説では無いだろうか。口々に信玄がいるかのように申している。大宮筋では（陣を取っているというのは虚説ではないことははっきりしている。（戦北―一四二八）と記した。

大滝筋への進攻を伝える史料は前にも後にもこれ一回しかない。この進入ルートは、江戸時代の甲州裏街道筋の雁坂峠越えであったのだろうか。この時、氏康は日尾城に守備兵をしっかりと置き、郷人を招集して、砦を築いて待ち構えているようにと指示している。この砦について、本格的に築城された城郭は大滝方面に存在が知られない。大滝には武田軍進攻の伝承も少なく、日尾城口と言っているので、あるいは志賀坂峠越えのルートであった可能性の方が高い。小鹿野町のこのルートには、武田軍進攻を伝える史料や落人の埋葬地などの伝承等が数多く残っている。（新井康夫二〇〇九、斎藤富恵二〇〇九）そして、小鹿野町三山には、鉢形城の物見と伝える鷹谷砦跡が所在している。また、対岸の上流約二・八㎞には「石打砦」と伝える場所もある。赤平川が大きく北に蛇行し、山裾に接する地点で、現道を見下ろす崖上に小さな平坦地があって、そこには川から持ち上げた川原石が多数置かれている。ここ三山は斎藤新左衛門尉・斎藤右衛門尉五郎父子の本拠地とされる（斎藤富恵二〇〇九）。注意する必要のある場所として特記されるだろう。

武田軍の北武蔵進攻は鉢形城と氏邦に大きな打撃を与えている。北条氏康の氏邦宛書状は六月二十九日付けであり、七月には三山合戦等における感状（6—五八〇・五八二・五八四、一七一三）が発せられているので、この武田軍との合戦は永禄十二年六月のことであった。この時は城峯山南麓の皆野町立沢や、吉田町下吉田の阿熊で、武田軍の動きがあった事も伝えている。史料から見る限り、神流川上流の山中地域からの進軍であったと見ることが出来、武田軍は志賀坂峠・土坂峠・城峯山を越えていた。しかし、この時の秩父侵入の武田軍の動きは、陽動戦であったようで、九月九日に金鑽御嶽城攻撃、九月十日、鉢形城攻め、九月二十八日～一〇月一日、小田原城攻め、一〇月六日三増峠合戦とめまぐるしいほどの転戦を重ね、甲府へ引き上げている。この時、武田信玄は上州を経て来攻したと氏康が記しているので、鉢形城攻めは武田軍本隊であった可能性が高い。

元亀元年、武田信玄は三度目となる金鑽御嶽城攻撃をした。この年の永禄十三年二月二十八日には早くも小鹿野町高源院に禁制（6—六二四）を発給している。先軍が秩父へ進攻してきていたと言うより、武田勢の倉賀野出陣を受けて、鉢形でも緊張が走ったのであろう、日尾城での出浦式部の籠城も伝えられる（戦北—三七三一）ので、高源院側による、密やかな禁制の取得と考えられる。この武田勢は三月初旬撤退したという（6—六四四）。

北条氏照は永禄十二年一月七日、上杉輝虎に書状を送り、越相一和についての要請（6—五二八）を行い、二月六日には、北条氏康が沼田城主松本景繁に越相一和についての指南を要請している。

越相一和

この情勢の中で岩付城を追放され、佐竹氏を頼って片岡城にいた太田資正と、柿岡城の梶原政景は、越相講和への動きの中で、武田氏からの誘い（6—五六〇）を受けていた。

しかし、後北条氏にとっては、この時点での上杉氏との講和は成立出来ておらず、最後の詰めの段階（6—六三一）であり、同盟が成立したのは五月下旬頃であった。講和交渉は、金山城の由良氏を介して行われており（6—五三三）、後北条氏側では、氏照や氏邦が前面に出て交渉していた（6—五四〇）。しかし、紆余曲折を経て成立した講和後も、両者の間では、国分けの部分で溝が埋まらないことが多かったようである。北条氏政は上杉輝虎の態度をなじり、越相一和で後北条氏の元から上杉氏側に復帰した金山城の由良氏に対して、「氏政と浮沈を共にする」との起請文を受けて、用土氏の支配する藤岡地域を除く上野一国を与えるという書状を出した。越相一和で、上杉氏の元に帰属したはずの上野一国を与えると言う密約（6—五九二）をしている。

この混乱の内容は、松山城の帰属に関することも大きかったようで、北条氏康・氏政父子は松山城問題に関しては「元より今まで（上田は）当（松山）城主であり、上田の本地で有ること」この筋目については一歩も引かないと態度を鮮明にしている。上杉氏に対しては、その窓口を氏邦が務めていたとみられるが、一方では武田氏の圧力が鉢形領域に加えられ、上杉輝虎の越山を求める氏邦書簡では、金鑽御嶽城が攻められ、敵数百人を討ち取ったが、鉢形城外曲輪まで攻め込まれ大きな損害を蒙ったことが記される。

北条氏政書状写〔集古文書七十〕（意訳）・原文『新編埼玉県史』資料編6―五九二

武州と相州の和を妨げる事について、彼国（越後）から色々と要望が出て、管領職と上州一国に武州の岩付まで渡したのに、輝虎はなおも恣みの理屈をつけ、併せて氏政がどこまでも攻め込むという疑いをかけるなどして困っている。氏政と浮沈を共にするとの事を御父子はこの度、心血（起請文）を明らかにされた。本望悉く（成就）できれば、望みに任せ上州一国を差し上げる。ただし、烏川南には藤田の少ない先例（支配地）があり、よんどころない子細があり、こちら（上州一国）からは彼地（藤田支配地）を除くのがもっともと考える。詳しくは口上で申し上げる。

（北条）氏政

永禄十二年己巳八月二十六日

由良信濃守（成繁）殿

同　六郎（国繁）殿

北条氏政書状（竪切紙）〔上杉家文書〕（意訳）・原文『新編埼玉県史』資料編6―五八九

松山の帰属について、由良から申し伝えられたが、去る四月に（使僧の）天用院（早雲寺塔頭天用院主）を通じて子細を申し入れているが、元より今まで（上田は）当（松山）城主であり、上田の本地で有ること聞き届けるよう申し述べさせた。この筋目はこの度、広泰寺（昌派）や新藤（家清）方へも申し伝えた。しかれども、これを聞き届けられず、了承されていないので、貴殿の意思に任ねる。

（永禄十二年）八月五日　氏政

山内殿

北条氏邦書状（竪切紙）〔上杉家文書〕（意訳）・原文『新編埼玉県史』資料編6―五九四

氏政より客僧を以て申し入れられたことであるが、武田信玄が西上州へ出陣し、去る九日御嶽城へ攻め懸かり、敵百余人討ち取り、頚が小田原へ差し出された。然るに、今日十日当地鉢形城へ攻め懸かり、外曲輪において合戦になり、手傷を負った者や、死者が沢山出たが、まずはご心使いや御心配は不要です。このような時であるので、早々と御越山を決められるよう御心がけて頂きたい。

藤田新太郎氏邦

（永禄十二年）九月十日

（上杉謙信側近三条城主山吉豊守）
山吉孫次郎　殿

これについては岩付城復帰を働きかけていた太田資正・梶原源太父子が、上杉氏と後北条氏の間に楔を打ち込んでいたことが考えられるが、次の書状を見ると、上杉輝虎は、松山城の帰属については「岩付・松山の仕置きについても申し付ける」とあり、太田父子が片野城へ帰ることなく出陣して参るようにと二度も言っていることを考えると、越相同盟交渉過程で煮詰まった松山城の扱いと、太田氏の岩付城復帰への一つの決断を行ったのであろう、これについて申し渡すと述べている。

上杉輝虎書状写〔上杉文書〕（意訳）・原文『新編埼玉県史』資料編6―六〇二

二回とも飛脚を使って早々と返事を返すべきところ、帰陣して拝見しようとして遅れ、定めし恨みに思われていることと思う。昨日二十七日の夜遅く春日山へ着城したところで、休息もせず、明後日二十九日に出立の予定である。越中口は備えがなく、子細有る故、越中口に出陣とも考えたが、信玄に攻め入られ、油断をしたと関東中に流布され面目を失った。如何にしても来月十日までには倉内へ着陣致す所存である。太田資正・梶原政景父子は倉内へ来陣され、常陸片野城へ帰城されることのないよう軍兵を多数引き連れ、上野沖中城への供を致し、合わせて岩付・松山の仕置きについても申し付けることとする。八十日の間、当国の軍勢は一日も境目の地に留まることなく働いてきた。そこで、佐野義重や宇都宮衆・多賀谷など近陣の衆は早々と参陣し、奔走せよ。新田に松本石見守や開発等を差し向け、味方を集める事を申し付ける。なお、詳しくは面会の時に申すであろう。

（永禄十二年）十月二十八日　（上杉）景虎

（常陸片野城主）梶原源太殿

上杉輝虎書状写（上杉文書）（意訳）・原文『新編埼玉県史』資料編6―六〇五

先の書簡で申し上げたように、越中より帰国し、人馬を休めることなく今日（二十日）倉内へ着城した。佐竹義重に申し合わせたく、この度の事で早々と会えるよう、その方父子から必ず催促してくれるようにして欲しい。百日の越中の出陣では軍兵が疲れ、中途半端な滞陣はできないので、太田父子も人数を整え出陣され、当地へ来られてから片野城へ帰り、（改めて軍勢を整え）兵を引き連れてくることのないよう一度に準備し、着陣されるようにして欲しい。準備が出来ない等と言うことがないよう、定められたように整え、その上、輝虎方にとっても、太田父子の今後のためにも、近辺の衆も参陣されるよう申し伝え、奔走させることが肝要である。

（永禄十二年）十一月二十日　（上杉）輝虎

梶原源太殿

しかし、太田父子は上杉謙信のこの決断を受け入れなかったようで、片野城を放棄することなく、松山城への復帰も強く要望したのであろう。上杉謙信は、太田資正が元亀元年正月二十六日に要請した（上越市史別編Ⅰ―八七〇）佐野陣への同陣をせず、太田資正の進退などについての内密の書簡を佐竹氏等（東方衆）に「広げ物」にした事などで、太田資正の心中を見限り、天罰者として手切れを申し渡している（上越市史別編Ⅰ―八九二）。これによって、越相同盟の締結の妨げとなっていた岩付城問題は上杉方で放棄した模様（上越市史別編Ⅰ解説四〇一頁）といわれている。

武田軍が再々出陣　越相が講和へと傾注していた永禄十二年から元亀二年までの秩父地域には、武田軍侵入の記録が多数存在する。そして、元亀元年六月五日に、武田信玄は再々出陣になるが、金鑽御嶽城を攻め、これを攻略した。武田氏は金鑽御嶽城を修築し、兵を数千人在城させ、関東出陣の橋頭堡にした。次はこの時の事を伝える書状である。太田父子は岩付城復帰を画策していたが、すでに城主は永禄十年九月の太田氏資戦死をうけて、城主不在で、北条氏政が指揮し、玉縄城主北条氏繁が城代であった。越相一和を受けて、かねがね、武田氏からの誘い（6―五六〇）を受けていた太田資正父子は上杉氏から離反し、武田を頼った。

武田信玄書状写（太田文書）（意訳）・原文『新編埼玉県史』資料編6―五七四

その後は、交通が思うようにならないため、音信が思いの外絶えた。伊豆へ進攻し、伊豆一国を思うように悉く撃破し、下旬に帰国した。あまつさえ、去る五日、武州御嶽城を乗っ取り、すぐに普請し、矢楯兵粮を移し、甲信の兵、数千人余りの輩を在城させた。然るに関東に早々出陣致すよう求める。味方の中では異議がない。調略に感謝している。

（元亀元年）六月二十七日　　　　　（武田）信玄

太田美濃守（資正）殿

北条氏邦側では、この時の戦功を賞する史料は見られない。そして、この時の事として、金鑽御嶽城落城後の措置に不満を抱いていた長井政実は、太田資正の働きかけでもあったのだろうか、武田氏に与力し、金鑽御嶽城主に復帰した。以後、長井氏は武田氏没落まで武田氏側にあった。

平沢政実判物（意訳）・原文『新編埼玉県史』資料編6—六五九

この度、当（金鑽御嶽）城が思う通りになった。そこで新たに（神川町）植竹村寺田の内に三貫文の土地を寄進するので、今後ともご加護賜りますように。

永禄十三年かのえうま六月二十八日　　（平沢）豊前守政実（花押）

進上　金鑽御薬師

このことによって、児玉地域は、再び武田氏の元に走った長井氏の支配するところとなり、八月にこの武田領となった地域に進攻した北条氏邦は、本庄市児玉の長泉寺に制札（6—六六二）を掲げ、寺中門前等を寄進した。同年の暮れには、武田勢が河越城近くに出撃している。

元亀二年一月には、武田信玄は駿河に出陣し、東駿の興国寺城や北条綱成の守る深沢城を開城させた。二月には信玄自身が甲府を出陣し、富士宮市の大宮に在陣後、遠江へ進軍している。この頃武田別働隊は、武蔵にも進攻し、羽生市源長寺に禁制を掲げ、二月二十七日には秩父市上吉田の石間で合戦があった。この戦いでは、先に、氏邦から「敵（武田勢）が（秩父）郡内へ進攻して来たときは、郷人や野伏を集め走り廻るようにすれば褒美を与えるであろう。」との判物（中世の秩父―一六四頁）を与えられていた高岸氏は、その指示を守って走り廻り、諸役御免の褒美（6―六八一）を与えられている。そして、山口上総守はその活躍を認められ、山中に三ケ村を与えられ（6―六八〇）、地域領主としての地位を確実なものとしている。この中で注目されることは、山口氏や高岸氏が郷人を集め、走り廻ったと言うことで、山口氏の元で活躍した郷人とは、戦北―一四九六に知られるように、野伏達であったと言うことだろう。そして、この集団は、上吉田一騎衆と呼ばれている。

北條氏邦感状（意訳）・原文『戦国遺文』後北条氏編一四九六

この度は日尾（城）から野伏に（参集）触を出したところ、いずれの者も参集して走り廻ったことが、諏訪部主水助より伝えてきた。このことは大切な事で、帰城したら褒美を与えるであろう。

（元亀二年）ひつじ七月二十七日　（北条氏邦）花押

（野城の）守将山口と

上吉田一騎衆

その他の衆中

「信玄焼」の伝承

秩父には武田信玄が侵攻し、秩父谷を焼き払ってしまったという悲惨な伝承が伝えられる。この信玄侵攻の記録は、永禄十二年から知られるところであるが、その中でも最も激しい戦乱を伝えるのは元亀二年九月の侵攻ではないだろうか。武田信玄が秩父への進攻を終えた一〇月二十七日に古河公方の御側衆一色義直に出した書簡では、次のように「人民断絶」と記した。十月十九日から二十六日まで秩父郡内に在陣し、放火・作物の薙ぎ払いを行った（戦武―一七四三）という。

武田信玄書状（意訳）・原文『戦国遺文』武田氏編一七四〇

連絡がついて誠にめでたい。先に書状で披瀝したように、深谷と藤田領は残すところ無く荒らした。明日は秩父へ陣を移し、秩父郡内を悉く撃破しようと思う。そのことについての備え等の仕方については使者をもって申し伝える。そこで直接会って相談したいと考えている。

（元亀二年）九月二十六日　　（武田）信玄（花押）

（野呂弾正殿）

武田家高札（意訳）・原文『新編埼玉県史』資料編6―六九七

高札（龍印）　あくま

当方のすべての軍勢は当郷内に於いて乱暴狼藉を行ってはならない。もし違反する者があれば厳罰に処することとする。

元亀二年かのとひつじ

十月一日　　内藤修理亮之を奉る

武田信玄朱印状写（意訳）・原文『戦国遺文』武田氏編一七四三

一、この度の出陣の様子について
付いては、藤田領、秩父領、深谷領の耕地を刈り払った事
一、利根川の水かさが増していて、この度は利根川を越せず、幾重も恨みに思うこと。
付いては、（上野）漆原に陣取り、厩橋領に放火したこと。
一、越後衆が上州へ出陣した場合、（武田軍は）容赦なく上州へ出馬すること。
付いてはその行の様子の事
以上である
（元亀二年）十月十二日　（武田）晴信（朱印）
佐野（昌綱）殿

武田信玄書状〔武田神社文書〕（意訳）・原文『新編埼玉県史』資料編6―六〇一

二十日以前に書簡を送ったが、着いただろうか。上州の沼田・厩橋を悉く撃砕し、去る十九日から昨日（二十六日）まで武州秩父郡に在陣して、人民が絶えるよう軍事行動を起こしたので、定めし御心安いことでしょう。この段階に鎌倉に着陣し、御考えを頂こうと思ったが、十分であったので、まず帰国し、来月中旬に直ちに小田原に進攻する。江戸辺りにおいて面談致したく、詳細は使者をもって申し述べる。つぶさに出来ないことである。
（元亀二年）十月二十七日　（武田）信玄
（古河公方家臣）一色（義直）殿

新井康夫氏の調査では「信玄焼」によって被害を蒙ったと伝える社寺は十四ケ所であるという。その社寺は秩父市内二・郊外三、旧吉田町二、小鹿野町二、横瀬町一、旧荒川村二、皆野町二となっている。

六　越相同盟再び破綻

元亀二年、後北条氏は、先に記したように、鉢形領に武田信玄の激しい攻撃を受け、謙信の援軍も得られず、四面楚歌の状況に陥っていた。次の文書は、厩橋の北条高広にあてた上杉謙信書状であるが、この中には、後北条氏との講和を受け入れがたく思っている謙信の本音が窺えるところがある。十月三日、北条氏康が没した。この氏康の死は、薄氷の上を歩くかのようであった越相同盟に終焉を迎えることになり、十二月二十七日には再び甲相同盟が成立した。この十二月三日には、武田軍が秩父に侵入した戦での感状が氏邦から出されている。このようなめまぐるしい動きの中で、最も動揺したのは両者の間で領と身の保全を計ってきた国衆達であったろう。金鑽御嶽城の長井氏もその一人であった。後北条氏と武田氏の間でその城主としての地位は翻弄され、長井氏の意思とは逆の立場を強いられることになった。厩橋城にあった北条氏も又同じで、上杉氏から後北条氏へ、そして永禄十二年の越相一和で後北条氏の肝いりで赦免され、再び上杉氏の元へ復帰した。そして、又破綻であり、厩橋の北条氏は苦しい立場におかれている。

甲相同盟再締結　元亀二年末、後北条氏と武田氏は再び同盟を結んだ。この同盟締結は突然の事で、後北条氏重臣にも知らされず事が運ばれ、その締結をめぐっては相当の混乱が生じたらしい。

次の文書は金山城主由良氏から北条氏政に対して強い苦情が伝えられた事に対する氏政の侘びの書状であろう。

北条氏政条目（意訳）・原文『新編埼玉県史』資料編6―七一九

条目

一、急いで使者を遣わし申し述べる。去る十二月中旬より喉を患い伏していたが、二十八日に針治療を行い、正月七日初めて表に出て政務を行ったところである。また、用務も急ぎのものがなく、のんびりとしていたので無沙汰を致した。

一、昨年の冬（十二月）二十七日、敵への経略の事について氏邦に申しつけ、連絡させたところ、この十一日の書状に対する返事は今日十五日八時についた。拝見すると、兼ねてから進めていた相甲の一和について知らされておらず、面目を失った事が紙面に明らかにされていた。誠に申し訳ないことである。ただし、この事は、当家の一族や家老にも去る冬（十二月）二十七日に初めて申し聞かせた事で、この事には嘘偽り無く、誓詞に明らかにしている。

付いては、この事に臨んで、子細があろうとも、陣法を支障なく務め、心から貴殿方に対して、疎略の無く、恨みを被る事があっては、迷惑となるであろう。このように知らされないことがあっては、氏政が敵に押さえつけられることがあっても、力が及ばない事もあろう。同様に、これまでの心を込めて行ってきた付き合いもあり、腹の底から無沙汰無いようこれを務めるので、従前にも増して相談され祝着としたい。

一、相甲一和の内容について

付いては越後との手切れの書付をお目にかける。
付いては、これより書付の写しをご覧に入れること。

一、国分けのことについては、以前より藤田新太郎（氏邦）の所への書面にて尋ねたところ、関八州については甲斐より求めるものはない。ただし、前々より、支配してきた西上州については元より、こちらから求めないこと。

一、越後の軍勢の様子について知りうる情報を知らせること。

以上である。

（元亀三年）正月十五日（朱印・調）

由良六郎（国繁）殿
由良信濃守（成繁）殿

上杉謙信書状　〔三上練平氏所蔵文書〕（意訳）・原文『新編埼玉県史』資料編6―七〇七

（前欠）（北条と武田が）侵入してきてもこちらが無事なら、自身としては引き下がろうとおもう。そのわけは、甲州と相州が一所へ取り掛かってきても、身の破滅は言うまでも無いことである。武田は小田原を奪うことを心掛けるだろう。明日にも信玄と（上杉が）手切れしても、まずは、越後と甲斐の無事を心がけ、信玄は相模と伊豆を討つだろう。もともとは相模と越後の運比べである。このような馬鹿者であることを知りながら、里見・佐竹（義重）・太田美濃守と手切れを致したのを後悔している。小田原が如何様に申してもそ」の方が知っているように、道七（為景）より今まで、相手を尊重して付き合い、申すことはゆめゆめ裏など無い事である。酒樽・肴・馬・太刀（等の贈り物）や、さらに合戦の際には応援を求めないことなど、どれだけ北条と違いがあるか、大きな違いで有ろう。まず、越山してから申し上げることとする。

尚、昨日までは氏邦が必ず進攻してくるのか、氏政のような倀者（狂った者）にひたすら侵略され、刺されるのかと考えたが、そのようなことは無く、いずれも馬鹿呼ばわりされるだけである。定めし、そなたも同感であろう。以上

（元亀二年）十一月十日　（上杉）謙信

北条丹後守（高広）殿

上杉謙信は甲相一和について、このように考えを述べ、甲相一和は必ず破綻し、武田は後北条氏とは一線を画し、越後との和を選択すると述べ、後北条との和睦を推進し、「里見・佐竹（義重）・太田美濃守と手切れを致したのを後悔している」と述べている。

元亀三年閏正月三日、武田信玄の属城であった前橋市の石倉城を攻略して破却し、六日に厩橋城に着城した事を伝えている（6―七二〇）。山川氏は永禄三年の越山を受けて、上杉氏の元に参陣した結城の武将である。謙信は西上野に進軍した武田氏とも、利根川を挟んで対峙したうえで、そのまま戦わず撤退した。下野・常陸方面については蘆名盛氏の活躍もあり、有利に軍略が運んだようであるが、佐竹義重だけは攻略できなかった。この時点での上杉側の武将は、羽生木戸氏、深谷上杉氏、厩橋北条氏、館林広田氏、桐生佐野氏、関宿梁田氏、栗橋野田氏などであった。

上杉謙信書状〔山川文書〕（意訳）・原文『新編埼玉県史』資料編6―七二〇

度々、使いを立てて申してきたが、例の上野の石倉城は今月（閏正月）三日に陥落させ、三日の内に軍を出発させ、石倉城を破却したうえで、ご存知のように仕置きし、閏正月六日に厩橋に着き、城内に入った。この上は、昨冬から申してきているように、早々と常陸と上野の間へ進軍致すべく、その支度に取り掛かっていたところ、武田信玄が西上州に出陣してきた。石倉城近辺に在陣し、利根川を隔てて対陣、かねてから、思いついたが吉日といい、早速、出陣の是非について、総ての攻め口の計画を整えたが、まみえることなく退陣した。申すまでのことでも無いが、当国奥方（上田方面）の味方と申し合わせ、専ら守りを固めたが、宇都宮が落城。誠に佐竹義重への愚老の取り扱いでも重要で、蘆名盛氏の首尾であり、愚老も喜びとするところで、これに勝るものはない。常陸方面については佐竹だけが動かない。なお口上がある。

（元亀三年）みずのえ（閏）正月四日（上杉）謙信（花押）

山川讃岐守（晴重）殿（結城市山川城主）

この石倉城は、厩橋城への向城として、武田勢が守っていたものであるが、これを上杉勢が攻略したものの、武田勢との直接対決を避け、破却して撤退した事を伝えている。その後二月に、再び後北条氏が厩橋城にむかって陣を張った事を、北条高広が報告してきたのを受けて、上杉謙信は喜平次（長尾顕景）や直江景綱らを援軍として派遣している（上越市史別Ｉ—一〇九〇）。さらに、四月二十八日、後北条・武田勢の出陣との報告（上越市史別Ｉ—一〇九八）を北条景広から受けたが、五月十四日の北条高広あて上杉謙信書状（上越市史別Ｉ—一〇九九）によれば、先陣を倉内へ派遣したが、五月七日に敵が撤退したと言う報告を受け、来秋まで越山をやめたので、羽生・深谷口の備えを固めておくようにと指示している。上杉謙信がこの時、直接上野で後北条氏や武田氏と対峙することは無かった。武田信玄も三月二十日厩橋から利根川西岸までの間に石倉砦が構築されたと言い、必ず出馬し戦う（6―七三二）と伝えた。このようにこの春から夏は上杉氏と武田・後北条氏連合との戦いは、厩橋城周辺地域での戦乱が中心に伝えられる。

武田信玄書状〔漆原昌徳氏所蔵文書〕（意訳）・原文『新編埼玉県史』資料編6―七三二

急ぎ、筆を取り一筆差し上げる。北条との和議が整った。これにより、いまから利根川の西の地域に向かい、砦を築くことにする。これを乗っ取るため（上杉は）必ず出馬し、一戦を遂げることになろう。当家の興亡を定める事になるので、各々が戦の準備を行い、油断されないように努めて欲しい。

（元亀三年）三月二十日　（武田）信玄

原孫次郎

上杉謙信書状（意訳）・原文『上越市史別Ⅰ―一〇九四』

内々、厩橋に在城されているが、心配しているので、飛脚での連絡は大変な喜びである。ところで房州里見や佐竹の返事の内容について、懇切丁寧に報告をいただき、詳しく拝見している。ところで、北条と武田は相変わらず然るべき由とのこと、横瀬（由良成繁）がどのように考えていようとも、このことはたいした違いがあるものでも無く、かつまた、上杉と武田の和議の事については、織田信長や朝倉義景について、武田信玄が色々異見を言っている。しかしながら、不本意のことは重ねてその様子を聞き、どのようにしても必ず使者をもって諸事意見を尋ねる事とする。申すまでも無いことであるが、北条景広に油断をしないよう意見をして頂きたい。若輩者にて考えも浅いので、多くの意見を加えて頂きたい。
なおも申し上げるが、越後と信濃は全く何事も無い。ましてや飛騨の三木氏・越前の朝倉氏・美濃の織田氏については日に日に魂を入れているので、安心して頂きたい。

（元亀三年）四月十六日　　（上杉）謙信

北条丹後守（高広）殿

これは、越相一和によって、再び上杉氏の元に下った厩橋城の北条高広が、越相不和を受け、敵対する後北条包囲網の構築に、里見氏や佐竹氏との間に立って動いていた事を示し、改めて高広の元に送り込んだ北条高広の子景広を気遣った内容となっている。

八月になると、北条氏政は羽生城攻略に向けて軍を発した。この時、謙信は越中に出陣中で、羽生城救援に出向けない状況にあり、沼田城にいた河田伯耆守重親に防戦を指示している。中旬には羽生城攻めに大きな進展があり、北条氏照は忍城の成田氏長に対してその功を賞し、深谷上杉憲盛は二十三日に帰陣する旨を伝えている（6—七四六）。

上杉謙信書状写〔「歴代古案」一所収〕（意訳）・原文『新編埼玉県史』資料編6—七四四

わざわざ連絡があり、珍しい具足がもたらされた。大変めでたいことである。そこで関東へ出陣している間、越中を堅く守るよう申し付けるため、境目まで出馬した。加賀の者共の兵は大変疲労してしているると懇願されたので、境目の地域まで出陣、越中口を手堅く（守るよう総てを申し付け）、兵粮もあり、安心していただきたい。上方口はいまだに攻略できていないので、越山口（関東口）には張陣も出来ない。

越中も捨てることになるので、留守中のこと手堅く申し付け、心置きなく張陣出来るようにした。そして、また、弥五郎（上条政繁）が、氏政が羽生に進攻のことを申し伝えてきたが、弥五郎が送ってきた飛脚は北条の出陣のことは知らないという。我が方も兎角連絡が無く、何が本当か心配である。（関東の）東方（関宿・栗橋城）も味方になり（情勢が）一変したうえ、近日の越山前なので、家中であるので力強く堅く防戦致すべく、羽生へ少しでも申し伝えること。また、帰陣中は、いずれの飛脚もその地に留め、越後へ来させず、引き続き飛脚に申し伝えることとする。上手く帰陣したら、指示するであろう。（後略）

（元亀三年）八月十八日　（上杉）謙信

（沼田城代）河田伯耆守（重親）殿

甲相の和睦によって、上野の割譲で西上野は武田氏、東上野は後北条氏が支配し、早速、閏正月に攻略された石倉城に進軍し、武田氏は厩橋城への向城として、石倉城を修城して、上杉勢を牽制した。東上野は、後北条氏が金山城主由良氏を前面に立てて対峙することになり、後北条氏は簗田氏攻略を主眼に置き、栗橋城・関宿城を攻め、武蔵では上杉方の羽生城・深谷城攻略を目指した。

北条氏政書状（意訳）・原文『戦国遺文』後北条氏編三八七二

深谷はこの方思うようになっていないので、この上は、攻めようと思う。先の書簡に記したように来る二十九日に出馬するので、時を移さず当陣へ移ってほしい。この時は鉢形衆に砦を築くように申しつけてあるので、兼ねて約定の如く、その方も早々と砦の支度をしてもらいたいので申しつける。油断なく深谷へ押し詰め、当日は利根川端へ御出陣していただきたい。その後の行は陣中で打ち合わせたい。

（元亀三年）十月廿五日　　　　（北条）氏政（花押）

由良六郎（國繁）殿

同信濃守（成繁）殿

北条氏政書状〔佐藤文書〕（意訳）・原文『戦国遺文』後北条氏編 四九一四

内々に飛脚を立てようとしたところであったが、使者が幸いにも到着したので、書簡をしたためた。栗橋城は、去る十二月二日から昼夜の区別無く攻め続け、去る、七日午後四時頃落城した。（栗橋）城主（野田景範）の命は色々懇願され、城主の妻は簗田の妹なので助け、関宿へ送った。これまで野田が申してきた身辺のことは敵味方であっても慣れが有り、今更旧妻を追い払う事は致し方無いと言うが、彼の妻女は簗田の者であるが、この度滅亡し、特に謝罪したのでそのままにしておいた。今日より当（栗橋）城は普請を行う。三日の内にできあがるように致す。この度、分相応の働きを尽くしたので、すぐに落城した。お喜びお察し致します。城主への疑いがあり、近年一段とやりようが無く憤っていたが、東口（関宿）のことは、此の大慶を以て忘れることとする。これ以上の行はどのように為すべきか、考えを申してくるようにして欲しい。さらにまた、深谷に対する羽生の砦ができたと言うことは重要である。また、遠州の二俣（浜松市天竜区）に去る晦日、兼ねてから願っていた砦のこと（確保できたと）清水が申し伝えてきた。書簡を使者に見せ、甲相両国共に思うが儘に行を行っている。

（元亀三年）十二月八日　　　　（北条）氏政

（金山城主）由良信濃守（成繁）殿

武田信玄没す

この時、一方では、上杉氏は織田氏や朝倉氏との連携を模索していた。元亀二年春の将軍足利義昭からの要請を受けていた武田氏との和睦について、織田信長からは元亀三年十一月二十日に「和睦が上意とはいえ、信玄の所行は、前代未聞の武士の義理を知らない無道者にて、今、都や地方で笑われている」（上越市史別I—一一三一）などと強い反対を受け、上杉謙信、織田信長、徳川家康の三者連合が結ばれている。そして、対武田戦として、信濃進攻は、上杉・織田・徳川の三者で示し合わせることを確認し（上越市史別I—一一四二）連携を深めていった。信玄は朝倉義景や一向衆と連携し、十二月二十二日には浜松市三方原で徳川家康に大勝した。しかし、元亀四年四月十二日、武田信玄は帰国途中の伊那で病死した。

後北条氏は、この頃、専ら常陸の佐竹氏を攻略しようと軍を進めていた。元亀三年十二月八日に関宿城を攻略し、直ちに城普請を行っている。

元亀三年十二月二十九日には下野の多功原合戦（上三川町）で、北条氏政は負け戦となり、岩付へ敗走した。この時の事を、上杉謙信は会津の游足庵淳相に次のように述べている。

「深谷上杉（憲盛）と（厩橋の）北条（高広・景高）父子から報告があり、十二月に関東の東方（佐竹）へ氏政が長期に及んで軍を派遣したが、佐竹や宇都宮の家中が揃って立ち向かい、一戦に及んだところ、二十九日の夜、多功原で（氏政が）敗北した。そこへ佐竹などの兵が打ちかかり、数千人討ち取ったところ、氏政はただ一騎で岩付へ逃げ帰ったという。このように東方の衆は戦い、北条を打ち負かした。ましてや、某の越山に出陣を合わせるべきか思案している。去年の秋、羽生と深谷へ北条氏照が代官を派遣し、自身の東方口の手配り様子を調べ、様々にちょっかいを出すなら、今後も越山致す所存である。北条氏政ばかりが愚かで、対陣に及べば、その方の笑いものになるだろう。武田信玄と北条氏康

が一緒に出陣してきても、その都度拙者が乗り出し、退散させてきたことは方も聞き及んでいるだろう。」（6―七五八）

天正元年の春三月二十二日には、北条氏政は変わらず佐竹攻略に出陣することを会津黒川城主蘆名盛氏に伝え、援軍を要請し（6―七六二）、七月二十三日には七月二十六・二十七日にも宇都宮出陣と伝え（6―七六六）、二十七日夜には氏照が関宿城を攻撃した。この時、関宿城の加世者□田孫七郎、山崎弾正忠、上野主計助、森監物、石塚小次郎らが内応したと簗田持助が宇都宮国綱に伝えている（6―七七三）。この頃の北条氏邦の様子は伝えられていないが、八月には北条氏政の上野出陣を伝える長尾憲景書状（6―七六八）もあり、西上野方面の担当が氏邦であったのだろう。後北条氏の関宿城の攻撃が最終段階になり、佐竹義重は上杉謙信に出陣要請（6―七八三）を行ったが、謙信は越中出陣による兵の疲弊のため、今年の越山は出来ず、来年早々の出陣を伝え、羽生城主木戸忠朝らに黄金二百両を矢銭として送った。

上杉謙信書状〔下条正雄氏所蔵文書〕（意訳）・原文『新編埼玉県史』資料編6―七八五

重ねて関口を使いとしてよこされたが、越山の事は越中から帰陣以来、決めていたことである。越中にも数日出陣し、この足で越山するには兵も疲れ、その見当も付かず、張陣も出来ないことから、その地を助けることが出来ず、結局、見殺しにしたのとおなじだが、年内は諸軍を休め、年を越したいと思う。正月は五日の内に雪が止んだら越山するであろう。（当面）お考えのようにしていて欲しい。支障となる事は我が国の年寄り共にいずれにも誓詞を出させ、それ以下の者達にも神水を飲ませ、どのようにも堅く守ることを申し付けている。これに不審を抱くべきでは無い。去りながら、雪の時は、道筋がいつもの土の時より時間がかかる。そのうち、戦支度金として木戸（忠朝）父子と菅原左衛門尉に黄金二百両を申し付け差し置くので、彼の使い関口より受け取るよう申し付け渡した。この事を心得て申すべきで、其の方の忠信のことは誰が越山してきても申しているので安心していただきたい。

追伸、東方（関宿城主簗田晴助）は駆け引きをしてきており、佐竹・宇都宮はいずれも飛脚をよこした。これらは伯父・甥へも申すべきであろう。

（天正元年）十二月二十五日　　（上杉）謙信

（羽生城将）玉井豊前守殿

上杉謙信は、一月二十六日に関東出陣の陣触を発し、出陣した。二月二十五日に上野赤石に着陣した。

謙信、利根川に進軍阻まれる

その後、北条氏政の羽生出陣により、謙信は金山城から羽生救援に向い、対岸の利根川の渡「大輪」に着陣したが、利根川の増水で渡河できなかった。両軍とも利根川を越えられず、後北条勢は深谷市本田に引き上げ、上杉勢は赤石城の向城として今村城を取り立てた。しかし、金山城攻略は出来ず、引き返すことになる。五月下旬に帰国した。

北条氏繁書状写〔結城寺文書〕（意訳）・原文『新編埼玉県史』資料編6—七五六

急いで連絡を差し上げる。今般深谷に向って進攻し、暫く隙が出来たところであるが、成田下総守が頻繁に話し合いを望んだので、それを申し付け、羽生に対して進軍した。我等は太田岩付領の備えを申し付け、今日、前木まで着いたところである。明日は、羽生口（鷲宮）前後まで備えのために出向き、羽生領を打ち散らすよう申すであろう。そこで、案内者を派遣して貰い、羽生口の領の榜示など尋ねたい。

庇いをいたすべき郷村の書立を貰えれば、今夕には拙者の使者が庇いの立て札を進ぜる。次ぎに羽生口の詳細を詳しく伺いたい。なお、鷲宮口の説明をして貰いたい。
（天正二年）二月十六日　北条左衛門大夫氏繁
鷲宮神社神主（大内晴泰）への御返事

甲相同盟では、西上野と駿河は武田領とし、東上野と武蔵は後北条氏領とした。上野は分割領有となったのである。この甲相同盟を受けて、三島市の興国寺城は武田氏に返還され、北武蔵では、長井政実が折角手中にした金鑽御嶽城を手放すことになり、武田氏は長井氏に神流川左岸の地と三ッ山城を宛行い、知行させた。この処分では、金山城主よりも困惑を極めたのが長井氏であろう。後北条氏から武田氏へ寝返り、僅か一年半後には武田氏が後北条氏と和睦の仕儀となったのである。一応、武田氏の中で処遇はされているが、過去の経緯から見れば、金鑽御嶽城主の地位から除かれることは本意では無かったのだろう。武田氏は長井氏に対して、次の文書から知られるように五千貫を宛行っている。五千貫の根拠は不明であるが、破格の宛行といえる。

武田勝頼判物〔保坂潤治氏旧蔵文書〕（意訳）・原文『戦国遺文』武田氏編―二三一五
貴殿の知行地五千貫の替え地を悉く出しておくべきところで有ったが、当時相応の闕所地が無く、まず先のような書立を出しておいた。来年上州へ検使を派遣し、領地を改め、旧領に不足なきように出すのでなおも日を追って魂を入れるべきで、忠功をなすことが大切である。
元亀四年みずのととり十一月二十日　（武田）勝頼

長井豊前守（政実）殿

七　上杉謙信、武蔵から撤退

上杉謙信は、後北条氏に攻囲された羽生城を救援するために出陣したものの、利根川の増水で救援が出来なかった。この時の緊迫したやりとりが、次に示す書簡で読み取ることが出来、謙信の苛立ちが直接感じ取れる内容となっている。四月中旬今村城を取り立てた後、上杉謙信は羽生城救援という目的を達成できないまま帰国している。後北条氏は謙信帰国を受けて、軍を関宿攻略に向かわせ、羽生城の出城である花崎城を自落させ、関宿城周辺地域の作毛を刈り払っている。

上杉謙信書状〔歴代古案一七三〕（意訳）・原文『新編埼玉県史』資料編6―八〇五

先の手紙に記したように、幾日も大輪陣にあるが、大きな河である上に増水していて、如何にしても羽生へ助けにいけない。攻め込むために首まで水に浸かって瀬踏みを朝から夕までしたが、瀬が無いのでどうにもならない。拙者は出立するが、佐藤（筑前守）の心底は見聞きしたとおりである。来秋までの兵粮・玉薬以下など準備を申し付けた。既に百里四方に味方の一城も無いところであり、凶事をも恐れず（相手に）戦いを挑むことは忠信ではない。思うままに駆け引きさせて、一騎も一人の敵も慕わず、出さない様にすること、このような考えで長年やってきた。北条方も増水が無くならず、瀬も無いので、今は羽生の地への妨げはどのようになっているか。元より方々の忠信を忘れないようにしているが、陸路が続いていないので申しあげる事もできないので、繋ぎの者を一人よこすようにして貰いたい。用事があり口上で申し伝える。佐藤は馬鹿者である。その理由は、大河を隔てて、舟にて兵粮を送り込んでも、羽生の地は瀬端より二里も離れており、敵が妨害し、兵粮は届かない。結局は兵粮を失い不足することになる。どのよう事か尋ねると、敵の妨げを防ぐ地形が少しも無く、舟も三〇艘の内一艘でも届くことが出来ればと申すが、これは逆さまと心得るべきで、終生の不足をまねくことになり、残念である。併せて、この度は（兵粮に）限りが有る。いずれにしても諸口（他の攻め口）を差し置いて、当口に専念しても、この鬱憤を散らせるなら、自身の備えは一向に苦痛では無い。信玄・氏康も認識が無く、この地形には叶わなかったろう。愚老にはかなわ無いものは無い。佐藤が地形の様子をあるがままに申していれば、別に工夫をすることもできたものをと、（北条）丹後守を相手に申したが、なお重ねて、これより申すであろう。

追伸、玉井豊前守方へも申し渡したいが、通路が不自由である。手紙を多く書くのはたやすいが、伝言の内容を伝える。以上

（天正二年）四月十三日　（上杉）謙信

木戸伊豆守（忠朝）殿
同　右衛門大夫（重朝）殿
菅原左衛門佐（為繁）殿

上杉謙信書状写〔「歴代古案」所収〕（意訳）・原文『新編埼玉県史』資料編6―八〇六

重ねて、他に方法が無く、使いを出した。幾度も申したが、幾日もそこもとと帯陣したが、羽生を救援

できなかった。結局世間は、氏政と対陣し、押し合いのように批判するが、攻め込むため、瀬踏みをしたが、氏政も困り果てたのか、当手口からさかのぼって、本庄に陣を移した。あふれた水が落ちるべき処であるが比べることも出来ない。昨日（深谷市の）本田に引き上げという。さもあろう、今日は武見（高見）にも見えない。なおまた、その勤めの続きの事は、様々の工夫をしているので安心して欲しい。しかるに、諸軍をいたずらに留め置くべきでは無いので、赤石の向城として（上野）今村に城を取り立てたので安心して欲しい。ここに在陣しているうちに、繋ぎに訪ねてくる者があれば、その時に詳しく申し上げるであろう。羽生の地の侍から下人まで助ける方法についての考えが充ち満ちている。

（天正二年）四月十六日　（上杉）謙信

菅原左衛門佐（為繁）殿

北条氏繁書状〔並木淳氏所蔵文書〕（意訳）・原文『戦国遺文』後北条氏編―一七〇二

尊い御返事拝見させていただいた。承知いただいているように、（上杉）輝虎が出陣し、東上野に在陣し、四月十日に羽生の地へ兵糧を運び込んだ疑いがあり、越後衆が□□□の処、鈍足の舟に乗って向かったが、兵粮を一粒たりとも（羽生）城中へ入れられず、翌朝には退散した。それに立ち向かおうとしたが、融雪水が満水で、人馬も渡る事が出来ないので川上へ迂回し、どうにか一戦を交えようとしたが、越後国境の沼田へ引き籠もり、遂に一戦を交えることが出来なかった。無念でならない。そこで羽生へ軍を寄せたところ、近年岩付城への向城として取り立てられた花崎城がすぐに自落した。羽生での備えは御存知のようにいたそうと思う。この上、一昨日の二日に当地の関宿へ進軍、今年の作毛を残らず刈り払いを致し、明日は利根川を越え、幸嶋郡の作毛を刈り払い、小山へ寄陣し、宇都宮表に進軍したく思う。

そちらの様子は使僧が見聞しているものの、細かくは説明できない。そこで、その表の様子についての細々としたことを返書や口上で給わりたい。氏政に申し聞かせ、存分な備えと口上を申し渡したい。重ねて、使いをよこしていただき、互いに約束を為すようにしたい。（蘆名）盛氏は昨年このことを仰せられ、互いに約束事を取り交わした。全体として今までは（連絡が）遅れがちで詳しい様子は使僧の口上に頼らざるを得ないことをお聞きいただき、早速、重ねてお使いを出していただきたい。総てについては、時宜を得て、重ねて説明する。

（天正二年）五月四日　　　　北条左衛門大夫氏繁

白川（結城義顧）へ

天正二年の秋、上杉謙信は再び、関東へ出陣した。これは関宿城へ北条氏政が攻め掛かったという知らせを受けてのことであった。仁田山城（桐生市川内町）を攻略し、城内にいた者を残らず撫で切りにした事を片野城主太田道誉に伝えて、その後、太田金山城攻撃に向かい、十月には桐生方面に進軍し、十一月には利根川を越え鉢形城下、忍領、松山領に放火を行っている。

上杉謙信書状写〔太田文書〕（意訳）・原文『新編埼玉県史』資料編6―八三四

先の手紙で連絡したように、内々越山し、すぐに飛脚で申すべきであったが、そなたの側の様子で出会いを見合わせ、後に飛脚によりすぐに返事をした。それ以来、ひき続き放火を行いながら、沼田から（桐生）仁田山・横瀬に向った。城を築いて堅く守っていたが、十三日から攻め懸かり、十五日に攻略、彼の城に楯籠もっていた者一騎一人残らず男女ともに撫で切りにした。その上で仁田山の普請を申し付け、又、沖中（太田市）に攻め込もうと考えた。少し心配していたところ、手紙を頂き、様子がしっかりと把握できた。決着すれば急度使者を以て申し遣わすで有ろう。また、佐竹義重へも直接書簡を出す。このように心得ておいていただきたい。

おって、その方から飛脚にて伝えられた里見への直接の手紙は届いただろうか。それ以後返事が無く心配している。

（天正二年）十月十九日　　（上杉）謙信

（常陸片野城主）太田三楽齊（道誉）殿

上杉謙信書状〔那須文書〕（意訳）・原文『新編埼玉県史』資料編6―八三八

北条軍が関宿城へ攻め懸かり、（城方が）難儀しているという知らせがあった。後詰めのため越山し、去る七日、利根川を越え、鉢形城下・成田・上田領に悉く放火し、直ちに我が陣を出発させようとしたところ、深谷より報告があり、氏政が敗北したというので、利根川を越え返して、新田領に放火し、金山城に向かって陣を置いたが、簗（田晴助）より申してきたことには、関宿城へ攻めかかっていた敵は退散していないという。そこで足利・館林・新田領総てに放火し、一昨日二十二日（上州）越名沼辺に下がって陣を置いた。昨日、小山秀綱・簗（田）中（務大輔晴助）を集め、相談し、明日小山へ進軍することにしたので、そのように心得るように。敵軍は十五里以内に居り、明日にも一戦が行われるかも知れないので、片時も手を抜くこと無く、早々と到着して帯陣され、お稼ぎされることが肝要である。

（天正二年）十一月二十四日午後四時　　（上杉）謙信

那須修理大夫（資胤）殿

謙信の羽生城破却

次の書簡は、謙信の羽生城破却を伝えるものである。東上野から北武蔵の後北条氏支配の諸城下に放火などを行い、何とか形勢を回復しようとした謙信であったが、羽生城を取り巻く環境は厳しく、「味方の領地より百里以内に無く、守る上は特別に考えるべき良いところは無い」という理由で、これを破却して、金山城の向城として築いた前橋市の女淵城に、羽生勢を入れて帰国した事を伝えている。

上杉謙信書状写〔名將之消息録〕（意訳）・原文『新編埼玉県史』資料編6―八四九

この度、越山いたし、利根川を越え、北条氏邦の在城する鉢形城を始めとして、（関）宿城・松山城・成田の忍城・深谷城など悉く城下まで焼き払った。利根川を越えて戻り、横瀬が在城する金山城に向かい、陣を置いたところ、氏政は関宿を攻め、（佐竹）義重が在城していた。相談を致そうとしている間に、金山を始め、足利・佐野など数カ所の敵地を押し通り、放火し、小山まで下ったところ、義重は兼ねて約束の如く同陣してきたので相談し、すぐに敵陣へ攻め懸かり、勝負を決めようとしたが、敵は陣城を構え、塀・門以下の備えを致し、その上利根川という大河を隔てていた。義重が同心し、利根川を越えようとしたが越えがたいと申し、その上、家中に裏切り者がおり、備えは頼むばかりにより、謙信に意見を求めてこなかった。謙信が思うには、所詮、関宿のことは義重に任せており、殊に年寄りは謙信の意向を恐れ無かった。謙信は特別の戦備えを致すべく申し付け、関宿のことは義重に委ねたところ、謙信が孤立。足利義氏様の御座所である古河城や北条が支配している栗橋・館林など、四・五箇所の敵城を押し通り、再び利根川を越え、騎西城を始め、菖蒲城・岩付城など、悉く敵地に放火、敵地は廃墟になった。武州・総州境の羽生の地を謙信が守る理由は内々申し付けるべきであったが、よくよく考えると、第一に浅地で、味方の領地より百里以内に無く、守る上は特別に考えるべき良いところは無い。いたずらに滅亡させることは不都合なので、従う者千人ばかりを引き取り、羽生城は、越後の諸軍に申し付けて破却させ、十九日厩橋城に入った。先ずは帰馬させるべき羽生の者共を新田の向かい城として城郭を築き入れ置いた。武蔵・上野・下野を四十日余り進攻したが、遂に昨日まで合戦に及ぶ敵が無かった。ことに、北条は陣城の外へは一騎一兵たりとも乗り出さ無かった。このような事で、謙信の動勢は聞こえているだろう。また、白川（義親）・佐竹（義重）が無事のことは承知していない。力の及ぶ限り、春から精魂込めて連絡してきたが、義重の申すことは朝夕に変わり、本当のことが無かった。もし、義重がそちらに行ったら裏切らせないことである。併せて家中が待っていても、家中の裏切りは書き出すことさえ出来ないので、謙信は報告することは出来ない。その事は推し量っていただきたい。重ねて、佐竹の仕置きについては帰路の中で聞いたうえで申したい。然るに、公方一派のこと会津よりの使僧（遊足庵淳相・会津蘆名家の外交僧）から、謙信のいる二つの寺へその報告が欲しい。才覚を働かせ意を汲んでもらいたいが、意が尽くせない。

（天正二年）閏十一月二十日　（上杉）謙信

（会津城主）蘆名修理大夫（盛氏）殿

北条氏政書状写〔賜盧文庫文書〕（意訳）・原文『新編埼玉県史』資料編6―八四八

上杉輝虎が敗北し、それによって羽生城が自落した。そして、関宿城も明日は城に籠もっていたものが出てくることになった。残すところ無く、遂に本意に達し、喜びひとしおである。佐竹より申してきたが、遂に（佐竹と）和睦し、一昨日の酉の刻夕方六時に上杉の陣も退散した。詳しくはおって伝える。

（天正二年）閏十一月十八日　　　　　　　　　　（北条）氏政

小田（氏治）殿

この羽生城破却、関宿城攻略の過程をへて簗田持助が後北条氏に従属し、東関東でも後北条氏が覇権を手中にしつつあった。

一方、相変わらず、佐竹義重、宇都宮国綱は後北条氏に敵対しており、上杉謙信は天正三年五月に赤石・新田・足利の東上野に進攻し、田畠や用水を破壊した。その後帰国。梶原政景は天正五年三月二十八日、河田豊前守長親をはじめとする上杉謙信の重臣九人衆に書簡（6—九〇三）を送った。その内容は「新田攻めが手詰まり状態で、北条は伊勢崎に城を築いており、兵糧も送り込んでいる事。北条源三（氏照）は小山城の物主に収まり、去る二月以来在城し、専ら普請をしている事。そして、梶原父子の心労を察して欲しい事。上杉謙信の越山をこの春から夏の間に決めて欲しい事。出陣が遅れると伊勢崎築城に北条が専念でき、近年の上杉の苦労も無駄になる事等」を伝えている。

天正五年、北条氏政は五月に、佐竹義重との一戦を表明している。結城氏が離脱し、六月十二日、結城氏と上杉氏の和睦について、佐竹氏が同意（上越市史別Ⅰ—一三三九）し、あらためて後北条氏に反した。北条氏政は七月五日、関宿の町衆に「五日の内に総ての者が弓やりを持ち、持たない者は鎌をもって参陣するよう」（6—九一八）命じている。十日に関宿に船橋を架け、閏七月初め結城晴朝を攻めて、五日に攻略した。この時も、佐竹義重は北条氏政に敵対し続けている（6—九二二）。

梶原政景は十二月二十三日、織田信長の家臣小笠原貞慶に常陸・下野の諸将が後北条氏に背いている旨を報じ、信長の関東出陣を要請する。

梶原政景書状写〔「書簡並証文集」所収〕（意訳）・原文『新編埼玉県史』資料編6―九三八

去る（十一月）二十日のお手紙、今日二十三日に着いた。よくわかった。信長の御書を拝見致し、過分の事である。何れ来春より関八州に御進発の事は重要きわまることである。去春以来、常陸・下野両国の諸士は氏政へ敵対している。今、出陣すれば、速やかに関東を手中にできることは疑いない事で、ましてや、その辺りお稼ぎの極みである。然るに、御懇状の趣旨は、手紙で明らかにされ理解できた。今後は老父（太田道誉）と一緒に申し上げるようにしたいので、ご同意願いたい。

（天正五年）十二月二十三日　（梶原）政景

（織田信長家臣）小笠原右近大夫（貞慶）殿

天正六年二月十日、上杉謙信は結城晴朝の度々の出陣要請を受けて、東関東への出陣を決め、正月十九日に陣触を発した事を太田道誉（カ）に伝えている（6―九四〇）。この中で、太田父子からも結城晴朝へ入魂調儀を要請している。しかし、三月十三日に上杉謙信は突然の病に倒れ、死亡したため、陣触は不発に終わり、これ以後、上杉氏の関東出陣は無くなった。

上杉、御館の乱

同三月、上杉氏内では、謙信の後継をめぐって、北条からの養子景虎と、謙信の姉の子である養子景勝との間で「御館の乱」という争乱が起きた。天正六年五月、氏邦は猿ケ京に出陣（6―九八六）し、氏邦は沼田城将の河田重親に、天正六年六月十一日「景虎が（この戦いでは）本意することは明白であり、（河田氏の扱いは）氏政に任せて欲しい事、忠信を尽くしてくれるなら、河田の所領についても今まで通りとし、それ以外もいかようにも相談に乗ると約束した。」（6―九五七）。一方、織田信長は天正六年七月二十二日、謙信の死を悼み、太田道誉に対して、（兼ねてから太田氏に要請されていた）関東出陣の意向有りと伝え、計策万端の準備を要請している（6―九六〇）。九月には後北条氏は、景虎救援として、北条氏邦を上田庄に派遣したものの、武田勢に進軍を阻まれ、冬に入ると雪のため、関東に退却した。天正六年十月二十三日、北条氏邦は蘆名盛隆に対して、来春には沼田城を攻略し、上田まで進軍すると伝えている（6―九六五）。

北条氏政書状写（意訳）・原文『戦国遺文』後北条氏編二〇三四

沼田城代の事について愚老からの先の証文は越後府中に申し届けたか。同意のこと知らないが、同意されれば、氏政は大いに喜び満足するところです。来春、共に出陣し、上杉景虎の備えを十分にする。その上で沼田城を渡す。唯今は、大切な境目にあり、その方の兵は一人も沼田に置かず、蒲澤に在城され、しっかりと活躍していただくことが、これまでの筋目で有る。まさに景虎が本意への稼ぎどころは蒲澤に行き、沼田城に入った兵は残らず（蒲澤城に）在城し、氏政の出馬を待たれることの一ヶ条につきる。

追伸、団子二俵到来した。誠にめでたい。

（天正六年）十二月九日　　氏政　黒判

河田伯耆守（重親）殿

武田勝頼書状（岡本文書）（意訳）・原文『新編埼玉県史』資料編6―九五六

（五月）二十八日の書簡は昨日午後四時に着いた。すぐに読ませていただいた。そこで、敵の行の様子を詳しくお示しいただき、御念入りのこと本望で満足しています。そこで、氏政は去る二十六日に河越城に着陣したのだろうか。大切なことである。当方も氏政の作戦により、来たる四日に出馬するだろう。先陣の衆は五日以前に、総て上信境まで進軍した。幸い貴殿が近くに在陣しているので、出馬致し、総てを申し上げたい。

（天正六年）六月一日　（武田）勝頼

北条安房守（氏邦）殿

この書簡にも見られるとおり、御館の乱では、武田勝頼は当初上杉景虎を支援していた。上野・信濃国境まで出陣していたが、上杉景勝からの武田氏に対する突然の同盟申し込みを受けて同盟を結んだ。天正六年六月八日、上杉景勝は厩橋城の北条氏に越甲同盟が結ばれた事を伝えている（上越市史別Ⅱ―一五二八）。この時、武田氏は上杉氏から黄金五十枚と東上野を割譲された。武田と同盟した景勝が戦況を優勢に進めていたが、天正七年になると景虎・景勝の調定に乗り出した上杉憲政が殺され、御館も落城し、景虎は鮫ケ尾城に逃れたものの、三月二十四日自害し、乱は景勝の勝利に終わっている。五月六日、北条氏政は、金山城主由良国繁に対して、永禄十二年成立の越相同盟以来認めてきた上野の上杉領という考えを改め、「景虎落命の上は、上州の仕置きは以後、当方が行うことが当然であり、沼田の河田重親が味方になった」（6―九八四）等と伝えている。河田重親は旧領を安堵され、不動山城へ移っている（6―九八五）。この朱印状の奏者は北条氏照であった。上野進攻は、北条氏政の下に、北条氏照と北条氏邦が連携して行っていたことが理解できる。

八　用土新左衛門離反・武田氏滅亡、天下統一とその圧力

天正七年からは北条氏邦の鉢形領や西上野において武田氏との抗争が再び勃発し、北武蔵の戦国史上に度々登場する。永禄八年を最後にその姿を知られなくなった用土新六郎であるが、天正八年になって、武田氏と後北条氏との上野沼田を巡る攻防の中で再び用土新左衛門として登場した。

天正七年七月十七日、北条氏政は沼田城を落とし、手勢を城内に入れている（6―九九二）。この手勢とは、北条氏邦の家臣、猪俣邦憲と用土新左衛門であったのではないだろうか。

同年八月二十日、武田勝頼と上杉景勝は再び同盟し、沼田城へ武田方の真田昌幸が攻撃。天正八年一月にも真田昌幸は名胡桃城に入り、沼田城を攻める。氏政は二月に沼田城普請をおこなった。

この年、真田昌幸は武田氏の意向を受けて、小川可遊斎を調略するなどによって、領地宛行や安堵状を発行し、積極的に沼田攻略の行を進めている。そして、真田昌幸は、沼田城の用土新左衛門に対して、天正八年八月に武田側への寝返りを働きかけ、用土新左衛門はそれに同意したというが、それ以前に武田勝頼から次のような判物を出し、沼田領を手中にしたという。この文書は、黒田基樹氏に依れば、偽文書というが、「真田昌幸条書写」『群馬県史』資料編7―三〇一五の史料を見る限り、用土氏調略の緒は五月下旬には目途がついていたと考えて差し支えないだろう。そして、この頃から用土新左衛門は藤田信吉と名乗っている。

武田勝頼判物写〔加沢記所収文書〕（意訳）・原文『戦国遺文』武田氏編―三三七三

沼田へ数年来進攻したが、その方は堅く守り抜き、年月を過ぎた。今度は忠節を持って倉内の城を明け

渡した。特に藤田彦助・吉田新介等を追放した事、詳しく真田から真下（但馬守）をもって報告があった。神妙なる御仁である。よって忠信の賞として利根川東郡三百貫文の所を総て知行致すべきなり。なおも先駆として活躍するなら重ねて恩賞を出す。

天正八年庚辰六月晦日　　（武田）勝頼

藤田能登守（信吉）殿

武田勝頼書状（意訳）・原文『埼玉県史料叢書12　中世新出重要史料二』五六九

重ねて飛脚を送って頂き、有りがたいことである。先の書状に示したように、沼田城主（藤田信吉）が無事に当方への忠節を申し出たところ、北条（高広）が曖昧な態度を示したので、そこへ軍勢を送るべく、真田より相談があったので援軍の手配について宜しく願いたい。

（天正八年）七月二日　（武田）勝頼（花押）

信龍斎（小幡憲重）

小幡上総介（信真）殿

武田家定書（意訳）・原文『戦国遺文』武田氏編―三〇三〇

定

名胡桃の三百貫文の土地であるが、望みに答えがたい。忠節を致し、先に宛行状を持っている方がおり、出すことは出来ない。再度望みの場所を聞き、望みに答えるべく、その替え地を出し、速やかに渡すよう仰せられた。

天正八年庚辰（龍朱印）　　　　眞田安房守奉之
七月朔日
（小川）可遊齋

真田昌幸書状〔松代古文書写〕（意訳）・原文『埼玉県史料叢書12　中世新出重要史料二』五七一

ご丁寧な書簡、快く思う。今は亡き御父上が当方へ申されたこと、そしてまた、御舎兄熊井土（甚内カ）と拙者と対談した事がある。そのよしみを失念していたが、この度は忠信を貫かれ、その地の城（沼田城）を渡されることを誓詞を持って申し出された事、誠に他に比べることのできない事である。この上は、二つとない約束をいたしたく存じます。ご自身の事も御所望のように処遇いたす所存です。このところは少しも疑いを抱くことの無きように願います。そのために、約束のことを誓詞にしたため、真下氏の目の前で血判を押して進呈する。しかる上は、ご承引の上、一両日中に御約束の内容を確認され、忠節を実施されるように。延び延びになっては、自然にこのことが露見してしまうので、貴殿のためにも大切でしょう。そのことに専らお心を配っていただくのが大切でしょう。井古田方を明晩に必ずよこしていただきたい。実施の方法について直ちに相談いたしたく思います。

（天正八年）八月十七日　　　　真田安房守昌幸（花押）

用土新左衛門（信吉）

追伸、このことについては、極めて隠密にいたしており、ご安心していただきたい。ただし、話を進めるに当たって、当陣中へ跡部尾張守勝資と土屋右衛門昌俊が来られたので、両人には申し聞かせている。この御仁もまたとない申出といっており、必ず、その約束が整うことが大切である。

「名胡桃より　用土新左衛門への御返事　真田安房守」

次の史料は、真田氏が沼田城接収するに当たって発したと見られる条書である。この文面からは、沼田城下については「敵地に対して狼藉を行わ無いよう申しつけられたので、親身になって取り扱うように」、沼田勢に対しては「在城衆についてどのような遺恨があろうとも、これからのことは裏表が無いよう相談すること」と、十分なてだてと気遣いが知られる。一方、沼田城を手中にした場合、調略した在地の城将に対しては「二の曲輪より内には地元の衆の出入りは一切停止すること」「在城衆は当番の時は勿論の事、非番の時でも城外に寝泊まりしてはならない」と、城内への常駐を指示する等、警戒も怠っていない。また、この他に真田昌幸が奉行人となって、中沢半右衛門・森下又左右衛門・田村角内等に「境目にあって良く走り廻っている。沼田が本意の上は治行地を宛行う」という朱印状（群7―三〇二四～三〇二六）が六月二十七日付けで出されており、沼田城に対して硬軟両面からの最後の詰めの圧力が加えられていたと見られる。

真田昌幸条書写（意訳）・原文『群馬県史』資料編7―三〇一五

一、敵地に対して狼藉を行なわ無いよう申しつけられたので、親身になって取り扱うように。
一、二の曲輪より内には地元の衆の出入りは一切停止すること。
一、受け取った曲輪については、各々が相談して番や普請を油断無く務めること。なかでも、秘密裏に行う事が大切で、夜番については念を入れて行うことが大切である。
一、喧嘩や口論は一切禁止する。ひいきや偏った考えを持って徒党をくまないよう。

一、敵陣における計略については油断せず、使者や書状を遣わすときは海野長門守と相談し、行うこと。
一、在城衆についてどのような遺恨があろうとも、これからのことは裏表が無いよう相談すること。
一、在城衆が当番の時は勿論の事、非番の時でも城外に寝泊まりしてはならない。
右の各条についてこれに違反するものは、その罪を償わせることとすると(武田信玄様が)仰せられた。

天正八年
庚辰五月廿三日　　　　（真田）昌幸（花押影）
海野長門守（幸光）殿
同　能登守（輝幸）殿
金子美濃守（泰清）殿
渡邉左近（進）殿

用土新左衛門が永禄八年以来の登場である。これらの史料をどのように理解するかということが問題になるが、複数の研究者の見解が示されているので紹介しよう。

・一九八九年、唐沢定市氏は『群馬県の中世城館跡』の県内主要中世城館跡解説の中で、「天正八年藤田信吉は武田方に降り、同年五月真田昌幸が入城した」

・一九九七年、黒田基樹氏は『戦国大名と外様国衆』で戦国史研究二八号の論文を採録し、八月十七日付けの真田昌幸から用土新左衛門宛の書状を取り上げ、六月晦日付け武田勝頼から藤田信吉宛の書状を偽文書の可能性が高いと評価し、「武田氏の沼田城接収が八月十七日から間もない時期になされていた」

・二〇一〇年、下山治久氏は『戦国史年表』後北条氏編で五月四日の猿ヶ京城攻略と同時に従属とする。
・二〇一〇年、武田氏研究会編の『武田氏年表』では武田勝頼からの用土新左衛門宛て書状を捉えて、六月頃までに用土氏は条件交渉に入っており、八月中に攻略したとする。
・二〇一三年、黒田基樹氏は『北条氏年表』では、先に偽文書の可能性が高いとした戦国遺文—武田氏編三三七三と三三七四を捉えて、「六月晦日に沼田城将藤田能登守信吉が武田方に城を明け渡すに至っている」とした。この間、文書の評価について変更したことの説明が無い。

各氏の見解は以上のようになるが、これまで示してきた史料の流れを解釈すれば、天正八年の夏の終わりから秋のはじめには用土新左衛門が武田氏の誘いに応じて、沼田城を引き渡しを約束した事を確認しても良いだろう。真田昌幸からの八月十七日付けの書状は、「約束のことを誓詞にしたため、真下氏の目の前で血判を押して進呈する。しかる上、ご承引の上は一両日中に御約束の内容を確認され、忠節を実施されるように」と述べており、沼田城引き渡しに当たっての条件を確認する最終段階の書状であったといえよう。武田氏研究会の解釈通り、沼田城の武田氏への帰属は八月下旬であった。用土改め藤田信吉は、これ以後、武田氏側にあって、沼田領を支配していたと見られる。

次は、武田氏から藤田信吉に出された領地宛行状の写しで、これによれば、河東の沼田地域一帯を千貫文与えられている事が解る。なお、この調略に当たって、難渋を凌駕しての飛脚役の功績を認められた真下但馬守は、信州河北の内、反町分五〇貫文の地が与えられている（群7—三〇四八）。

武田勝頼定書写〔長国寺殿事蹟稿〕（意訳）・原文『群馬県史』資料編7—三〇四五

去る秋、沼田に出陣したが、その前より当家に属されたことによって、倉内が本意の事となった。この功績は誠に比類なきものである。これにより、上州の遠方の地を除いて千貫文の地、利根郡南雲(赤城村)・利根川東の沼田を総て与える。今後も忠勤に励まれること大切である。なおその外、真田昌幸から口上がある。

天正八年十二月九日　（武田）勝頼　判

藤田能登守（信吉）殿

武田氏は主に西上野に進軍したが、上野東部の金山城主由良氏や館林城主長尾氏と同盟し、上野西部と沼田地域がそのターゲットとなった。天正八年には、国峯城の小幡氏は支配下の山中の武将、黒澤大学助などに、小鹿野町の日尾城を乗っ取り出来れば、小鹿野近辺の望みの地を与えると約すなど、鉢形領秩父地域への進攻を目ざしている。

小幡信真判物写（意訳）・原文『群馬県史』資料編7—三〇一八

小鹿野町近辺の曽田分を望んでいるが、一族で談合し、どのようにしてでも、日尾城を乗っ取ることができれば、この他にも与えるであろう。以後これをもって秩父郡内が悉く本意となれば、必ず感謝するであろう。そのため印を押した書き付けを出しておく。

天正八年かのえたつ六月十一日　（小幡）信真（印）

黒澤大学助殿

小幡信真判物写（意訳）・原文『群馬県史』資料編7―三〇二二

小鹿野近辺の大窪分の五貫文と小佐須四貫文の地を望んでいるが、一族で談合し、どのような計略を以てしてでも、日尾城を乗っ取ることができれば、この他にも宛行うだろう。秩父郡内が悉く本意となれば、必ず感謝するであろう。そのため書き付けを出しておく。

天正八年かのえたつ六月十一日　（小幡）信真（印）

黒澤新八郎殿

天正九年二月には、後北条氏と武田氏の対決は、駿河や上野を舞台に激しさを増すことになる。徳川氏と連携して武田氏に対峙した後北条氏であったが、上野では太田父子の調略によって、館林城主長尾顕長の働きで金山城主の由良氏や壬生城主壬生義雄が離反し、武田氏と佐竹氏が優勢に戦いを進めていた。

武田氏の滅亡

天正十年二月になると、織田勢が信濃へ進軍し、武田氏と対峙した。後北条氏も駿河へ出陣して武田氏の拠点を攻略した。武田勝頼は、織田・徳川勢に新府城を攻められ、天正十年三月十一日、勝頼が天目山麓田野（山梨県甲州市大和町田野）で自害し、武田氏は滅亡した。その翌日、北条氏邦は真田昌幸に後北条氏への帰属を求める書簡を改めて出した。この中では、すでに箕輪衆や厩橋城の和田信業が帰属したことを伝えている。

北条氏邦書状〔正村正視氏所蔵文書〕（意訳）・原文『新編埼玉県史』資料編6―一一一三

未だに申してこないが、書簡を出す。それは、（渋川市）八崎の長尾入道（憲景）から参った二通の手紙を見たところ、その内容は誠に重要な事である。この度、武田勝頼が自害したことで、北条氏直の譜代の筋目により、箕輪衆や和田（信業）が先ず（当方へ）帰属し、そちらへも箕輪より指示を求めるで有ろう。どのようにしても最上のことで返答すべきであろう。しかし、八崎への手紙と共に見させるよう、この度申し入れた。氏直への忠義は、まさにこの時に極まるであろう。

（天正十年）三月十二日　　（北条）安房守（氏邦）

　真田（昌幸）殿　御宿所

九　神流川・金窪合戦

某書状写（松平義行氏所蔵文書）（意訳）・原文『新編埼玉県史』資料編6―一一三三

天正十年三月二（十一カ）日、甲州と信州が争乱となり、武田勝頼と信勝の父子が、都留郡天目沢にて討死する。そのほか武田一族や被官は悉く討ち果たされ、甲府には河尻与兵衛（秀隆）が守護として入る。同じく西上州は関東へ対抗するため、伊勢の滝川左近（一益）が一万の兵を引き連れて、三月十九日箕輪城へ入った。同じく下旬、（利根川）以東の厩橋城へ移り、関東の仕置きを命じられた。関八州は残ること無くこれに従った。六月二日不思議にも京都で乱が起き、信長父子が洛中で切腹した。織田信澄殿と明智光秀両人の謀反で、安土・京都は主（織田信長）を失った。このことによって、関東の滝川一益は拠り所を失い、北条氏政は心変わりをいたし、滝川左（近一益）に反旗を構えた。滝川方は考えが及ばず、手切れの動きが行われた。六月十六日、氏直は倉賀野へ兵を動かし、滝川左近は合戦に応じ、十八日金窪・本庄原で一戦に及んだ。京勢は俄に勝利し、十九日再び戦い、すぐに切り崩しにかかったが、京勢が勝利であったが、氏直の家中に功を上げる者が有り、京勢を陣城近くへ引きつけ、後に陣の兵で打ちかかって一戦に及び、忽ち京勢を切り崩し、倉賀野から追い出し、総社と箕輪の間まで追い詰めた。そこで、京勢は残すところ無く討ち取られ、滝川父子は考えが及ばなかったような信州の山奥まで引き下がった。さらに信州より兵を調達し、打ち入ろうとしていたが失敗した。数日を過ぎたが、味方へ申し伝える。ご承知いただきたい。少しも油断しないようにして貫いたい。

一、由良（国繁）、長尾（長尾顕長）が当方に対して手切をいたすべく、出陣してきた。めずらしいことではないが、懸け合いをいたし、鬱憤を晴らしたことはほかでもない。両者共同心されるのはこの時であろう。

一、北条氏直が六月下旬、碓氷峠を越え、信州へ入った。このような上に、良くも悪くも河東（東上野）へ軍を動かしたことを知った。七月下旬、信州大半と甲州へ討ち入り、調略を始めた。関東の人々は大方が氏直に従っているという。京都の事はどのようか伺いたい。

（天正十年）六月二十二日

滝川一益関東進軍　この書簡は宛所も差出人も不明であるが、武田氏滅亡と滝川一益関東出陣を伝える史料として貴重である。勝頼父子が天目沢にて自害のこと、そして、西上州箕輪城へ滝川一益が入り、続いて厩橋城に入り、関東の仕置きを任せられたこと、しかし、六月二日に京都で明智光秀が反乱を起こし、織田信長が自害したこと。このことによって北条氏政が滝川一益と手切れをいたし、神流川・金窪で合戦に及び勝利し、滝川勢は信州に敗退したことなどを詳細に記している。この間の事はこの史料につきるかもしれないが、これに先立つ二月二十五日、北条氏邦は、秩父氏とその同心衆などへ、着到状（6―一一〇九）を出した。着到状は武田勝頼と二十二日に出陣した信濃の木曽義昌を正面に立てた織田勢との合戦を見据えた備えと見られ、後北条氏側の史料として、武田と織田勢との合戦勃発からの出来事に対する情報収集を求める、次のような氏政から氏邦への緊迫した書簡が知られる。

北条氏政書状〔三上文書〕（意訳）・原文『新編埼玉県史』資料編6―一〇九六

（一月）晦日の手紙が今日三日午前八時に着いた。見させていただいた。そこで、長尾顕長の手紙と上方の書状の写しの両方とも見させていただいたので、もちろん返事はする。本通が当地（小田原）へ到着次第、彼の書状に書かれているが、使いが到着の折に参るべきとあったが、その折りに、愚意を申し上げたい。かつまた、秩父谷の報告は心配で、指図はあるべきでは無いと言うことは考え直して欲しい。長尾顕長の書状の写しの両通は確かに返す。

（天正十年）二月三日　（北条）氏政

（北条）安房守（氏邦）殿

北条氏政書状（竪切紙）〔三上文書〕（意訳）・原文『新編埼玉県史』資料編6―一〇九七

（二月）三日の報告が今日五日午後六時に着いた。最初から最後まで拝見した。なおも正説を見届け油断無く報告を致すべきである。

（天正十年）二月五日　（北条）氏政

（北条）安房守（氏邦）殿

北条氏政書状〔三上文書〕（意訳）・原文『新編埼玉県史』資料編6―一〇九八

（二月）六日の報告は今日八日午前八時に拝見した。どのようにしてもその意図を確認することが大切。信州のことは心配で、正説をどのようにしても確認していただき、受けたまりたい。西国よりも近頃人が下ってこないので、それ（信州の様子）は聞くことが出来ない。

（天正十年）二月九日　（北条）氏政

（北条）安房守（氏邦）殿

北条氏政書状写〔武州文書十八所収〕（意訳）・原文『新編埼玉県史』資料編6―一〇九九

（二月）十三日・十四日両日の書簡拝見した。彼の表（信州）の様子の実際は未だにわからない。事実が聞こえてこないので、粗末な行がどのような物か、どのようにしてもその実際を聞き出し報告して貰いたい。こちらの方も駆け込む者が一切無く、甲州・駿河の備えが、十日以来一切聞こえてこない。何としても、手を回してそちらからも聞き出すように。敵方の様子次第では、こちらの行はもちろん、どのようにしても致したく、早く実際の様子を知ること無ければ決めることはむずかしい。西上州牛手郷は何かと秘密に致しているが、時々褒美を出し、相手の行を聞き出し、潰すべきであるが、そこをお許しになって、精を出して入手し、聞き届け報告すべき有ろう。

（天正十年）二月十六日　（北条）氏政

（北条）安房守（氏邦）殿

北条氏政書状写〔三上文書〕（意訳）・原文『新編埼玉県史』資料編6―一一〇〇

（二月）十四日午後八時の書状、十八日午前八時に着いた。並びに両通の書付を拝見した。余り虚説ではないようなので、考えを申し上げた。如何にしても、この月の内に実際の事が行われるだろう。どのように手を回されも実説を聞き出し、報告いただきたい。

（天正十年）二月十八日　（北条）氏政

（北条）安房守（氏邦）殿

北条氏直書状（竪切紙）〔三上文書〕（意訳）・原文『新編埼玉県史』資料編6―一一〇一

お手紙拝見致した。信州口の様子、詳細は受けたまわった。なお、実説重ねて承りたい。

（天正十年）二月十八日　（北条）氏直

（北条）安房守（氏邦）殿

北条氏政書状〔三上文書〕（意訳）・原文『新編埼玉県史』資料編6―一一〇二

重ねての報告を拝見致した。重ねての報告の上、誠意はあるが、正説は未だに承っていない。先般来幾度も申したように、これを聞き出すべく、半手へは□はまかり越し、当方の者を遣わし、さて、それをこちらへよこし、糺明することを疑ってはならない。境目の報告をみたが、手引きをする者がいなく、何者が申しても手紙が無い上、いずれをとっても、正しいと言うところが無く、どのようにしても実際の事を聞き出したいと思う。戦を行うときには何分にも心を入れて、聞き出すことはもっともである。そして又、どのような分別があるだろうか。木暮《木曽》が敵となったことが決定的なら、そのまま、織田衆が乱入するので、どこにおいて防戦致すべきか。木暮《木曽》への疑いは心得ていないが、兎にも角にも木暮《木曽》が敵対したなら甲州での防戦は一切出来ず、諸境目は格別なものとなろう。実際の事は区別できず、改めての考えを待ちたい。

（天正十年）二月十九日　　（北条）氏政

（北条）安房守（氏邦）殿

北条氏政書状〔三上文書〕（意訳）・原文『新編埼玉県史』資料編6―一一〇三

幸便の申すには、信州の様子は決定的であると、昨日より申し上げている。今日は一日中談合したが、敵の動きについては決着しなかった。まずは早々と多摩川まで諸口の兵を到着させるよう、早飛脚を立てること。そのうちに工夫をなし、西上州でも甲州でも、駿州でも行をするべきであろう。猶々、急ぎ用意をすること大切で、当方の戦いはこの時であろう。

（天正十年）二月二十日　　北条）氏政

（北条）安房守（氏邦）殿

北条氏政書状写〔「武州文書」十八秩父郡所収〕（意訳）・原文『新編埼玉県史』資料編6―一一〇八

二十日の書簡は、今日二十二日午後二時に到着した。信州の様子は京都の説を聞きたく申し入れたので、これから着くでしょう。去る十九日に（手紙が）到来したので二十日に諸口へ陣触を出し、五日の内に皆参集した。兵を動かすことは既に出来た。甲州への出兵は確実で、只今は砦などの事は一切考えていないことをご理解いただきたい。信州の平地へ大軍を押し出せば、いずれも防戦となり、甲州は守れない。城介（織田信忠）殿は十一日に出馬し、滝川（一益）などの兵は十二日に出馬したと昨今参った伊勢の舟の兵達が申した。上州口の様子は何回も報告が有るべきで、北条安芸守（輔広）方への計策はないのだろうか。信州の様子は早く知るべきで有り、早々と報告を致すべきと仰せられた。確実に計策に乗るべきである。如何様にも其の口の様子を動きがある以前に、良くも悪くも筋筋へ（報告）致されるべき事、そのとおりであろう。

（天正十年）二月二十二日　（北条）氏政

（北条）安房守（氏邦）殿

天正十年三月、織田信長は滝川一益に上野一国を与え、関東管領に任じたという。四月六日、滝川氏は箕輪城に入った。織田信長は、太田三楽斎道誉と梶原源太に対して、印判状（6—一一一九）を送り、これまでの与力等の功により目付に任じ、一益に助力し、天下の大忠のため、従わない者があったら朝敵として退治するよう申し伝えている。この滝川一益は、五月には厩橋城に入城していることは、次の氏邦書状によって知られる。

北条氏邦書状〔安居文書〕（意訳）・原文『新編埼玉県史』資料編6—一一二三

この間は遠路御物を頂きました。内々こちらより申し入れなくてはと存じておりましたが、お手紙を頂きましてかたじけなく存じます。小田原へはどの程度の番手衆を命じられたのか。様子が心配なので受けたまりたい。こちらの方は番手衆の変更が無く、滝川一益は厩橋城に在陣しているので、種々御推察いただきたい。こちらは、五日の内に小田原城の大普請を行う予定で、そちらにおいてもご承知おき願いたい。名物の花を頂いたが、こちらには花も無い。どのようにして、次の事を申すべきであろうか。

（天正十年）五月二十三日　　（北条）安（房守）氏邦

大（道寺）駿（河守政繁）殿

この滝川一益上野進出に伴い、関東の諸将は次の書状にみられるとおり人質を出して従順していたという（『群馬県史通史編中世六七三頁』）。

倉賀野家吉書状写（意訳）・原文『戦国遺文』後北条氏編四四九一

急ぎ書簡をしたためます。この度、上方勢が関東へ討ち入りました。これにより、駿州・甲州・信州・上州がその手に属し、西上野の箕輪城へ瀧川伊与守（一益）殿が移られた。瀧川殿に申しつけられたことであるが、日本国中仰せつけられたことで、西上野は申すにおよばない。新田の由良、那波、厩橋の北条、並びに深谷上杉、鉢形北条、その処の各氏が箕輪に従属した。関八州から奥州迄味方に属したことは類のないことである。そこで、急ぎその支配に入ることを自ら訴え、信長殿への忠信を申し出るべきと考える。拙者は先代より関東におけるよしみを通じており、その先例により我等に（申次役を）仰せつけられたので、申し上げている。ご納得のうえ、倉賀野迄御越しいただくようお待ち申している。この事を宜しく御披露願いたく頼みます。

（天正十年）四月六日　　倉賀野淡路守家吉

長南（武田豊信）殿

織田信長死す
神流川合戦

同年六月二日、本能寺において織田信長が明智光秀に攻められ自害し、信長によって天下統一に向かっていた天下の形勢は大きく揺らいだ。関東においては滝川一益に従順していた後北条氏も、滝川氏に敵対し、六月十八日、上里町金窪と神流川を舞台に大きな合戦を行っている。この「神流川合戦」は、北条氏邦勢を主流とする後北条氏勢が挑んだ戦いであったが、氏邦勢は大敗を喫したという。この合戦の様子は先に示した「某書状」（6―一一三三）に「六月十六日、氏直は倉賀野へ兵を動かし、滝川左近は合戦に応じ、十八日金窪・本庄原で一戦に及んだ。京勢は俄に勝利し、十九日再び戦い、すぐに切り崩しにかかったが、京勢が勝利であった。氏直の家中に功を上げる者が有り、京勢を陣城近くへ引きつけ、後に陣の兵で打ちかかって一戦に及び、忽ち京勢を切り崩し、倉賀野から追い出し、総社と箕輪の間まで追い詰めた。そこで、京勢は残すところ無く討ち取られ、滝川父子は考えが及ばなかったような信州の山奥まで引き下がった。さらに信州より兵を調達し、打ち入ろうとしていたが失敗した。」と記され、六月十八日には氏邦勢は大敗したが、十九日・二十四日の合戦で勝利し、滝川勢三千人を討ち取ったという（戦北―二三五九）と記され、氏邦勢が大勝したと伝えている。

後北条氏は織田信長の討死による混乱の中で、滝川一益を追う形で氏直を大将として氏邦勢を主体にして、信濃東郡小諸まで進出した。この時の古文書に次のようなものがある。この文書の宛所は大滝の武将山本与太郎と横瀬町の加藤将監（推定）とされるものである。この時は北条氏直が若神子にあり、徳川家康が新府城にあって対峙し、『家忠日記』や次の氏政書状（戦北―二三九五）によれば同年八月初め、笛吹市黒駒で徳川方の鳥居勢等と北条氏忠等との合戦で、後北条氏は大敗し、氏直が孤立するという危機に陥っている。この中に記される「甲州北谷表」において、氏直救出に氏政が送った援軍の一員であった二人が高名を上げた事に対する感状であったのだろうか。この時の感状は、他に河田新四郎宛ての物（6―一一六〇）もあり、山崎弥三郎には、金田妙嘉之介討ち取りの高名で二一貫三五〇文が宛行われている（6―一一五八）。秩父の武将の多くが、氏邦勢の一員として参陣していたことを示すものであろう。

北条氏直感状〔大滝村大血川　山本清右衛門蔵〕『新編埼玉県史』資料編6―一一五九

去る十七日、甲州北谷表において敵一人討取り、高名を上げたこと、心より悦びとする。以後も走り廻るようにいたせ。

（天正十年）八月廿二日　（北条氏直）（花押）

山本与太郎とのへ

北条氏直感状〔横瀬町加藤家文書〕『新編埼玉県史』資料編6―一一六一

去る十七日、甲州北谷表において敵一人討取り、高名を上げたこと、心より悦びとする。以後も走り廻るように。以上である。

（天正十年）八月廿二日　（北条氏直）（花押）

○コノ文書宛所ヲ欠ク

北条氏邦朱印状写（意訳）・原文（新編武蔵国風土記稿秩父郡六）『戦国遺文』後北条氏編二三九八

この度阿形岩へ出撃し、敵の金田妙嘉之介を討ち取り、この戦功は比類ないものであり、喜びとするところである。これにより、野上用土分と新井分を合わせ、二十一貫三五〇文を間違いなく受け取るように。今後はますます忠信を尽くすようにいたせ。

（天正十年）午八月廿一日（朱印・「翕邦挹福」）

山崎弥三郎殿

北条氏政書状（意訳）・原文『戦国遺文』後北条氏編二三九五

去る七日に甲斐国の若神子に至りましたが、氏直が行き詰りました。敵は新府の要害に陣取り、有利な地形で対峙しているので、この日も戦闘はありませんでした。間違いなく派遣した部隊からの報告をご覧になっていると思いますので、詳しくは申しません。一、この度は当家の存亡がかかっています。あの方面で勝利できなければ、滅亡するほかないでしょう。余り考え込まないように。一、この日戦闘がなかったので対陣するより方法がないので、分国から男子全てを駆り集め、数日の内に出馬します。甲斐国へ進攻すれば、現在の陣地と甲府は三〇里以内で、互いに退けぬ睨み合いですから、氏政の出馬が背面からの攻撃となって、敵の敗北は更に疑うまでもないでしょう。一、数代にわたる恩顧を返すのはこの時です。ご自身で徴発して員数が揃ったら、氏政の手元にお送り下さい。大手にも少しは派遣して下さい。最終的には美しい武具など要りません。揃い次第お待ちしています。但し、中村・佐倉衆を同行させるならば、部隊は一つにまとめておくのがもっともです。もし、いつものように出陣などと考えているなら申すまでもなく、過去・未来にわたって許されることはない。

（天正十年）八月十七日　　氏政（花押）

原式部大夫（胤栄）殿

北条氏政書状（意訳）・原文『戦国遺文』後北条氏編二四三〇

両方の書状は昨日十日申刻に到着し、再々拝読しました。まずもって肝要しごくです。信濃国佐久郡の面々がますます忠信を申し出て、更に人質を出しているでしょうか。これによって真田へ集まった国衆も散っていく事でしょう。詳細はどのようであれ、（この度の徳川との戦いは）存亡を賭けた決戦ですから、後先など考えず、すぐさま交渉することが大切です。倉内方面、岩櫃方面や寄居の事について、他に方法がなく判断している状況を、初めて受け取って届けます。これまたどのような事でも衆議にかけてよくよく糾明し、この作戦にとってよい方向にさえなるなら、先々の損得を投げ打ってでも、取りまとめるのが大切です。もっとも書面のように、譜代相伝の地だったとしても、当家滅亡と替えられるものではありません。検討する以前の問題なので、こちらに確認するまでもありません。一、真田（離反）の状況、こちらも承知しました。右に言った通り、この作戦に異議なく専念するなら、未来の事は考える必要がありません。一、小幡が判形を整えて遂に出仕。その上よくお取り成しのこと、満足しています。この度の事ですから、名利は投げ打ってでも、国家のためにと内に外に走廻るのがよい事です。国家に相違がなければ、皆がそのままどうとでも名利を立てられるだろう事、勿論の事です。直近でいかに結構な事があっても、国家が滅亡すれば、皆はどうにもならず何も叶わないでしょう。言うまでもありません。一、佐竹が出陣して館林に向かいました。援軍も無く、宇野・磯などが飛脚を出した事は言うまでもありません。由良・長尾が手堅い防戦をしていますから、ご安心下さい。一、礼物については、最初から最後まで書き出して、よくよく確認して得心なさるよう。我々はこの限りではなく、兄弟の因果といい、国家のためといい、他の者に代えがたいでしょうから、耳に入る事は何度でも言うでしょう。油断してしまえば、下々の者は直接届け出ないでしょうから言っておきます。全てを心得ておくことが大切です。

（天正十年）十月十一日　　（北条）氏政（花押）

（北条）安房守（氏邦）殿

この二つの氏政書状は、後北条氏が徳川家康との戦いで、極めて困難な状況に追い込まれていた事を如実に表している。若神子に進軍した北条氏直が援軍を絶たれ、孤立し、氏政はこの救援の為に、後北条氏の命運を賭けていたことが理解される。下総臼井城主原式部大夫（胤栄）宛て書状では「いつものような出陣などと考えているならば申すまでもなく絶対に許さない」と強い口調で出陣に対する心構えを申し伝えている。氏邦宛書状の中には「一、この度は当家の存亡がかかっています。あの方面で勝利できなければ、滅亡するほかないでしょう」と記し、「存亡を賭けた決戦」「当家滅亡と替えられるものでは無い」等と赤裸々に書かれている。この戦いでは、真田の徳川への寝返り「真田逆心」もあり、十月になると、十一日に北条綱成を小諸城に派遣し、そして、猪俣邦憲を信州内山城に派遣するなど、体制を固めていたが、織田後継争いが激化する中で、思いかけず徳川との和睦という幸運に恵まれた。

徳川との戦い

十月二十七日、徳川氏との和睦（6―一一七五）が成立し、上野は後北条氏、信濃・甲斐は徳川氏が支配するという国分け協定（『小田原市史』中世史料編―七三四）が結ばれた。十一月には大道寺政繁が小諸城代として入城したが、徳川家康の信濃進出に合わせ、天正十一年二月十四日に小諸城を自落させ、撤退した。一方、北条氏邦は上野への反攻をもくろみ、天正十年十二月二十四日、利根川東岸の地衆の新木河内守をはじめとする衆中十九人と、その他の衆中二百四人を調略し、名胡桃城攻略を条件に、馬上衆に十貫文、徒衆に三貫文宛行を約し、倉内進軍に際しての走り廻りを期待し、本意の時は進退の事、望み通りと次の様に伝えた。

北条氏邦印判状（意訳）・原文『新編埼玉県史』資料編6―一〇九五

この度は忠信を致すとの事、神妙の働きを致し、大胡桃《（名）》城を攻略すれば、馬上衆には十貫文づつ、徒衆には三貫文づつを与える。糸井・森下（昭和町）、久屋・沼須（沼田市）から切り取って扶持にすること。いずれにしても相談し、忠信を貫けばその通りに致す。当地中山をこの度は意のままにし、すぐに倉内へ攻め掛かろうと思う。信頼の置ける家臣の南雲・伊藤をよこすように。皆の進退については望みの通り引き立てる。

（天正十年）巳《（午カ）》十二月二十四日（朱印・翕邦挹福）

新木河内守殿

（以下略）

天正十一年になると、上野に進攻していた北条氏政は、一月中旬から二月初めに厩橋城を伺った。この厩橋攻撃は、反北条連合軍の出陣を受けて、不成功に終わったようで、後北条氏は箕輪城に氏邦を置いて、上野攻略の拠点とし、三月十一日に帰陣した。この時、北条氏照は栗橋城に入り、常陸の佐竹氏等に備えている。九月には厩橋城が落ち（『群馬県史』通史編3―六九〇頁）、後北条氏の上野支配の拠点となり、後北条氏の上野支配は、徳川氏との同盟もあって不動のものとなっていった。後北条氏は、上野の国衆に対して、この頃領地宛行を行っている。天正十一年一月に後閑刑部少輔に「五百貫文」や後閑宮内少輔に「御本領の内」が宛行われた(『群馬県史』通史編中世六八四頁)。この着到は馬上二〇人・鉄砲一〇人・槍三八人等両者で一〇〇人となっている。

北条氏政書状写(意訳)・原文『戦国遺文』後北条氏編二五〇六

大戸(群馬県東吾妻町)の地(に城を)を取り立てられたとのこと。特に険難な場所であるのだろうか。(このことは)とても大切なことであり、詳しくは氏直に言ってあるので、筆を置きます。

(天正十一年)三月二日　　氏政(花押)

(北条)安房守殿

この手紙は、帰陣直前の氏政からの書簡であり、氏邦が真田勢を牽制するため、東吾妻町に進出していて、大戸の地に城郭を構えたことを示す史料である。後北条氏は、氏邦勢がすでに天正十年六月に中山に進出し、大戸・中山に禁制を発し(『埼史料叢書』12―六二八他)、翌年九月には援軍として鉄砲隊三〇挺を派遣している(同付―一八九)。ここは上田から沼田を繋ぐ中間の要衝地であった。この城は真田側の浦野氏の持ち城であったが、後北条氏の激しい攻撃にあって落城したと『加沢記』に記される。氏政書状では「取り立て」とあるが、城郭の修築であったとみられ、この大戸城が、今日東吾妻町内にみられ、大規模な縄張りを備える手小子丸城と考えられている。この大戸城修築については、天正十二年三月十六日、北条氏直が上野衆の下久三郎・山口軍八郎・神宮武兵衛に松井田旗本衆領分の人足三〇人を三日づつ、延べ九〇日分を使い、氏邦の指示により集合して、修築するよう申し渡している(戦北―二六三〇)。大戸城の改築は後北条氏によって引き続き行われていたことが確認出来るだろう。

北条氏政書状写（意訳）・原文『戦国遺文』後北条氏編二五四七

鈴木をもって申し上げましたところ、朝比奈弥太郎を指し添えられて、最初から最後まで丁寧にご回答いただき、特に七月に（家康の娘・督姫の氏直への）お輿入れとのこと、そのご決定を書面で頂戴できましたので、愚拙の歓喜、これに優るものがありましょうか。心も気持ちも筆紙に尽くしがたい事です。とりわけ五箇条の仰せを受けまして、一つ一つご返答いたしました。そうしたところ、沼田・吾妻を急ぎお渡しいただけるとのこと。まさに疑いなきことであり、氏直も大慶です。拙者もかたじけなく思っております。詳細は使者を指し添えて申し入れますので、つぶさなご返答をお待ちしております。

（天正十一年）六月十一日　　　氏政（花押）

徳川殿

徳川氏と和睦
上野再出陣

督姫の輿入れは、天正十一年八月十五日に行われ、徳川と後北条の実質的な同盟が成立した。九月に入ると、後北条氏の上野出陣は再開され、十八日厩橋城の北条芳林（高広）は降伏・従属した。この後、金山城主由良国繁と館林城主長尾顕長が後北条氏から離反し、佐竹氏の下にあって後北条氏に敵対した。この一連の中で、天正十一年十一月、沼尻合戦が起こっている。この合戦の事は斎藤慎一氏の『戦国時代の終焉』に詳しいが、天正十二年七月二十七日和睦したという。沼尻は佐野藤岡インターチェンジ付近にあり、藤岡町の北、三毳山南麓で渡良瀬川左岸に位置する。この合戦は「新田・館林・藤岡・榎本・小山ライン」の確保をめぐる後北条氏と佐竹・宇都宮等の連合軍の重要な一戦であったと斎藤慎一氏は述べている。

天正十二年、関東では後北条氏と佐竹氏等の反後北条連合との合戦が続いていた中で、三月二十五日、

第19図　長沼（皆川）弾正成勝奉納銘鰐口
（東秩父村浄蓮寺蔵）

松山城主上田憲定は現榮院と寶泉院へ寺領を宛行っている。その宛行状（6―一二五〇）の中で、明々後日に出陣と記すが、これは後北条氏の三月二十六日までに本庄・久々宇まで出陣せよという触（戦北―二六五四）を受けてのことであったのだろう。この、東上野では後北条氏は、天正十三年一月に金山城・館林城を攻略。天正十三年四月、北条氏直が壬生城・鹿沼城・羽生田城攻めに出陣し、皆川攻めを行う。閏八月、改めて皆川攻めを行い、天正十四年五月に攻略した。この皆川攻めに際して出陣した松山城主上田憲定の軍勢は、太平山神社に進駐したのであろう、社殿に奉納されていた皆川城主皆川成勝奉納の鰐口を持ち帰り、菩提寺である東秩父村の浄蓮寺に寄進している。

天正十三年五月、後北条氏は、徳川家康から「勝手次第」と了承された沼田城奪取のため、氏照・氏邦を中心にして西上野に出陣したが、真田昌幸の抵抗にあって沼田城は奪取出来なかったという。

沼田の地を巡っての戦いは、真田氏と後北条氏との戦いであったが、これに上杉氏と徳川氏がそれぞれに荷担するという構図で進行した。後北条氏が上野の真田の拠点である利根郡昭和村所在の森下城を攻めた時、徳川氏も天正十三年閏八月に上田城の真田氏を攻めた。

天正十三年十月二十九日、千葉邦胤の死に際して出された北条氏直書簡に「徳川家康と羽柴秀吉が合戦になれば氏直は徳川と同盟しており、明日にでも合戦になれば即日でも加勢に出陣する」（戦北―二八七六）と伝え、十一月二十日、佐倉領を接収し、佐倉城を修築した（戦北―二八九九）。

北条氏直書状写（意訳）・原文『戦国遺文』後北条氏編二八七六

一、先の書簡にも記したが佐倉城主が亡くなった後、後任を決めず過ぎ去ってしまったが、来る十日に遂に出陣を申しつける事になったので、油断無く用意して参陣すること。

一、徳川と羽柴の間で万一合戦になるなら、もとより徳川とのよしみを深めることで、この度、誓約を改めたので、様子をみて出陣を申すであろう。

一、明日にも自然に彼の堺（大阪）で合戦になれば、遠州（徳川）の考え次第で時を移さず加勢する。その時は二百人を十分準備した上で、加勢に出てもらうので、いつも油断無く準備しておくこと。

以上

右三箇条の事についてはなお、北条氏邦から述べられるであろう。

（天正十三年）十月廿九日　　氏直（花押）

十　上野支配の完成に向かって―徳川氏との同盟―

豊臣秀吉の「惣無事令」は天正十三年の関白就任の後、十月に大友・島津両氏に発せられた天皇の「叡慮」とする命令である。その内容は、多くの先書に述べられているが、改めてその文書を示すと次の様である。

豊臣秀吉書状（意訳）

関東から奥州の果てまで、天下を「静謐」（平和）にするよう、自分は天皇に命じられた。九州でつづいている「国郡境目相論」は当事者の存分（主張）を（秀吉が）聴取し（裁定するよう）仰せられた。まずは敵・味方双方とも戦闘を止めよ。これは「叡慮」（天皇の命令）である。拒絶する者は成敗される。当事者は一大事のこととして分別を以て（諾否を）申し上げるようにいたせ。

（天正十三年）十月二日　　（豊臣秀吉）花押

島津修理大夫（義久）殿

天正十二年三月に勃発した「小牧・長久手の戦」は、織田信長の子織田信雄と、これに荷担した徳川家康と羽柴秀吉との戦いであった。天正十一年（一五八三）四月、秀吉は近江賤ヶ岳の戦いにおいて、織田信長の次男の信雄を擁立して、信長の三男・信孝を擁する柴田勝家に勝利した。賤ヶ岳の戦いの後、柴田勝家の領した越前は、丹羽長秀に与えられ、摂津・大坂の池田恒興は美濃を与えられ、大坂の地は秀吉が接収し、同年暮れ、新築した大坂城に信雄を含む諸将を招いている。

しかし、天正十一年に、信雄は秀吉によって織田氏の本拠・安土城を退去させられ、これ以後、信雄と秀吉の関係は悪化する。秀吉は信雄家臣の津川義冬、岡田重孝、浅井長時（田宮丸）の三家老を懐柔し、傘下に組み込もうとするが、信雄は天正十二年（一五八四年三月六日）に親秀吉派の三家老を処刑し、徳川家康と同盟を結び、信雄は家康とともに挙兵した。家康が三月七日に出陣したことから、実質的には秀吉と家康との戦いとなった。これが小牧・長久手の戦いの構図である。この合戦は家康側の優勢に進められていたが、秀吉の調略によって信雄が和睦し、その大義が失われたことによって、十一月二十一日休戦し、徳川氏は兵を引いたといわれている。

羽柴秀吉に徳川氏従属

徳川家康は、羽柴秀吉からの母親を岡崎に送ってでも実現したいという再三の上洛要請に応える形で、大政所の岡崎への出発に合わせ、上洛の途についている。これに合わせるかのように、氏政は鉢形城の氏邦に次のような書状を出し、万一に備えるよう指示した。一方、この時秀吉は、越後の上杉景勝に、書簡を送り、徳川家康が上洛しなければと、羽柴秀長等に関東出陣を命じていたが、家康が、関白の意のままにしてほしいとの意向を示したので、関東出陣は取りやめた事、一方、真田昌幸の所業は許しがたいものであるが、上杉景勝が懇意にしているので、その助言もあり赦免しているが、真田を諭してほしいと伝えている。その後、徳川家康は、羽柴秀吉と天正十四年十月に大阪城で会い、臣下の列に座したが、後北条氏は、対秀吉戦略において徳川家康の動向を読み取れなかった事がわかる。

羽柴秀吉判物（意訳）・原文『群馬県史』資料編7―三四五〇

去る二十一日の書状、今月二十四日に拝見した。家康が入洛しなければ、三河境に用心のため羽柴秀吉殿下殿御出陣され、北国衆やその他近江衆も羽柴秀長宰相に随陣して関東へ出陣させる旨決定していたが、徳川家康が上洛し、心を込めて、どのようにでも関白様（のお心）次第であると申し、別して互いに打ち解けたうえで、関東のことは家康と相談したが、すべてを任せると申された。（家康から）その意を得られ、安心している。真田昌幸、小笠原貞慶、木曽義昌の三人も、先にその方が上洛の際に申し合せた如く、徳川へ返すと言うことを仰された。しかるに、真田は討ち果たすべきと決めたが、その方が常日頃申していたので、真田をそのままにしておき、知行も違い無いよう定められ、家康に召し出す由仰せられたが、真田の行いの数々は不届きであり、先に来られたときも、聞き捨てならなかったが、その方が懇意にされており、真田への遺恨を取り除き、存分に仕切られて赦されるべきと、その方からも真田へ申し聞かせられるように。詳しくは増田右衛門尉・石田治部少輔・木村弥一右衛門尉が申すであろう。

（天正十四年）十一月四日　（羽柴秀吉）花押

上杉少将（景勝）殿へ

北条家印判状写〔武州文書　十八秩父郡〕（意訳）・原文『新編埼玉県史』資料編6―一三四九

一、万一、上方で変わった出来事（秀吉と家康の間で合戦）が有り、出馬することになっても、上野への備えとして（氏邦は）鉢形城在城の事

一、西表（上方）の様子を夜通しにても（小田原に）報告の事、それに備えて少しも油断無きこと。

一、鉢形に在城している間は西上野・東上野の城々にせっせと使いを立て（情報を収集し、行を行い）油断無き事

右は、以前から申しているように、国家の事について大切なときであり、国の内外に何もなく身に降りかかるのでお働きをすることは言うまでもない。

おって、帰参されるお取り次ぎの者、支配下の者、いずれにも武者を一騎必ず差し添えること、以上。

（天正十四年）丙戌十一月四日（朱印・虎印「禄寿応穏」）

北条安房守（氏邦）殿

徳川家康は秀吉との接見の後、帰国したが、豊臣秀吉の要請を受けて、徳川家康は天正十四年十一月十五日に「関東総無事之儀」について次のように北条氏政に伝えている。なお、この頃、氏直は佐野領攻略を終え、由良国繁等に豊臣秀吉への対抗策を指示している。

「関東・奥両国まで、惣無事の儀、今度家康に仰せつけられ候条、異儀あるべからず候、もし違背の族においては、成敗せしむべく候」

徳川家康書状（持田文書）『群馬県史』資料編7―三四五二

関東惣無事のことについて、羽柴方よりこのように申してきた。その趣旨は先の書簡で申し入れをしたが、今回は朝比奈泰勝に持たせ、御披見のためそちらに届けます。よくよく熟慮されてご返事を頂きたい。この通りに氏直にも申し届けるところですが、御出陣中ということですので、届けられません。内容について在陣中の氏直にも伝え届け、しかるべき対処（退陣）が大切です。詳細は朝比奈泰勝に口上で述べるよう申し含めてあります。

（天正十四年）十一月十五日　（徳川）家康

北条左京大夫（氏政）殿

北条氏政書状（意訳）・原文『群馬県史』資料編7―三四五三

（十一月）十一日の書状は今日十五日に受け取った。一つ、彼の西国勢出馬の事は偽の事であった。重要な誤りである。その注進状を見せられ、翌日に重臣の年寄りが行を尽くして分析したが誤りであった。

氏直へ私の考えを手紙として伝えているので、良く良く飛脚を遣わされるようにしてほしい。右は大凡の考えであるので、人質の事は奏者の者達へ下知しており、どのようにしても担当の者を選び、白井からは（人質を）召し寄せられるべきであろう。自ずと間違いがあれば、沼田のことが大切であり、大方の考えはいたさないように。上州において城持ちの者は彼の人（真田）くらいであろう。（沼田）城主（真田）は真面目な者であるが、家中には不穏な武将が多くいる。

（天正十四年カ）十一月十五日　　氏政（花押）

（北条）安房守（氏邦）殿

この書状は、秀吉が徳川征伐に出陣の準備を行っているという情報を氏邦が得て、氏政に報告したものの返書であろう。家康の恭順の意表明によって、その情報は直前に取りやめになっていたことが、先の羽柴秀吉判物によって知られる。非常に微妙なタイミングであり、後北条氏はこの氏邦からの報告を受けて由良氏などに出陣準備を命じた。この氏邦情報について「重要な誤り」とたしなまれているが、決して偽情報では無かった。氏邦は上野にあって、真田昌幸の沼田城攻略対策に従事しており、この中では昌幸を確かな城持ち侍と評価し、その部下には気をつけなければならない武将がおり、十分に注意して、その対策を誤らないよう指示している。後北条氏は、徳川家康の秀吉への恭順を、事前には知らされていなかった事がこの一連の書状で読み取ることができる。後北条氏は、天正十四年から十五年にかけて、氏照が下野方面、氏邦が上野沼田方面への進軍を続け、佐竹・皆川・佐野氏を従属させ、五月には宇都宮領へ進軍している。このような関東の情勢の中で、徳川家康からの十四年十一月の「関東総無事令」の伝達は、後北条氏との同盟をも破棄すると言うような、厳しいものであった。

徳川家康起請文（意訳）・原文『戦国遺文』後北条氏編四五三四

敬白　起請文

一、その方ご父子は豊臣秀吉殿下の御前にて悪態を申し上げること無く、恭順の態度を示さなければ、御分国内であっても所領を全く望む事は出来ない。

一、今月中に兄弟の中から使者を選び、京の太閤様へお礼を申し上げる事。

一、この出仕についてご納得いかなければ、家康の娘を返すこと。

右の事を歪曲したり、違えるなら、

梵天・帝釈・四大天王、総ての日本国中六十余州大小の神々、その他伊豆・箱根両権現、三嶋大明神、八幡大菩薩、天満大天神ほか、多くの眷属の神罰・冥罰を被るであろう。以上起請文の通りである。

天正十五年

五月廿一日　　家康（花押）

北条左京大夫殿

北条相模守殿

後北条氏、城修理・人改めの実施　天正十四年の豊臣秀吉と徳川家康との間に見られたこれまでのような一連の動きに、後北条氏は極めて敏感に反応し、戦闘態勢を構築するための「城郭修理」、住民総動員令となる「人改め」等の諸施策を実行した。埼玉県内に残る戦国史料には、岩付城普請と小田原城大普請と人改めに関する文書が多数残される。

北条氏邦定書〔諸州古文書十二武州〕（意訳）・原文『新編埼玉県史』資料編6―一三二七

庭掃除の掟

（略）

一、改めて掃除をする場所を引き渡す。門・櫓・土塁の破損があるときは家を壊しても修理すること。

一、風雨の時は何時も自分自身が出仕し、陣番がいない時は妻や下女までを動員することを堅く申し付ける。掃き清めることは自由である。

一、掃除は月に一度とする。二十七・二十八日・晦日を限って終わらせ、尺木塀等の縄結いなど、よりよく修理するのは六十日に一度行うこと。

一、掃除が出来たら各曲輪の主の前に出て、直ちに報告するように。出来なかったら一人たりとも返さないこと。もしまた、我々が留守の時は検使奉行を申し付けてあるので、そこから受け取ること。帰城の上お目にかかる。掃除の日限に相違があれば、一人当たり五倍申し付けることとし、此の事は八幡大菩薩でも容赦しない。

一、受け取りの間が何間でも、曲輪を預かっている衆は四方板塀・柱棟・土塁・縄竹等、どのような物でも朝夕にしたくをしておくこと。秩父において支度しておくのが肝要である。同心を抱えている者は自分の同心衆の支度までを筋道をつけておくようにし、曲輪を預かった上は、何でも自分より行う覚悟が大切である。衣装・酒は法度のとおりいたせ。

以上

右、定める。

（天正十四年）戌三月十三日（朱印・「翕邦挹福」）

秩父孫次郎殿
同心衆中

北条家朱印状（意訳）・原文『戦国遺文』後北条氏編三〇八八

松井田は上信の境目にあり、不足している普請を申しつける。着到普請や城番、小田原城普請はいつも手抜かりがあってはならない。郷村の人足をもって、分国の総力をあげて普請を行うよう申しつける。

一、右の事は後閑殿へ必ず申しつけ、両後閑の領地から人足五〇人が鍬・もっこを持参して十九日松井田に到着し、二十から二十九日までの十日間、大道寺の申しつけに従い、普請をしっかりと行うことが大切である。

右の事はよくよく申し入れるべきである。

（天正十五年）丁亥五月三日（朱印・虎印「禄寿応穏」）

垪和伯耆守（康忠）殿

北条氏邦印判状（持田文書）（意訳）・原文『新編埼玉県史』資料編6―一三七四

一、この度、役帳に乗せた者は孫・子や出家までも、武器を絶やしてはならない。また、他所から参った浪人などにはすぐに武具を準備させること。

一、正月は毎年四日にいずれも武具を持参し、お礼を申し上げること。

一、いずれも棟別銭を赦免され、扶持を貰った上は、誰が知行しても大途の被官で有り、領主・代官が非分致せば、その郷の者と一緒になって目安を書き、大光寺曲輪へ持参し、大光寺へ渡す事。

一、公方（氏邦）の御用の時は、御朱印を押した文書で申し付ける。
一、年一回の普請の時は従前よりしていた者共だけで行うようにすること。
一、腰に指すものであっても、何であっても差物をし、武器を持つこと。
一、羽織一つ、帋であっても何であっても、めいめいに用意し持っていること。
右の趣旨は、よくよく守るべき事。
（天正十五年）亥六月十日（朱印・「翕邦挹福」）

荒川・只沢

持田四郎左衛門

同　治部左衛門

大野文書（意訳）・原文『新編埼玉県史』資料編6―一三八三

一、当郷においては（主を持たず軍役を課せられていない身分の）侍・凡下（一般人）の区別無く当国において必要が生じた場合、使用できる者を選び出し、名を記しておくこと。但し三人。
一、この選ばれた者の武器は、弓・鑓・鉄砲のどれを選んでも良い。但し、鑓は竹柄でも木柄でも良いが、二間より短い物はだめである。権門の被官として陣役を致さぬ者、あるいは商人・細工職人の類と十五以下七十以上の者を除き記す事。
一、腰に差すひらひら（小旗）類は、いかにも武者らしくするようにする事。
一、立派な者を選び出すこと、夫丸（戦いに従事しない荷役専門）のような者を選び出したのなら、当郷の小代官がこれを聞き出し次第、いつでも首を切ることとする。

一、この走廻に心がけ、良く働いた者には侍、凡下を問わず望みに任せ、恩賞がある事。

以上

右は、普段の時の御用であり、八月晦日を限りに右の道具を用意いたさせ、郷中で責任を持ってその名前を八月二十までに触口に報告するように

（天正十五年）丁亥七月晦日（朱印・虎印「祿寿応穏」）

本郷小代官
百姓中

太田氏房定書〔道祖土家文書〕（意訳）・原文『新編埼玉県史』資料編6―一三八五

定

一、当郷においては、侍・凡下を問わず通常の岩付城の御用の時、召し使われる者の名を記しておくこと。

一、そのための武器は弓・鑓・鉄炮何でも思うとおりで良い。商人、細工職人や十五才から七十才迄の者で、権門も恐れず記し、そのうちからよく働ける年の者を選び出し、その人数を申し出すこと。

一、この走り廻りに尽くした者は侍でも、凡下でもご褒美がくだされる。

右は通常の時の御用であり、八月晦日を限りに右の武器を支度し、郷中がこれを請け負って、召し使われる者の名を八月二十日までに報告すること。

追って、ひいきをして書き落として報告すれば厳罰に処する。

（天正十五年）丁亥八月七日（朱印・「心簡要」）

三保谷郷の道祖土図書助殿

猪俣邦憲判物〔飯塚文書〕（意訳）・原文『新編埼玉県史』資料編6―一三九四

知行方

五貫文

以上

（猪俣憲邦が）抱えている土地の内

右の土地を出しておいたので、耕作をいたし、境目の地で必要なときは谷中の野武士を集め、急いで召し連れ参集するようにいたせ。本意の時は引き立てる。

（天正十五年）亥九月二十日　（猪俣）邦憲

飯塚和泉守殿

天正十五年十二月には、名胡桃城への向城として権現山城を置き、猪俣邦憲の家臣、吉田新左衛門を在城させ、名胡桃本意なれば三百貫文の領地を宛行うという確約を与えている。これが、後に後北条氏討伐の原因となった名胡桃城事件の引き金となった。

猪俣邦憲判物写〔諸州古文書〕（意訳）・原文『新編埼玉県史』資料編6―一四三一

（前略）

一、この度権現山城在城を申しつけるについて、右の所領を合わせて黛の郷を預け置くこととする。なお、在城して沼田口が本意になったら右の知行地の替え地を遣わすので、黛の郷は返納いたす事。

一、名胡桃三百貫文の地を出しておいた。本意次第知行いたすべき事。

一、さらに奉公し、忠信するについては、どのようにも引き立てる事とする。以上右の通り、すべてに下知の通り、無沙汰無く走り廻るようにいたせ。
(天正十六年) つちのえね五月七日　　　　(猪俣) 邦憲 (花押)

吉田新左衛門殿

北条氏邦書状〔諸州古文書十二武州〕(意訳)・原文『戦国遺文』後北条氏編二四三一

只今報告を受けたが、信濃より忍者共が五百人程参り、その地 (権現山城) を乗っ取りしようとしているという。昼夜共十分に注意し、何時でも、宵口の暁、番明けの頃は十分注意が大切である。何時も九ッに門を開けるがこの時の用心は重要である。今は寒い時期であるので、月夜なら忍びは入ってこないだろうが、いずれの物主も覚悟して番を致し、夜間は三度づつ突いて見、石を転ばし、松明を投げて確認する事。この事を申し伝える。

追伸、時節柄、火の用心を十分注意を致すよう。いずれも昼間に寝て、夜は起きていて、決まりの如く敵の足軽が侵攻してきた時は門を閉じているようにせよ。この一カ条は重要である。また、足軽は領内深くまでは出てこないだろう。

(天正十六年) 十月十三日　　　　(北条) 氏邦

吉田新左衛門 (真重) 殿

沼田城を受取る

徳川氏との国分け協定の問題で、北条氏直は板部岡融斎を秀吉の元へ派遣したが、天正十七年二月に行われた秀吉裁定は次の様であった。(群7―三五五八)

一、上野で真田氏が知行する沼田領三分の二は沼田城に付して北条氏に与える。

二、残る三分の一は真田に与え、その中にある城も真田の抱えるものとする。

三、北条に与えた沼田領三分の二の替え地は家康から真田に渡すこととする。

沼田領は後北条氏が「沼田のことは大切」と記載していた上野戦略の要であり、総力を挙げていどんだ戦いであったのである。しかし、思わぬ裁定で、後北条氏はこれの受け入れを心良しとしなかったのであろうが、これを受け入れ、小机城主北条氏堯を受取人と決めた。氏政は沼田城請け取りの準備を氏邦に命じた。

北条氏政書状（意訳）・原文『鉢形城開城』五十二頁

十二日の手紙は今日十四日申刻（午後四時）に拝見した。一つ、沼田・吾妻のことについてこれから申すこと。一つ、（沼田城受け取りの）兵の数は全体で千人程で良い。妙音院（羽柴方の富田知信）から書き付けを以て連絡してきた。一つ、沼田での甕《もたい》（酒を入れる瓶のこと・転じて饗応）の件は、城を受け取るまではどのように行うかは、こちら（小田原）で（力を）貸して行う。一つ、妙音院が明日か明後日のあいだに、当地（小田原）まで到着する。さらに京衆の小田原通過について必ず聞いた上で明確にし、その上で申しつけることがある。一つ、京都へ召し連れるべき者の事について諸将の手勢から五から三騎づつとし、我々は一騎とする。多くの兵は不要である。申しつけた兵については油断無く準備をさせ、また、奏者へも下命されるべきであろう。百日も後のことであるが、どのようなことがあっても、遅れを取る事の無いように致せ。

一、沼田城の受取人は、北条氏堯（小机城主）とすることが昨日決まり、申しつけた。

一、沼田受け取りの後の饗応は、貴所（鉢形）以外には無い。油断無きよう心がけ、そのことに打ち込んでもらいたい。

（天正十七年）七月十四日　　（北条）氏政

（北条）安房守（氏邦）殿

豊臣秀吉の裁定を受けて、後北条氏は沼田城を受け取り、八月末には猪俣邦憲が入城する。しかし、猪俣邦憲は利根川の対岸に位置する名胡桃城を、十一月三日に奪取してしまった（『家忠日記』）のである。豊臣秀吉の裁定を無視することになり、豊臣秀吉の怒りは頂点に達し、北条氏直に対して「宣戦布告」を出し、後北条氏は一気に緊迫した戦時体制に突入し、崩壊していくのである。

十一　後北条氏の滅亡

豊臣秀吉朱印状（折紙）（意訳）・原文〔眞田家文書〕『鉢形城開城』五十三頁

その方が抱えている名胡桃城へ、この度北条が境目の手勢を遣わし、城将を討ち果たし、その城を北条が奪ったとのこと。このことについて氏政が出向いてくるとの事を最前より願い出ているが、表裏有る事とはいえ、そのことは受け入れられない。まず、上使を沼田城へ遣わし、そのほか、知行地等を究明いたすが、これは致し方ないことである。この上、北条が出仕したいと申しても、名胡桃城を攻め、城主を討ち果たした者共を成敗しないことには、北条を赦すことは無いだろう。このことを含んで境目にある諸城に来春までに兵を入れ、堅く守るよう申しつける。当然その方面に兵を入れ置くことは、小笠原（貞政）や河中嶋へも申し伝える。命を受けて集まってきた兵などは、止め置くべきで有り、誠に天下に対して公事をおろそかにし、表裏のあることは、重ね重ね不届きな事である。いずれの所の者でも、境目の者共に出陣を申しつけ、秀吉自身が出馬して、悪逆人等の頸を刎ねる事とするので、安心して欲しい。右の沼田の境目や家中の者共にこの書簡を見せ、競わせるように。北条の申し開きの文書に相違があれば、その方の本知行は申すに及ばず、新知行も仰せつけるであろう。詳しくは浅野弾正小弼と石田治部少輔三成が申すであろう。

（天正十七年）十一月廿一日（朱印「糸印」）

眞田安房守（昌幸）どのへ

豊臣秀吉朱印状〔眞田家文書〕（意訳）・原文『新編埼玉県史』資料編6—一四八六

条々

一、北条は近年公儀を侮り、上洛を致さない。特に、関東において意のままに狼藉を働いていることは言うまでも無いことである。然るに、昨年誅伐を加えられるところであったが、駿河大納言（徳川家康）の縁者故に、種々取りなしをされ、書き付けを以て申し出されたので、ご赦免され、すぐに北条美濃守氏規を上京させお礼を申し上げてきた事。

一、先年、家康が定めてきた約定に、家康に表裏あるのではと申し上げ、北条氏規との対面では境目（沼田）等のことについて聞いたところ、ありのままに仰せつけられて欲しいと言うので、北条家の家臣を差し出すよう申しつけたところ、上使として江雪（板部岡融成）を遣わした。さらに家康と北条の国分けの約定はどうなっているのか尋ねたところ、その趣旨は、甲斐信濃の国内の城は家康の手柄次第であり、上野沼田に付いては、北条に申しつけられるように定められた。甲信両国はすぐに家康に申しつけられたが、上野沼田については北条の力及ばず、かえって、家康が間違っていたように申され、申すことがちがっていた。北条の出仕については、迷惑の旨を申し上げるようお考えになられた。そのことについては沼田は北条に下されるべきであるが、上野の内、眞田が従来抱えてきた三分の二を沼田につけ、北条にくだされ、三分の一は眞田の物とされるよう仰せつけられた。その事には眞田が在城している城は眞田の持城として定められ、北条に下された(沼田領)三分の二の領地の替え地は家康より眞田に渡すべきと明確になされ、北条は出仕される旨の一札を出し、すぐに差し遣わされた上使に対して、沼田は引き渡すと申し江雪を返された事。

一、今年十二月上旬、氏政が出仕する旨の書き付けを出し、沼田へ遣わす津田隼人正と富田左近将監に沼田を引き渡す事。

一、沼田城を引き取った上は、右の一札によりすぐに引き渡すと考えていたところ、眞田が持城の名胡桃城まで攻め取り、裏切った。使者としてご対面できるべきも無い。彼の使者は死罪となるべき所であったが、助命して返した事。

一、秀吉は若いときは狐となって、信長公の家臣として、我が身を山野に捨て、骨を海岸で砕き、干戈を枕に夜は寝て、早くに起きて軍忠を尽くし、戦功を上げてきた。このような事で主君に認められ、世間に名を知られるようになった。このような事で、(備中・備後)両国征伐を仰せ付けられ、(毛利という)大敵と雌雄を決する戦いを致し、明智日向守光秀は道理無き理由により、信長公を討たれた。この報告を聞き、彼の備中(松山城)へ押し詰め、存分に任を果たし、時を移さず上洛し、逆徒の光秀の頸をとり、恩に報い、会稽に恵まれた。その後、柴田修理亮勝家が信長公の厚恩を忘れ、国を乱し、反逆したので是また退治した。この他、諸国の反逆者を討ち、降参した者は近くに置いて働かせ、麾下に属さなくとも、就中、秀吉に対して言動に表裏があってはならない。この故を以て、天命にかなう者也や。登竜・揚鷹の誉れをいただき、政務を適切に処理することと成り、太政大臣になり、すべての政に関わっている。しかるに、氏直は天道の正理に背き、帝都を謀で乱す。天罰を蒙らんや。古い諺に「巧みに人を欺くは、たとえまずくとも、真心のあるには及ばない」というが、所詮、天下や勅命に逆らう輩は、早々と誅伐を加えられるべきであり、来年は必ず、旗飾りを翳し、軍を進め、氏直の頸を取る事、必ず実行する。

天正十七年十一月廿四日　（朱印「糸印」）

北条左京大夫（氏直）とのへ

後北条氏はこの秀吉の宣戦布告に驚き、氏直は弁明の書簡を出し、徳川家康にも取りなしを依頼した。

北条氏直条書写（意訳）・原文『戦国遺文』後北条氏編三五六三

条目

一、老父の上洛が遅れているとのことですが、すでに沼津まで着いております。一昨日五日の書簡は意外です。そもそもこの度の妙音院・一鴎軒の下向の際に、截流斎（氏政）が上洛する事は勿論のことであるが、今年は難しいので、来年春か夏に行う旨等を申し上げましたが、かなわなかった。公儀の了解を頂いて境目までまかり越し、二月には京に着く予定です。しかしながら、先年徳川が上洛の際には、身内の契りを祝い、大政所を三河まで移したとのこと承っております。然るに、当方には名胡桃の合戦についてお腹立ちとのことで、（氏政が京に）長く足止めされるとか、或いは国替えをされるとかの様々な噂が伝わってきております。再びの帰国は考えられないと氏政が申しております。在国についてはお察しいただきたい。このことによって、妙音院・一鴎軒を招き寄せ、申しつけていただき、このまま在京することについて、お約束いただき、心やすく上洛を認められるよう申していただきたい。ことさら別の考えがあってはならない。

一、この度、お祝いを差し上げるために送った石巻康敬は京において面目を失った。更にこの上氏直に対する異なった扱いは毛頭あってはならない。ご両人を恨みます。去る四日、妙音院をこちらへ招き申したことは、石巻への取りなしは大いに不満で有り、内々おたずねいたしたく思い、境目に押し止まっている故、無理も無いことと考えるので、書付を持って申し述べる。

一、この上は疑いなきお心でおとり成し頂ければ、氏政へ上洛いたすべき旨申し上げるので、御両者におかれては御分別いただきますよう希望する。

一、名胡桃の事は一切存じていない事で城主中山の書付を差し出す。すでに真田の手に渡っており、取り合いにはならないと思うが、越後勢が境目まで出陣してきており、川中島と領地を替え、沼田から加勢すると申している。このこと糺明されたい。越後とは一代以上前からの古い敵で、沼田へ進出したのであり、一日で沼田が安定したのでは無い。しかしながら、真田の申しようの実否を知らないので、徳川家よりもそのことを十分にお尋ねいただきたい。確実に二、三日中に来るでしょう。努めて嘘の無いことで、名胡桃は当時、百姓屋敷など、深い事情があり、下向された時にご検分されていただきたい。以前に吾妻領を頂いた時、真田は百姓などを追い払い、一人も在郷させていなかった。あまつさへ、中之条の北の□台を奪って渡さず、このような事が少なからず無いように申しつけてきたが、そのまま放置している。なお、名胡桃の事は会った上で、どのようにでもお伺い致す所存であります。

（天正十七年）十二月七日　　氏直（花押）

富田左近将監（知信）殿

津田隼人正（信勝）殿

北条氏直書状写（意訳）・原文『新編埼玉県史』資料編6―一四九二

京からの書き付けを頂きました。そして、添え状も拝見しました。内々に、逐一貴殿の指図に従ってきたと雖も、度々思いがけない事があり、まずは閉口いたしました。つまるところ、最前からの趣は、貴老の奥深いお考えを存じているが、詳しく仰せられ、本懐を遂げられますよう。なお、罪の実否を糺明せられるよう願っていましたが、一両日以前に使者をもって申し上げたとおり、津田（信勝）・富田（知信）方へ申しました五ヶ条をご披露いたしましたが、どのような話であっても、名胡桃城は当方より乗っ取ったのでは無い。城主中山からの書き付けを差し出すので、ご糺明され、聞き届けていただきたい。

一、上洛が遅れているということですが、書状もご披露いたしましたが、他意は無く、当月のことであり、正月か二月にも京に着くことは確かなことです。雑説に惑わされること無く、妙音院、一鷗軒を招き寄せ、胸中の疑念を晴らしていただくようお願いします。去る二〇《（二十四）》余日のご立腹の書き付けは誠に驚きました。ご勘弁頂きたく、おとりなし願いたく存じます。

（天正十七年）十二月九日　　（北条）氏直

徳川（家康）殿

しかし、この名胡桃城攻略は、確実に後北条氏配下の猪俣氏の戦略に基づいていたことは疑いなく、次の文書には先の天正十六年に二月に約束した「名胡桃本意次第」とした宛行状を受けて、名胡桃城下の下川田・佐々尾二百貫文を宛行、「右は昨年、領内にあるが苦労して手に入れた物で当庄内では知行地が不足しているので、先のように出しておいた。本意次第、一跡を扶持いたすので走り廻るようにせよ。」といっている事からも理解できる。

猪俣邦憲判物写（意訳）・原文『吉田系図』

知行方

百貫文　下川田屋敷

以上、自分可被知行、

百貫文　同所之内、佐々尾

此有所、

四貫五百文　足軽三人給

五百文　実相院分

八貫文　小俣方式部分

壱貫五百文　同治部少輔分

拾六貫文　金子美濃分

六十九貫五百文　山名分

以上百貫文、
此着到、
六十貫文　鑓（鐵カ）炮衆卅人組、一人二貫文之給
廿貫文　弓衆廿組、一人壱貫文宛之給（註　県史6―一〇〇六・戦北三五四七はこれが欠落）
廿貫文　鑓衆廿人　同断、
以上
合、弐百貫文、

一、右七十人の足軽は番所の普請などの所用の時は、綺麗に輝くように支度して走り廻るべきで、その日数によっては扶持を出すであろう。
一、領内で必要があるときは右の足軽を集め、一つに揃えた武装で先々の御用まで勤める事。
一、先代より定められた大途の御用・諸役共昔通り行う事。
以上
右は昨年、領内にあるが苦労して手に入れた物で、当庄内では知行地が不足しているので、先のように出しておいた。本意次第、一跡を扶持いたすので走り廻るようにせよ。
（天正十七年）丑十一月二十八日　（猪俣）邦憲（判）
吉田和泉守（真重）殿

後北条氏臨戦態勢に入る

この宣戦布告を受けて、徳川氏を介しての取りなしを依頼する一方では、後北条氏は総ての領国内で臨戦態勢に入る。後北条氏の軍制は、領民総ての者の走り廻

りを強制しており、総動員体制が敷かれたことは間違いない。松山城主から奈良梨の領民に出された次の印判状は具体的で有り、武器を持たない者は「棒」を持ってでも集まり、戦うよう指示している。この要請の意図は「長年、松山宿にいて生活をしてきた事の筋目」というところに城主側の論理が見え、この支配論理で、後北条氏は領国の領民を支配し、そして、戦功を奨励し、どのような身分の者でも抜擢し、登用した。

上田憲定印判状（船戸文書）（意訳）・原文『新編埼玉県史』資料編6―付六六

どこからか松山領へ、どのような時間に夜討ちをかけて来ようとも、（その時は）法螺貝を吹き鳴らす様にし、法螺貝が鳴ったら、その場所へ駆け集まり、走り回るようにせよ。夜討ちの衆を討ち果たした者には相応の褒美をする。そして、駆け集まらない者は一族を成敗する。その場所場所毎に責任者を配置しておくので、隠れることは出来ない。弓・鑓・鉄炮持っている者はもちろんのこと、武器を持たぬ者は棒を持って、確実に出てくるようにせよ。

（天正十七年）十二月二十一日（朱印・「慶宝」）

奈良梨

上田憲定印判状（折紙）（松村文書）（意訳）・原文『新編埼玉県史』資料編6―一五一六

この度、世間が不穏になったので、松山城へ籠城し、一心に走り回る事を宿中の者が総て同意したと（岡部）越中守が申してきたが、これは大変喜ばしいことである。長年、松山宿にいて生活をしてきた事の筋目で有り、この度走り回らずして何も出来ないだろう。走り廻りを心掛ける者は小旗・鉄炮・弓・鑓・

等あった物を準備して走り回るのは喜ばしいことである。松山城に籠城し、一心に走り回る者は、どのような草刈り以下の者でも帰城したならば、望みを聞き、必ず引き立てるので、この事は少しの心配もせず走り回るようにせよ。しかし、走り廻りを申し出た上に、他（敵）へ心を寄せ、引き移るべく考える者はそれを断罪し、小田原へ申し上げ、分国中を尋ねて召し返し、必ず断罪するであろう。町人衆から脇百姓まで心得るように

（天正十八年）寅三月十一日　（朱印・「慶宝」）（小田原城中の）狩野陣より

本郷町人衆

新宿本宿共に

東海道は徳川家康、北国街道は前田利家を総大将とした後北条氏討伐軍の出陣から刻々と変わる動きは氏政からの数々の書状で理解される。

北条氏政書状〔東京大学猪俣文書〕（意訳）・原文『戦国遺文』後北条氏編―三六七五

（三月）五日の報告は今九日に未明に拝見した。その表（沼田口）の備えを堅く守るよう申し付ける事は大切で、少しも油断をしないように。

一、敵は去る二十五・六日に駿河から伊勢までの兵が（静岡県駿東郡）喜瀬川前後へ寄陣した。（徳川家康と（北畠）国司の兵併せて一万を割る兵とのことである。先衆が遠くにあって準備をした事を見届けていないのだから、明確なことでは無い。昨日八日までは一度も動かなかった。物取りとも警護ともつかない兵が十・二十騎づつ打ち出し、三島前後で二・三日芋を掘ったと言う。

一、そのほか三日以前に京の兵が一・二万人着陣と縁者が言っていたが見届けてない。
一、間違いなく、去る一日に羽柴（秀吉）出陣ならば、十五・六日に着陣するだろう。その上の方策を行うべきであろう。
一、韮山城の事は言うまでも無く山中城・足柄城は不足無く普請などの人数を入れておいたが、堅く備えるのはもちろん、その地は山中に有り、外部の地形も険しいので、普請は廻りの山と共に確保できた。大軍であろうとも、防戦することは必ず出来るだろう。なお、その方面のことは理詰めで心残りの無いよういたすべきだろう。利根川の水も満水で有り、その地域は堅い守りである。河西では鉢形・松井田・箕輪が堅い守りであり、敵が動いたとしても往来は無いだろう。張陣はどのように致すべきか、わかりやすくてもいけない。

（天正十八年）三月九日　（北条）氏政

猪俣能登守（邦憲）殿

北条氏邦書状写（意訳）・原文『越佐史料』④二八七頁

小田原からの九日付けの飛脚便が（十一日に）付いた。敵の兵が小田原城近辺に寄せてきている様子は見られないという。今日明日中には退却するかも知れないというが、小田原城の防御などは堅く守るよう。

一、碓井（峠）を越えてきた敵は、松井田の上之山に陣取り、仮宿の近辺を攻め、放火したが、これも一理あることである。しかし、これも、又支障がなく、（味方の）諸城には堅く守るよう申しつけているので安心して頂きたい。

天正十八年四月十一日　　　　　　（北条）氏邦

（宛所なし）殿

北条氏直感状写〔岡谷家譜〕（意訳）・原文『東松山市史』資料編2―一〇五二

この度京勢が進攻してきたが、父子は最前より参陣し、父丹波守は北敵に備えて松山城に帰城しその備えを固め、新左衛門は小田原城に在陣することは大変重要なことである。以後粉骨砕身走り回れば、本意の上は駿河・上野両国において一箇所宛行うこととする。

天正十八年庚寅四月二十六日　　　　（北条）氏直

木呂子丹波守殿

同　新左衛門殿

長岡忠興・池田秀政・長谷川秀一連署状写（意訳）・原文『東松山市史』資料編2―一〇五三

急ぎ申し上げ候、関東八州の諸城は攻め亡ぼすべきと、越後宰相中将（上杉景勝）・加賀宰相（前田利家）・木村常陸介（一）・浅野弾正少弼（長吉）・山崎志摩守（堅家）・岡本下野守（重政）、（徳川）家康内本多中務少輔（忠勝）・鳥居彦右衛門尉（元忠）・平岩七之助（親吉）の五万余騎を派遣した。各城において城中の者の助命をせよとの命令を受け、以上の武将に申し伝え、さらに数に入らない者についても、命を助けるべきと仰せられるについて、城々請け取り候。しかるに、残る岩築・鉢形・八王寺・忍・津久井の五城については降参が遅れているので、徹底した誅伐を加えられるべくお伺いしたところ、右五ケ所の城の内、武蔵の岩付城は堅固であると案内者が申し上げた。そこで、先ず良き城より攻め落とすことと仰せられ、木村常陸・浅野弾正・山崎志摩・平岩七之助の武将、都合二万余騎をもって攻め口を分担し攻めた。去る二十日攻めかかり、そのまま宿まで押し入り、息をもつかせず端城まで攻め取った。数回の戦いがあって、城中本丸から坊主を使者に出し、「役に立つ者すでに皆討死し、城中には町人・百姓・女以下だけである。命をお助けいただきたい」と申すので、町人・百姓・女以下を助命するため、攻め衆から検使を出し、町人・百姓・女以下を助命し、城を受け取ったが、百姓・町人等の年寄りや子供に交じり、（北条）氏政の妹（太田氏資室・長林院）・息女（小少将・太田源五郎妻）、（太田）十郎（氏房）妻女が混じっていたのでいかに処置すべきか御意を伺ったところ、名もある武将の妻子であるので、当面恥辱を与えないようにという事なので端城に連れだし、その他、隠れていた者を探し出して一箇所に集め、鹿垣を結い回して入れて置いた。その後、その中でも身分の高い者が、この上は命を助けていただいても生きがいも無く、氏房と一緒に小田原城にて切腹したいと願われているのを聞いて、ものの道理を知る者なので哀れに思われ、氏房が居る小田原城中へ送るよう仰せられた。五三日中にはこの者達を参着させるべく、必ず岩付口から送る。次ぎに親子の女達についてふびんに思われ、女であるから詫び言を申し上げ遣わすよう。しかるに、幸い、石巻下野守康敬が最前助命され、迎えのため岩付に遣わされるので、女達に引き合わせ、小田原に送るようにする。また、岩付城に残された首についてはこの口（早川口・上方口方面）に架け置くから、人を出して望みのまま受け取られるべきである。そうであるならば、互いに戦いをやめ、頸をかけるよう。但し、同心しないものは、夜陰にも頸をかけ置くべきであろうか。御返事を頂きたい。次ぎに残る一ケ所の鉢形城については、前田利家と上杉景勝にこれを攻めるべく申し付けられた。忍、八王子、津久井についても、その手当を仰せつけられており、必ず決着付けられるであろう。

（天正十八年）五月二十七日

羽柴東郷侍従（長谷川）秀一 判
羽柴岐阜侍従（池田）輝政 判
羽柴丹後少将（長岡忠興）判

北条左京大夫（氏直）殿
御宿所

後北条氏は小田原城内に領国の主たる将兵を集めて籠城戦に及んだが、二月上旬、徳川家康・前田利家・上杉景勝等が東海道筋と北陸道筋に分かれて進軍し、早くも山中城を三月二十九日に落城させ、四月二日には小田原城から二〇里以内に在陣している。為す術もなく、主の居ない支城領内の諸城が落城し、約三ヶ月後の六月上旬には趨勢が決している。鉢形城は前田利家・上杉景勝を総大将とする北国勢に攻囲され、六月二十三日に開城した。北条氏邦は、その後、前田利家に預けられ、前田利家に同行し、金沢に行き、能登国鹿島郡佐味村（七尾市）の内に一千俵を与えられたという史料が知られる。氏邦は金沢において慶長二年八月八日に没した。遺骨は鉢形城下の正龍寺に葬られ、大福御前と共に、今もその墓が宝篋印塔に造られ、夫婦塔二基が現存している。

前田利家領地目録写〔金沢市立多摩川図書館近世史料館所蔵加越能文庫〕
鉢形城歴史館二〇〇四『鉢形城開城』六二頁

領地方
一、千四百九十一表　佐味之内太川村

一、百卅三表弐斗三合　　万行村之余分
合千六百弐拾四表弐斗三合
此内
千俵　　安房守殿
六百俵　　森川武兵衛殿
以上、廿四表弐斗　　余分
右、山林竹木除之、全可有知行候也
天正十九年
十月廿六日　　（印影）（前田利家）

右　北条氏邦塔
右正　天室宗青居士
左正　慶長二丁酉八月八日

左　大福御前塔
右正　花屋宗栄大姉
左正　文禄二癸巳五月十日

第20図　北条氏邦夫妻宝篋印塔実測図
・同銘文
埼玉県立歴史料館編 1998『埼玉県中世石造遺物調査報告書』引用転載
所在：寄居町正龍寺墓地内

第二章　鉢形領の支配

一　鉢形領内武将の支配

氏康四男の乙千代が、北武蔵の盟主であった藤田泰邦の娘婿として入った天文十八年頃、後北条氏の傘下に入ってきた藤田氏と、藤田氏の庶流であった用土氏を通じて、後北条氏は北武蔵経略に着手した。藤田氏は秩父郡主を名乗っており、秩父郡は藤田氏に、児玉郡以北は用土氏に委ねた形跡が認められる。しかし、永禄四年に発生した秩父一乱発生段階では、藤田氏等は「藤田幕」として旧主の上杉氏の傘下に戻り、用土氏が後北条氏のもとにあって奔走した事が確認できた。さらにこの段階では、用土氏のほかに西秩父の高岸氏・斎藤氏・逸見氏・出浦氏が後北条氏の元に加わっているのも確認できる。

後北条氏が鉢形領内の武将に対して、発給した領地宛行状などをつぶさに観察すると、後北条氏の武蔵から上野への進出に伴う史的推移の時期区分は、四期七段階と考えるのが妥当とみることが出来る。時期区分と領地宛行状況などは次の様になる。

第一期　前半（天文十五年～永禄三年）　河越夜戦から長尾氏の関東出陣
　　　　後半（永禄四年～永禄六年）　後北条氏の反撃から
第二期　（永禄七年～永禄十一年）　鉢形城入城から
　　　　　　　　　　　　　　　　　永禄七年六月　朱印Ⅰ型使用
第三期　前半（永禄十二年～天正二年）　甲相同盟破綻から謙信撤退まで

永禄十二年七月　朱印Ⅱ型使用

後半（天正三年～天正八年）　上杉謙信の撤退から

第四期　前半（天正八年～天正十四年）　武田氏の武蔵出陣から

天正八年十二月　朱印Ⅲ型使用

後半（天正十五年～天正十八年）　豊臣秀吉関東総無事令以後

第一期「〔秩父一乱〕「藤田氏の没落・用土氏の台頭」」

北条氏邦から家臣への領地宛行等一覧（第一表）

関係武将	関係者等	所在地	宛行地など	宛行者	出典	宛行年代	西暦
第一期前半	（天文十五年～永禄三年）		河越夜戦から長尾氏の関東出陣				
藤田右衛門佐泰邦			高松へ敵動之事藤田色々令懇望候間		6—二〇三	天文二一年	1552
用土新左衛門尉	高山分	藤岡市	神田・川除郷	北条氏康	6—一九一	天文一九年二月一九日	1550
用土新左衛門尉		藤岡市	金井村	北条氏康	6—三一八	（天文一九年）六月九日カ	
斎藤右馬允			屋敷分一〇貫文宛行	藤田泰邦	6—付二六	天文二三年五月九日以前	1554
第一期後半	（永禄四年～永禄六年）		後北条氏の反撃から				
用土新左衛門尉			河南郷白石弥三郎分跡地	北条氏康	6—三一七	永禄四年九月五日	1561
用土新左衛門尉		小川町木部	木部の旧領差し上げる	乙千代	6—三五七	永禄五年八月四日	1562

用土新左衛門尉		上里町 本庄市 秩父市	（上里）長浜郷 （児玉）保木野村 （吉田）久長村	北条氏康	6—三七〇	永禄六年二月二六日	1563
高岸氏カ（所有）			当郷諸役免許	北条家（大蔵丞）	6—三一九	永禄四年九月二七日	1561
逸見蔵人	末野東方寺	寄居町	四貫三百文	乙千代	6—三五四	永禄五年一〇月一〇日	1562
逸見蔵人	贄川寶雲寺	秩父市	二貫文	乙千代	6—三五四	永禄五年一〇月一〇日	1562
出浦小四郎	松村弥三郎 小林寺	本庄市カ 秩父市 寄居町	圓岡五貫文 田村松村分一貫文 末野少林寺分二貫文	（南図書）	両神村史史料編出浦文書3	（永禄五年）八月一一日	1562
斎藤八右衛門尉		皆野町	三沢谷二〇貫文	北条氏康	6—二七五	永禄四年一〇月一七日	1561
吉田宮内	用土新左衛門尉		少地之事ニ候得へ共猪俣方へ一所遣	乙千代	6—三五七	永禄五年八月四日	1562
秩父衆		秩父郡	秩父之西本知行不可有相違	乙千代	6—三六〇	永禄四年一二月一八日	1561
秩父衆		秩父郡	各致談合忠節肝要候	乙千代	6—三五五	永禄五年一月二九日	1562
秩父左衛門尉		秩父郡	其御地番、普請殊御嶽筋へ	乙千代	6—三五六	永禄五年四月一七日	1562

鉢形から秩父地域は、天文二年段階では、藤田氏が秩父郡主として存在していたことが、三峯神社社殿の棟札によって知られている。

三峯宮棟札〔三峯神社〕『新編埼玉県史』資料編9—一二九頁

（略）

五穀豊登万民楽業婆縛賀維時天文二年禩癸巳夷則（陰暦七月）　如意殊日　敬白
維時郡主藤田右金吾業繁　大工彦八郎　鍛冶大工古井住三郎次郎（杉板・長さ一四〇・一センチ）

藤田氏は、天文十五年の河越夜戦による後北条氏の勝利を機に、八王子の大石氏と共に、後北条氏の軍門に降ったとされるが、それを裏付ける具体的史料はない。しかし、天文二十一年の北条氏康書状に、藤田氏が北武蔵の金鑽御嶽城と児玉往還「高松筋」で、敵（上杉氏）と対峙して活躍している様子が記されているので、この段階では後北条氏にしたがっていたと考えられる。そして、斉藤右馬允への一〇貫文宛行状発給に知られるように、後北条氏に服属を表明したものの、その地位は変わらず、郡主としての権限を行使していたと見られる。

後北条氏は、北武蔵の雄「藤田氏」を取り込むために、藤田氏と姻戚関係を結び、北条氏康の四男乙千代が藤田氏の娘婿に入ったのは、天文十八年頃とされる、永禄三年夏の長尾景虎が上杉憲政を奉じての関東出陣に伴って起こった「秩父一乱」鎮圧を進めるに当たって、後北条氏は、乙千代と後北条氏とで数々の書状を使い分けて発給している。後北条氏としては、その最たる物が次の降伏勧告状であり、乙千代は藤田後継者として、家臣団へ感状の発給を行い、積極的に指示を行っている。

北条家印判状〔逸見文書〕（意訳）・原文『新編埼玉県史』資料編6―三二七

酉

今、当地（秩父）へ進軍している。高松城を早く引き渡すように印判状を以て伝える。

（永禄四年）十二月三日（朱印・虎印「禄寿応穏」）

高松城衆中

秩父一乱が終結した永禄五年の文書に次のような文書がある。これは用土新左衛門と秩父左衛門尉が乙千代のために鉢形城の普請に着手し、積極的に働いているというものである。

乙千代書状〔逸見文書〕（意訳）・原文『新編埼玉県史』資料編6―三三九

（永禄五年三月）二十八日付けの注進状を四月一日に受け取り、詳しく拝見した。上杉憲政や長尾景虎が越後へ帰国したことは間違いない事と、厩橋城焼き払ったことは満足な事である。また、其の地（鉢形城）の築城について、大方が出来た事というが、水の手には念を入れることが肝要である。秩父衆から預かった人質を立沢へ搦め置く事は、横地と相談して措置する事を承知しておくように。御嶽城には人数を籠め置くように一段と気遣いを行うようにせよ。正龍寺周辺に打ち出す不審な者が有ると言うことは十分考えられる事である。藤田泰邦の母親が正龍寺へ逃げ込むという出来事は、不審な事であるが、その所在についてはいずれにいてもそのままとするように。いつも、大鉄砲や弓の義意（戦備えの事）については、三山の指示に従うよう。

追伸、高松衆が味方として奔走していること満足であり、この混乱が続くとも、この秋までには赦免すると、申されているので、一様に扶持を与える事とする。

（永禄五年）四月二日　　乙千代

用土新左衛門尉殿

乙千代書状写（意訳）・原文『新編埼玉県史』資料編6―三五六

急ぎ申し伝える。その地（鉢形城）の番や普請を致し、特に、金鑽御嶽城筋には必要に応じ巡回して、その役割を果たしていること、用土新左衛門が上申してきている。以後も忠節を尽くせば扶持を与えるであろう。

（永禄五年）四月十七日　　乙千代

秩父左衛門尉殿

鉢形城はこの時、後北条氏の指示によって、修築が進められ、これに従事したのが、秩父一乱収束に力を発揮した用土新左衛門であり、これに秩父一乱の首謀者であった秩父左衛門尉と同心衆が積極的に協力したことを示していた。鉢形城修築という重要な出来事のほかに、秩父一乱の半年後には秩父衆が帰順し、後北条氏の先兵となっていたことを示した。

これによって、乙千代は、修築なった鉢形城に入城し、鉢形領支配に着手したのである。

（1）藤田氏の没落と用土氏の台頭

藤田氏は、元々古代から榛澤郡藤田郷の管掌者として寄居町藤田に在郷した土豪で、秩父郡主として君臨していたと見られることは先に記したが、藤田氏の後北条氏への従属は、天文十五年（一五四六）の四月の河越夜戦の後とも天文十八年頃とも伝えられるが、その帰属の年代は明確では無い。藤田氏が後北条氏の先兵として、児玉から秩父への児玉往還筋を押さえ、警備していたことを示す天文二十一年と推定される氏康書状（戦北―三五二）がある。

北条氏康書状写（意訳）・原文『新編埼玉県史』資料編6—二〇三

わざわざ、使いを以て申し上げる。先日申したように松山城の普請は今月は致していない。この秋には、敵の反撃の可能性が有ることを考えたからである。三日の内に当地（松山）を出立しようと考えている。（松山城は）分相応の守りを固めているので、ご安心ください。また、高松（城）にたいして敵が動き、藤田が色々と援助を望んできているので、ひと働きを申し付け、敵を退散させた。兵を調えることは大変なことであろうが、必要なことである。

（天文二十一年）七月二十一日　（北条）氏康

真月斎（大石道俊）殿

この内容は、藤田氏が北条氏康の指示によって、金鑽御嶽城を中心とする児玉往還筋にあって、平井城奪還を目指す上杉憲政を警戒していたことを示し、この時、秩父では藤田氏支配から離れた秩父の土豪衆に不穏な動きが見られていたということだろう。事実、この時、長尾景虎は天文二十一年七月に北川辺に制札（上別I—九三）を発給し、同年七月三日には上杉憲政から平子孫太郎宛の助力要請の書簡（6—二〇二）が出され、「近日、上州可打入候」と記されているし、庄田惣左衛門あて景虎書状（上別I—九三）では出陣の際の陣労への労いが述べられている。長尾景虎出陣は、天文二十一年の七月中旬には行われていたことが窺える。これと、先に用土氏に宛行われた所領の所在地を考えると、北武蔵の地域は、児玉往還筋を含め、秩父はこれまで通り郡主であったと自称する藤田氏に委ね、その庶流であった用土氏には、利根川南部の上杉氏の本拠地である藤岡地域の支配を委ねていたのであろう。この状態が天文二十四年九月十三日の藤田泰邦の死亡によって大きく変わったとみられる。永禄四年早々に作成されたと考えられる『関東幕注文』には、この時、長尾景虎の元に参陣した武蔵などの武将の名前が列記されている。その中に、猪俣氏・桜沢氏等藤田氏の一族の他に「藤田幕」と記され、『上杉御年譜』には藤田城主藤田右衛門佐邦房の名前が見られる。そして、永禄四年九月の北条氏康書状には、藤田氏の老母が在城していた天神山城が自落したと、次のように記されている。

北条氏康書状写（意訳）・原文『新編埼玉県史』資料編6―一六四五

（九月）十日の報告は今日十一日午後六時に到着した。当口（秩父口）の様子を度々申し伝えてきているが、届かない物はないだろうか。辛垣城を攻め落とし、すぐに、当地の高坂へ陣を寄せた。そこで秩父郡の日尾城を南図書が攻め落とし、味方に属させたので、このことによって兵の人数を分け、荒川を越えて軍を進めたところ、（藤田氏の）天神山城が自落した。秩父谷は総て本意のこととなった。そのほか打ち合わせたきこと多数有るが、密事のことなので申し上げることは出来ない。

一、先刻も幸便を以て申し伝えてきたが河越へ参られ、下総口のことを遠山と詳しく打ち合わせるように。

一、下総口（葛西城）のことは、味方であること相違ないことであろうか、大切なことである。

（永禄四年）九月十一日　（北条）氏政

太田新六郎《(江戸城代)》（康資）殿

藤田氏は明らかに、長尾景虎出陣に際して、旧主に味方していたのである。これは同年十二月十八日の乙千代判物（6―三五九）「今度高松《(秩父郡)》自檜山《(白山)》罷出候面々、本知行不可有相違候」によっても、藤田の本拠であった末野元宿・日山館が高松城楯籠もりの面々と共に降伏をしていたことが知られているのである。

乙千代判物（折紙）〔逸見文書〕（意訳）・原文『新編埼玉県史』資料編6―三五九

この度、高松城・日山から降伏し、出仕した者共の本知行は間違いなく安堵する。人質を千馬山城に出し、用土新左衛門の指示によって奔走をすること。今後の忠信によっては更に扶持を致すであろう。

（永禄四年）十二月十八日　　　乙千代

秩父衆

花園城は寄居町藤田にある藤田氏の本拠を守る要害城であり、その裾の荒川段丘崖上に、藤田氏の屋敷であったと理解できる日山館跡がある。このことは、藤田氏本流が長尾景虎の元に参陣したことを示している。このように藤田氏本流は明らかに後北条氏から離反した。この他、藤田氏と共に上杉氏のもとに参陣した一門は飯塚氏・桜沢氏・猪俣氏であった。しかし、この起死回生の離反も、高松城開城・天神山城自落という結果に終わり、藤田氏本流は没落した。

この藤田氏に代わって台頭したのが用土氏である。用土氏はその歴史上の出現を天文五年に遡ることが出来る。寄居町用土の熊野神社に奉納した鰐口の銘文にその名を記しているが、銘文でも知られるとおり、すでに用土を名乗り、藤田氏と同じ小野姓であり、しかも業国と先に示した三峯神社棟札の「郡主藤田右金吾業繁」と同じ「業」を使用していて、藤田業繁と用土業国が兄弟の関係にあった事を確認できるという（黒田二〇一〇）。

熊野神社鰐口銘文　『寄居町史』原始・古代・中世資料編

「奉寄進熊埜□現御宝殿天文五年九月六日　用土新三郎小野業国」

「□寄進熊野権現御宝殿天文五年九月六日　用土新三郎小埜業国」

藤田氏一門であった用土氏については、次の文書が示す天文十九年まで知られないが、用土を名乗っていること、そして、在地の氏神である熊野神社に鰐口二口を寄進している事を考えれば、用土氏は藤田領の境目であった寄居町北部の用土を在地とした武将であったといえよう。

用土氏の関係史料としては、最初に、天文十九年（一五五〇）の後北条氏による領地宛行状がある。

北条氏康判物写（意義）原文〔「管窺武鑑」二所牧〕『新編埼玉県史』資料編6―一九一

武州（上州）の高山氏が知行之内、している内の（藤岡市）神田・川除郷を差し上げる。以上である。

天文十九年

二月十九日　　氏康判

用土新左衛門尉殿

北条氏康判物写（意訳）原文〔「管窺武鑑」二所牧〕『戦国遺文』後北条氏編―三七八

上州の金井村（藤岡市金井）を差し上げる。知行いたして良い。知行地に入ってくる者で書付のない者はこれを糺明し、主人を持たない者は受け入れてよい。以上である。

（天文十九年カ）六月九日　　　　氏康判

用土新左衛門尉殿

これは、用土氏に対して群馬県藤岡市神田・川除、同金井を宛行ったものであるが、藤岡など上野南部の「河南」地域は、この時点では上杉氏の支配下にあり、藤岡の高山氏の領地であった（その高は永禄十年の武田信玄宛行状等に依れば川除郷は五〇貫文）。従って、それは上野への進軍の足がかりとしての、平井攻めを行うための予約宛行であったと見ることが出来よう。後北条氏は、北武蔵から上野への進軍にあたって、旧来の秩父郡主であった藤田氏を従属させると共に、児玉郡域に本拠を置いていた藤田氏の同族であった用土氏に、児玉から上野への進軍の先兵を託した結果と見てよい。そして、永禄四年にも上野の河南郷并白石弥三郎跡を宛行われ、その領地は上野南部の藤岡市周辺に集中しているのが知られる。

北条氏康判物写（意訳）原文〔管窺武鑑〕『新編埼玉県史』資料編6―三一七

河南郷ならびに白石弥三郎跡について、去年、結果次第に任せると伝えたことは間違いない。この書状のとおりである。

永禄四年

九月五日　　　　氏康判

用土新左衛門尉殿

用土氏に関する史料は極めて少なく、その史料も後北条氏側のものとしては永禄七年迄しか確認できない。

第一期後半は、後北条氏による藤田領への反転攻勢の段階である。一旦は後北条氏に従属し、乙千代を娘婿に迎えた藤田氏は、天文二十四年の藤田泰邦の死によって、その後継をめぐって、小田原に居た乙千代と、日山館の藤田本流の間で確執が生じたと考えられる。藤田本流については、『上杉年譜』では藤田邦房とする。用土氏に河南郷が宛行われた永禄四年九月は、天神山城が自落し、秩父一乱の平定に目途がついた段階であり、秩父谷が本意に達する直前の時であった。この段階での領地宛行は、このほかには、十月の斉藤八右衛門尉への三沢谷二十貫文宛行が確認されるが、いずれも後北条氏からの宛行である。用土氏は、秩父一乱平定では藤田反旗を受けて、後北条氏の先兵として重要な役割を果たしている。その第一が後北条氏から千馬山城を任せられ、「高松城・日山から降伏し、出仕した者共の人質を千馬山城に出し、用土新左衛門の指示」を受けろという事に端的に示される事であろう。そして、用土氏は、西秩父在郷の土豪達を懐柔して、後北条氏に協力させたのではないだろうか。このことは、永禄四年段階で、乙千代側につき、その後も秩父衆とは一線を画している武将達が確認されるからである。その武将達は次のようになっている。

永禄四年

斎藤新四郎（使者として難所を凌駕し罷り越した功績）　本意になれば一箇所宛行

斎藤八右衛門（大宮合戦に高名、三沢谷で高名）　三沢谷に二〇貫文の地宛行

逸見蔵人（昨年以来数度に亘り走り廻り）　寄居町飯塚四貫三百文、贄川二貫文

出浦小四郎（昨年以来日尾城において走廻り）　圓岡五貫文、田村一貫文、末野少林寺分二貫文

高岸三郎左衛門（本意となる時はこの時、在地の者を集め走り廻る）　必ず褒美を与える

用土氏は、秩父一乱が平定されると、永禄五年八月、応安二年に藤田覚能に幕府から宛行われた藤田氏ゆかりの木部の旧領を宛行われ、六年には用土氏の旧領であった上里町長浜、本庄市保木野、秩父市久長を宛行われた。藤田氏の後継として後北条氏から認知された事が窺えるが、藤田氏の本拠は乙千代が存在する以上当然であるが宛行われることはなかった。

乙千代書状写（意訳）『新編埼玉県史』資料編6―三五七

織田（小田カ）を返したので、手紙を差し上げる。この間、御嶽郷に何か変わったことはなかっただろうか。話を聞きたいものである。どのような工夫をしてでも（長井政実を味方に）引きつけられるべきで、彼の地（金鑚御嶽城）の事は大切である。さて、先般以来、要望されていた木部の旧領についてはこれを差し上げることに致した。ついては以後、奔走して貰いたい。こちら（北条）の御出馬は一両日中に行われるので、その（児玉）郡の人々に油断無きよう申し付け、守っていただきたい。なお、重ねて御嶽城の事は第一に行うように。吉田宮内のことについて問い合わせがあったが、是非申し付けるべきで、当方へ味方につくということについて返答をしないのは何ら考えてもいないことになる。少しの土地であるが、猪俣方（左衛門尉）に一箇所宛行っておいて走り廻らせることが重要である。

追伸、富永与六が日尾を訪れた際に、指南賜りたい。なじみの者で有る。

（永禄五年）八月四日　　　　乙千代

用土新左衛門尉殿

北条氏康・同氏政連署判物写（意訳）・原文『新編埼玉県史』資料編6―三七〇

知行について

武州（上里町）長浜郷、（本庄市）保木野村、（秩父市）久長村

以上

右はこの度その方の旧領に相違ないとの事であるが、当方の関係者も同様に考えている。その方の秩父一乱以来の忠信は浅くなく、その三カ所を永く差し上げる事とする。

永禄六年みずのとい

二月二十六日　（北条）氏政判

（北条）氏康判

用土新左衛門尉殿

しかし、この段階で、藤田氏の本拠の地が出浦氏に宛行われ、藤田氏本領の解体が早くも始まっている事も知られる。その後の用土氏は新左衛門が没したのであろう、永禄七年の江戸城への出陣命令（戦北―三九八八）の用土氏関係文書は宛所が新六郎になっている。そして、永禄八年の用土氏の領地である秩父市下吉田の天徳寺門前船役一艘免除の氏邦朱印状（6―四二三）を最後に、用土氏はその足跡を殆ど残さないのが現状である。天正八年、真田昌幸は用土新左衛門に対して武田氏側への寝返りを打診し、それを成功させている。用土氏の再登場である。後北条氏の上野支配を担った北条氏邦の先兵として上野藤岡に領地を与えられて以来、猪俣邦憲と共にその中心的役割を担っていたであろう用土氏であったが、どういうわけか、その姿は戦国史上から突如として消えていた。この原因について用土氏が

北条氏邦によって排除されたという見方も出されたことがあったが、この再登場のあり方を考えると、むしろその活躍が知られていなかった、否、知らされなかったのでは無いだろうか。用土氏は、確実に藤岡を中心とする河南地域を支配し、河西地域を視野に入れた北進工作に従事していたと考えたい。

用土氏の他に、秩父一乱段階に乙千代の被官となった武将は、先に示した斉藤氏・逸見氏・出浦氏・高岸氏である。斉藤氏に関する最初の史料は、永禄四年九月の後北条氏の秩父進攻に際しての文書である。

乙千代判物（意訳）・原文『新編埼玉県史』資料編6―三五八

この度は、使いとして、難所を凌駕して参り、忠節を尽くした。そこでどのようなことであっても本意を達せられれば、（領地を）一ケ所与えるであろう。

乙千代丸

（永禄四年）九月八日

斎藤新四郎殿

氏邦が幼名「乙千代」で、鉢形領経略に登場が確認される最初の文書がこの文書とされる。この斉藤新四郎について、その後一切の史料が知られないが、文書の所有者から見て、斉藤八右衛門かそれに連なる人物と考えて良いだろう。次の斉藤八右衛門尉あての氏康判物は、大宮合戦と三沢谷での合戦での高名を賞賛したものであるが、これによって、斉藤氏は秩父への主要な荒川右岸の交通路を押さえる位置にある三沢谷に所領を与えられ、後北条氏の秩父支配の一翼を担うこととなった。この斉藤氏は、その後の領地宛行などによって、三沢筋から原谷・定峰という荒川右岸の「秩父往還筋」を支配し、左岸の「児玉往還筋」の支配を委ねられたであろう逸見氏と共に、用土氏を補佐していたと考えられる。

北条氏康判物〔斉藤文書〕（意訳）・原文『戦国遺文』後北条氏編七二一

この度は、（秩父）大宮合戦に高名を致し、大変な忠節である。ことに先日の南小二郎が帰陣の折、（秩父の）三沢谷において敵と遭遇したとき、奔走を致した。二度に亘る働きは神妙である。よって、三沢谷に二〇貫文の地をくだされる。この書状の通りである。

（永禄四年）十月十七日　（北条）氏康

斎藤八右衛門尉殿

逸見氏は、秩父一乱が終息した永禄五年十月十日に、乙千代から飯塚東方寺と秩父市荒川贄川宝雲寺に合わせて六貫三百文を宛行られている。そのほか、永禄十二年九月二十二日付けの氏邦朱印状（6―五九五）では、末野に一貫百七〇文を増給される。この増給は、逸見氏が「令侘言間」と記されていることから考えて、逸見氏が宛行われた所領が思いの外に少なかった事へ不満を漏らしていた結果の増給であったのだろう。逸見氏の氏邦家臣化は、次の領地宛行を記した文書の中に「去年巳来数度走廻無比類候」とあり、永禄四年段階から、秩父一乱平定に向けて重要な役割を果たしていた事が確認できる武将である。

乙千代判物〔逸見文書〕（意訳）・原文『新編埼玉県史』資料編6―三五四

知行方之事

四貫三百文　　　藤田飯塚にある　　東方寺
弐貫文　　　　　贄川に有る　　　宝雲寺
　以上六貫三百文
右は、昨年以来数回にわたって活躍をし、その働きは他に比べようがないものである。その褒美として、彼の地を与えるので知行すること。以上である。
　永禄五年
　壬戌十月十日　　　乙千代（花押）
　　逸見蔵人殿

出浦氏は小鹿野町両神に本拠が考えられる武将であるが、この出浦氏への扱いも逸見氏と同じようなものがあったと確認したい。出浦氏が与えられた所領は圓岡五貫文と田村一貫文、末野の二貫文であり、山口氏と共に藤田氏の本拠地末野への楔的進出であったのだろうか。

北条氏判物（意訳）・原文『両神村史』史料編1　出浦家文書3
　知行地について
　　圓岡　五貫文
（秩父市）田村にある松村弥三郎分　一貫文

（寄居町）末野にある少林寺分　二貫文
以上　八貫文
右は昨年以来日尾城に於いて走り廻ったことが上申されたのでこれを差し上げるが、御大途（北条家）の印判を押した物はそれぞれ一通しか発給されないので、拙者の署名した物を差し上げる。
（永禄五年）八月十二日　　南図書助（花押）
出浦小四郎殿
町人衆中

高岸氏への扱いはこれまでの各氏に比べ、別格の存在であった。高岸氏はどうも用土氏の寄子的存在として次の文書で確認できそうであるが、氏邦は直接高岸氏へ働きかけ、積極的に被官化を進めている。次の高岸氏所有文書で確認できることは、永禄四年九月段階で「本意となるときはこの時であり、在所の者達を集め、一生懸命走り廻り、忠節を重ねれば一カ所宛行う」と約束し、味方につけている。この時は、在所の者達を集めとしているから、高岸氏が秩父市上吉田という辺境の地に在住した野伏等の武装集団の頭領として存在していた事を推測させる。その地位はあくまでも用土氏に従属していた郷人の一人にすぎなかったのであろう。高岸氏への領地宛行はその後も確認されず、諸役免除による被官化という扱いに終わっているように見える。この間、寄親とみられた用土氏が上野へ転進しているが、高岸氏の上野への転進は見られず、上吉田という本来の在地にとどまって、三山の斉藤氏や新井氏、栗原氏・多比良氏らと一騎衆を形成していたのであろうか。これらの武将は上吉田一騎衆と呼ばれた山口氏を頭領とする衆とも異なった動きを示していたようである。

北条家印判状（意訳）・原文『中世の秩父』一六四頁

当郷の諸役を免除する。（秩父谷が）本意となるときはこの時であり、在所の者達を集め、一生懸命走り廻り、忠節を重ねれば一カ所宛行う事とする。

（永禄四年）かのととり九月二十七日（朱印・虎印「禄寿応穏」）　（中島）大蔵丞奉る

この領地宛行状の発給者を見ると、第一期では、後北条氏と、元服前の乙千代の二通りの宛行状が認められる。このあり方は、藤田氏の娘婿である乙千代が藤田支配の武将達に藤田氏当主として権限の行使を行ったものと、藤田領を実質的に支配した後北条氏が、乙千代の重要なバックアップ武将と位置づけた武将への領地宛行とに理解されるのではないだろうか。この視点で考えると、用土氏と斉藤氏は藤田領内から抜擢された重臣と位置付けられた武将と理解できる。

第一期後半は秩父一乱終息期であるが、この中では早くも秩父氏の台頭が知られる。

秩父氏は、永禄四年の秩父一乱を主導したと見られる秩父の土豪で、永禄四年十二月の乙千代文書に次のようなものがある。

乙千代判物（折紙）〔逸見文書〕（意訳）・原文『新編埼玉県史』資料編6―三五九

この度、高松城・日山から降伏し、出仕した者共の本知行は間違いなく安堵する。人質を千馬山城に出し、用土新左衛門の指示によって奔走をすること。今後の忠信によっては更に扶持を致すであろう。

（永禄四年）十二月十八日　乙千代（花押）

ここで示される、秩父衆とは秩父氏を中心とする集団で、その筆頭は秩父左衛門尉であった。この文書で知られるとおり、「本知行不可有相違候」という文言によって、乙千代は降伏従属を条件に、秩父衆の復帰を確認し、彼らの領地を安堵した。秩父左衛門尉をはじめとする秩父衆への領地宛行の文書は全く知られないが、その宛行はこの文書によって行われたと考えるべきなのであろう。

秩父衆は天正十年の氏邦朱印状（6―一一〇九）では、総勢七十四人の軍団として存在していることが確認される。その内訳は秩父氏の寄子二十八人、同心十八人、同心の寄子二十七人の計七十四人となる。その他徒五人、中間四人を加えて計八十三人であった。これが高松城楯籠もりの秩父衆かどうか確認のしようがないが、少なくともこれを大きく下回ることは無いだろう。藤田氏が支配していた秩父地域の武士団の実態は完全には把握できないが、主たるものはこの秩父衆に名を連ねる武将達であったのだろう。秩父地域の北条氏邦の領地宛行地を大まかに見ると、文書で知られるものでは、西秩父の上吉田・贄川など辺境地域にあって、他領への交通路を押さえる場所に秩父衆へ属さない武将への宛行地が知られる他は、殆ど空白となってる。この空白地である秩父市域を中心とした地域には、秩父衆の所領があったと考えるべきなのだろう。永禄五年には、秩父衆は早くも乙千代の為に鉢形城修築への参画と、金鑽御嶽城方面への警戒巡視等重要な役割を果たした。その功績が高く評価され、これらの活躍によって秩父衆はこれまでの所領を安堵されたと考えられる。そして、この秩父衆と共に氏邦の被官として復帰した武将に、用土氏と共に上野進出の先兵を担った猪俣氏が有ったのだろう。

乙千代書状写（意訳）・原文『新編埼玉県史』資料編6―三五六

急ぎ申し伝える。その地（鉢形城）の番や普請を致し、特に、金鑚御嶽城筋には必要に応じ巡回して、その役割を果たしていること、用土新左衛門が上申してきている。以後も忠節を尽くせば扶持を与えるであろう。

（永禄五年）四月十七日　　乙千代

秩父左衛門尉殿

第二期「〔氏邦、鉢形城入城〕山口氏出現」

この秩父衆被官化と鉢形城の改修を完成させたことによって、永禄七年頃、鉢形城入城を果たし得た乙千代は藤田氏邦として鉢形領支配を開始する事になった。その時の秩父支配の構図は、用土氏を藤田氏後継として頂点に置き、児玉往還筋を逸見氏に押さえさせ、西秩父の上杉や武田との境目を形成する辺境地域には秩父衆以外の山口氏・出浦氏などの在地一騎衆を置き、東秩父の三沢・定峰には斉藤氏、藤田末野には逸見・山口氏などを楔に配置して、郷人を監視させ、秩父衆は従来からの秩父大宮郷を中心とした地域を出ることなく配置し、管理していたと見ることが出来よう。用土氏はこの時、上野の河南地域（藤岡周辺）に転進を命じられていた事を確認したい。

北条氏邦から家臣への領地宛行等一覧（第二表）

関係武将	関係者等	所在地	宛行地など	宛行者	出典	宛行年代	西暦
第二期	（永禄七年～永禄十一年）	鉢形城入城から		永禄七年六月　朱印Ⅰ型使用			

用土新六郎			天徳寺門前船役一艘免除	北条氏邦	6—四二三	永禄八年一月七日	1565
山口二郎五郎		寄居町末野	少林寺門前一貫三百文	北条氏邦	6—四五九	永禄九年五月五日	1566
山口二郎五郎		寄居町末野	九四四文検地増分	北条氏邦	6—五二三	永禄一一年一一月九日	1568
斎藤八右衛門	間々田十郎太郎	秩父市	定峰　綿役一回分	北条氏邦（三山）	6—四〇五	永禄七年六月一八日	1564
斎藤八右衛門	間々田式部	秩父市	定峰　綿役一回分	北条氏邦（三山）	7—四〇五	永禄七年六月一八日	1564
斎藤八右衛門	大夫	秩父市	定峰　綿役一回分	北条氏邦（三山）	8—四〇五	永禄七年六月一八日	1564
斎藤八右衛門	若林	秩父市	定峰　綿役一回分	北条氏邦（三山）	9—四〇五	永禄七年六月一八日	1564
斎藤八右衛門尉	黒澤新衛門分	美里町	広木三貫八百文	北条氏邦（三山綱定）	6—四六四	永禄九年八月二日	1566
斎藤八右衛門尉			定峰炭焼触口、炭焼き等諸役、関津料木口免許	北条氏邦（三山）	6—五二二	永禄一一年一二月六日	1568
出浦左馬助		本庄市	阿左美の内拾貫文	（北条氏邦）	戦北—八九六	永禄八年二月二四日	1565
出浦左馬助		本庄市	入阿佐見他　十貫文	北条氏邦	戦北—九二七	永禄八年八月二六日	1565
井上雅楽助			二貫二百文所任免判形	北条氏邦（桑原）	6—五一七	永禄一一年六月二九日	1568
大森越前守		深谷市小前田	六年荒野諸役免除	北条氏邦（三山）	6—五〇三	永禄一〇年一一月一日	1567
長谷部兵庫助		深谷市小前田	六年荒野諸役免除	北条氏邦（三山）	6—五〇三	永禄一〇年一一月一日	1567
（糟尾）伊予			孫左衛門分屋敷一間	北条氏邦	6—五一四	永禄一一年三月三日	1568
（糟尾）伊予		児玉	金屋之内三貫文	北条氏邦	6—五一四	永禄一一年三月三日	1568

北条氏邦印判状（意訳）・原文『新編埼玉県史』資料編6―四五九

（寄居町）少林寺門前に一貫三〇〇文の土地を出しておいたので走り廻るようにせよ。

永禄九年ひのえとら五月五日（朱印・象印「翕邦挹□」）　三山五郎兵衛之を奉る

山口二郎五郎殿

山口氏は、この永禄九年の文書によって初めて確認される武将である。山口氏は上吉田地域を拠点とする武将であったとみられるが、史料で確認される氏邦からの領地宛行は、永禄九年に末野の少林寺門前の地一貫三百文を与えられたことが最初であった。そして、永禄十一年に改めて氏邦による検地が末野に行われ、その土地の検地増分が宛行われた。この検地は、藤田氏の本領解体が本格化した事を示しているのであろう。

北条氏邦印判状（意訳）・原文『新編埼玉県史』資料編6―五二三

（寄居町）末野に検地増分として九四四文の土地を与える。

永禄十一年つちのえたつ十二月九日（朱印・象印「翕邦挹□」）　三山之を奉る

山口二郎五郎殿

出浦左馬助は、第一期後半に小四郎が日尾での活躍を賞されて、五貫文を宛行われているが、永禄八年二月二十四日に、再び、阿左美の内に十貫文を宛行われた。この知行地は、八月二十六日付けで、入阿左美の田・五貫文、畑・三百文、阿那志の田・一貫文、永不作地三貫七百文とされた。

北条氏邦判物〔出浦文書〕『戦国遺文』後北条氏編―八九六

知行方の事

拾貫文　阿左美之内

以上

右は、日尾においての忠信が他に比類無い事であり、彼の地を出しておいた。今後も活躍するについては扶助するだろう。よって、この通りである。

永禄八年きのとうし二月二十四日　（北条）氏邦（花押）

出浦左馬助殿

この段階は又、鉢形領の経営が軌道に乗った結果であろう、小前田地域の荒野開発（6―五〇三）も大森越前守のもとで長谷部兵庫助らによって積極的に進められた。

北条氏邦印判状〔町田文書〕（意訳）・原文『新編埼玉県史』資料編6―五〇三

小前田を来る戌辰の歳（永禄十一年）から六年間荒野と定めた。地下人などを集めて、前々のように田畠を開発致すようにせよ。小前田宿の事について諸役不入の地に定められた。横鐺を入れられることは無い。

（永禄十年）丁卯

霜月朔日（朱印・象印「翕邦挹□」）三山奉之
大森越前守殿
長谷部兵庫助

永禄八年には藤田郷甘粕の商人として、忍領足軽の長谷部源三郎の存在が確認されるが、文書の所有者から見て、この長谷部氏に連なる人物と考えて良いだろう。新田を開発する地域には、積極的に他所から開発者を受け入れていたことが理解される。この長谷部氏等は、元亀元年には、小前田郷の開発者として、氏邦家臣団の小前田衆として成長していく。

成田氏長判物〔町田文書〕『新編埼玉県史』資料編6—四三九

藤田之内甘糟之商人長谷部源三郎、五疋五駄、当地之足軽、不可有相違者也、
永禄八年
五月　日　（成田氏長）（花押）

第三期「〔武田信玄秩父進攻〕山口氏大出世・吉田氏頭角を現す」

第三期前半

第三期前半は山口氏が武田信玄の秩父進攻の中で、栄進した時である。上総守が「野城のある上吉田村」を宛行われ、在地の小さいけれども城を預けられた物主になり、在地支配権を手中にし、元亀二年には神流川上流の「山中」の大寄・中嶋・麻生の三村を宛行われ、破格の出世をしている。上吉田一騎

衆を束ねる武将として、西秩父の境目警備の責任を委ねられたのであろうか。その活躍とは、史料に見られる限り、永禄十二年の武田氏の重臣松田肥前守討ち取りの褒美や、元亀二年の子息孫五郎討死であり、その見返りであったというのが山口氏出世の理由である。

北条氏邦から家臣への領地宛行等一覧（第三表）

第三期前半（永禄十二年～天正二年）	甲相同盟破綻から謙信撤退まで　永禄十二年七月　朱印Ⅱ型使用						
関係武将	関係者等	所在地	宛行地など	宛行者	出典	宛行年代	西暦
高岸対馬守			綿役一把、漆半分、船役三艘、人足五人赦免	北条氏邦（三山）	6―六八一	元亀二年四月七日	1571
斎藤右馬允	新井又五郎		新舟又五郎分知行宛行	北条氏邦（大好寺）	6―七六四	元亀四年四月一〇日	1573
逸見蔵人佐		寄居町	末野一貫一七〇文増給	北条氏邦（三山）	6―五九五	永禄一二年九月二三日	1569
逸見平右衛門			寄子と見られる新舟又五郎の知行が召し上げられる	北条氏邦	6―七六四	元亀四年四月一〇日	1573
山口総五郎		秩父市吉田	在野城上吉田村宛行	北条氏邦	6―五八〇	永禄一二年七月七日	1669
山口上総守		鬼石町山中	大寄、中嶋、麻生村宛行、息孫五郎討死	北条氏邦	6―六八〇	元亀二年四月七日	1571
斎藤八右衛門	間々田分	秩父市	定峰六貫文	北条氏邦	6―七三八	元亀三年七月二六日	1572
斎藤八右衛門			綿役三把	北条氏邦	6―七三八	元亀三年七月二六日	1572
斎藤八右衛門	黒澤新右衛門分	美里町広木	三貫八百文	北条氏邦	6―七三八	元亀三年七月二六日	1572

斎藤八右衛門	間々田分増	秩父市定峰	六貫一七〇文	北条氏邦	6―七三九	元亀三年七月二六日	1572
斎藤八右衛門尉			本辻三貫五〇〇文	北条氏邦	6―七四〇	元亀三年七月二六日	1572
斎藤八右衛門尉			増分三貫七一二文	北条氏邦	6―七四〇	元亀三年七月二六日	1572
吉田新十郎（真重）	和泉守分として		本給一四貫文、用土の内六貫文、	北条氏邦（桑原右馬助）	6―一〇二二	天正元年以前	
出浦式部			日尾城籠城高名、隠居分一所出すべく	北条氏邦	出浦文書1―三	元亀元年五月八日	1570
吉橋大膳亮		上里町	長浜一〇貫文、大塚一〇貫文	北条氏邦	6―五九三	永禄一二年九月一日	1669
朝見伊賀守		横瀬町	横瀬一帯宛行という	北条氏邦	6―七二七	元亀三年三月五日	1572
新舟又五郎	逸見平右衛門		知行召し上げ	北条氏邦（大好寺）	6―七六四	元亀四年四月一〇日	1573
鐘阿弥	鐘打衆	寄居町末野	鐘打ち、飛脚役分屋敷宛行	北条氏邦（薗田）	6―七七五	天正元年一〇月二三日	1573
白岩惣次郎		寄居町小園	検地　一〇貫一五〇文	横山雅楽助ほか	6―五一八	永禄一一年六月三〇日	1568
町田雅楽助	白岩分	寄居町小園	下地方為手作九貫文、深谷本意上如存分可被成御扶持者也	北条氏邦	6―七二六	元亀三年二月二七日	1572
町田雅楽助	白岩弥三郎分	寄居町小園	知行　一九貫八六〇文	北条氏邦	6―七五七	元亀三年三月一日	1572
町田雅楽助	白岩又三郎分	寄居町小園	知行　一四〇文	北条氏邦	6―七五七	元亀三年三月一日	1572
町田土佐守			受領	北条氏邦	6―七八六	天正二年一月三日	1574
高柳源左衛門		小川町木部	屋敷一円不入	北条氏邦（中村）	6―六五四	元亀元年五月五日	1570

高柳源左衛門	松村帯刀跡		八貫五百文（武具など相嗜）	北条氏邦（桑原）	6―八一四	天正二年六月九日	1574
高柳源左衛門	岡部弥七郎分の内		七貫文（武具など相嗜）	北条氏邦（桑原）	6―八一四	天正二年六月九日	1574
長谷部兵庫助	小前田衆	深谷市小前田	彼の地不入	北条氏邦（三山）	6―六六八	元亀元年一二月一一日	1570
長谷部兵庫助	小前田衆	深谷市小前田	諸役不入、御普請赦免、小前田永代被下	北条氏邦（三山）	6―六八五	元亀二年五月一六日	1571
田畑弥太郎	小前田衆	深谷市小前田	彼の地不入	北条氏邦（三山）	6―六六八	元亀元年一二月一一日	1570
玉田弥太郎（田畑）	小前田衆	深谷市小前田	諸役不入、御普請赦免、小前田永代被下	北条氏邦（三山）	6―六八五	元亀二年五月一六日	1571
坂本新三郎	小前田衆	深谷市小前田	彼の地不入	北条氏邦（三山）	6―六六八	元亀元年一二月一一日	1570
坂本新三郎	小前田衆	深谷市小前田	諸役不入、御普請赦免、小前田永代被下	北条氏邦（三山）	6―六八五	元亀二年五月一六日	1571
関口又三郎	小前田衆	深谷市小前田	彼の地不入	北条氏邦（三山）	6―六六八	元亀元年一二月一一日	1570
関口又三郎	小前田衆	深谷市小前田	諸役不入、御普請赦免、小前田永代被下	北条氏邦（三山）	6―六八五	元亀二年五月一六日	1571
関根郷左衛門	小前田衆	深谷市小前田	彼の地不入	北条氏邦（三山）	6―六六八	元亀元年一二月一一日	1570
関根郷左衛門	小前田衆	深谷市小前田	諸役不入、御普請赦免、小前田永代被下	北条氏邦（三山）	6―六八五	元亀二年五月一六日	1571
保津見雅楽助	小前田衆	深谷市小前田	彼の地不入	北条氏邦（三山）	6―六六八	元亀元年一二月一一日	1567
保津見内蔵佐	小前田衆	深谷市小前田	諸役不入、御普請赦免、小前田永代被下	北条氏邦（三山）	6―六八五	元亀二年五月一六日	1571
福島平三郎	小前田衆	深谷市小前田	彼の地不入	北条氏邦（三山）	6―六六八	元亀元年一二月一一日	1570

福島平三郎	小前田衆	深谷市小前田	諸役不入、御普請赦免、小前田永代被下	北条氏邦（三山）	6―六八五	元亀二年五月一六日	1571
高橋小太郎	小前田衆	深谷市小前田	諸役不入、御普請赦免、小前田永代被下	北条氏邦（三山）	6―六八五	元亀二年五月一六日	1571
松本助三郎	小前田衆	深谷市小前田	彼の地不入	北条氏邦（三山）	6―六六八	元亀元年一二月一一日	1570
松本助三郎	小前田衆	深谷市小前田	諸役不入、御普請赦免、小前田永代被下	北条氏邦（三山）	6―六八五	元亀二年五月一六日	1571
八木源四郎	小前田衆	深谷市小前田	彼の地不入	北条氏邦（三山）	6―六六八	元亀元年一二月一一日	1570
八木源四郎	小前田衆	深谷市小前田	諸役不入、御普請赦免、小前田永代被下	北条氏邦（三山）	6―六八五	元亀二年五月一六日	1571
若林孫五郎	小前田衆	深谷市小前田	彼の地不入	北条氏邦（三山）	6―六六八	元亀元年一二月一一日	1570
若林孫五郎	小前田衆	深谷市小前田	諸役不入、御普請赦免、小前田永代被下	北条氏邦（三山）	6―六八五	元亀二年五月一六日	1571
（新井）新二郎			歩兵一人討ち取り、弥抽忠信走廻に付可褒美	北条氏邦（諏訪部）	6―七〇九	元亀二年一二月三日	1571
第三期後半（天正三年～天正八年）　上杉謙信の撤退から							
新井新二郎			普請人夫役三人免除	北条氏邦	6―八八七	天正四年一一月二〇日	1576
吉田和泉守	吉田新左衛門真重と共に	寄居町・美里町	猪俣一カ所、用土上下足軽持分一カ所、北甘粕一カ所、小栗一カ所	北条氏邦	6―一七〇一	天正二年以降一五年以前と言う	
高柳因幡守	村岡河内分		宛行、足軽同心共に家まで村岡前から受け取る事	北条氏邦	6―九三一	天正五年一〇月九日	1577
持田四郎左衛門	荒川衆	深谷市荒川	軍役要領、棟別赦免之上は大途の被官	北条氏邦（近江）	6―九二七	天正五年一〇月二一日	1577

持田主計助	荒川衆	深谷市只沢	軍役要領、棟別赦免之上は大途の被官	北条氏邦(近江)	6—九二七	天正五年一〇月二一日	1577
持田小三郎	荒川衆	深谷市只沢	軍役要領、棟別赦免之上は大途の被官	北条氏邦(近江)	6—九二七	天正五年一〇月二一日	1577
河田五郎左衛門	荒川衆	深谷市荒川	軍役要領、棟別赦免之上は大途の被官	北条氏邦(近江)	6—九二七	天正五年一〇月二一日	1577
大嶋	荒川衆	深谷市荒川	軍役要領、棟別赦免之上は大途の被官	北条氏邦(近江)	6—九二七	天正五年一〇月二一日	1577
与二郎	荒川衆	深谷市只沢	軍役要領、棟別赦免之上は大途の被官	北条氏邦(近江)	6—九二七	天正五年一〇月二一日	1577
孫三郎	荒川衆	深谷市只沢	軍役要領、棟別赦免之上は大途の被官	北条氏邦(近江)	6—九二七	天正五年一〇月二一日	1577
藤衛門	荒川衆	深谷市荒川	軍役要領、棟別赦免之上は大途の被官	北条氏邦(近江)	6—九二七	天正五年一〇月二一日	1577
又二郎	荒川衆	深谷市荒川	軍役要領、棟別赦免之上は大途の被官	北条氏邦(近江)	6—九二七	天正五年一〇月二一日	1577
五郎二郎	荒川衆	深谷市荒川	軍役要領、棟別赦免之上は大途の被官	北条氏邦(近江)	6—九二七	天正五年一〇月二一日	1577
新六	荒川衆	深谷市只沢	軍役要領、棟別赦免之上は大途の被官	北条氏邦(近江)	6—九二七	天正五年一〇月二一日	1577
吉橋和泉守	村岡河内分		宛行、足軽同心共に家まで村岡前から受け取る事	北条氏邦	6—九三一	天正五年一〇月九日	1577
四方田土佐守	金井分	長瀞町野上	一五貫文、諸役免除	北条氏邦	6—六五〇	天正三年三月二日	1575

北条氏邦感状写（意訳）・原文『新編埼玉県史』資料編6―五八〇

野城の所在する上吉田村

二十八日の報告は一日に到着し、詳しく拝見した。（皆野町）立沢において、松田肥前守を討ち取ったこと誠に満足いたす事である。このことにより褒美として扶持を致すものである。

（永禄十二年）み七月七日（朱印・象印「翕邦挹福」）　三山之を奉る

山口総五郎殿

北条氏邦印判状（意訳）・原文『新編埼玉県史』資料編6―六八〇

山中の内にある

一ケ所　麻生村

一ケ所　大寄

一ケ所　中嶋

以上

たびたび、骨身を惜しまず走り廻ったこと。特に息孫五郎が討死し、その忠節は他に類の無いことである。その褒美として右の三ケ村を扶持いたすものである。

元亀二年かのとひつじ四月七日（朱印・象印「翕邦挹福」）

山口上総守殿

また、この第三期前半は吉田氏が出現し、出世した段階でもある。吉田氏に対しては、先に示した永禄五年の用土新左衛門宛て乙千代文書（6―三五七）の中に吉田宮内を味方につけることについて「少地の事とはいえ猪俣へ宛行、走り廻らせること肝要」という指示が出ている。この吉田氏は、後に猪俣氏の元にあって、上野の沼田地区を中心として活躍した吉田和泉守に連なる人物と理解したい。吉田氏は、次の文書によれば、寄居町用土に本拠を持った武将とみられ、吉田和泉守の存在が確認でき、猪俣左衛門尉に従属していた武将であろう。

北条氏邦印判状写〔吉田系図所収〕『新編埼玉県史』資料編6―一〇二二

　　知行方事、
十四貫文　本来の給分として、
六貫文　上用土之内にある吉田和泉守の分として
　　以上、廿貫文
右の地を出しておいたので、知行いたすべき事。なおも走り廻るについては引き立てていく。
（天正元年以前カ）六月十一日（朱印・象印）　桑原右馬助之を奉る
　　吉田新十郎（真重）殿

この時期、北条氏邦の鉢形領支配を進める上で、配慮すべき武将が存在していた。それは金鑽御嶽城主の平沢政実である。この人物は先の乙千代文書に「どのような工夫をしてでも（平沢政実を味方に）引きつけられるべきで、彼の地（金鑽御嶽城）の事は大切である。」と記されている。これは第一段階後半の一乱段階を終息させようとしている時、金鑽御嶽城主調略の指示と理解できる。平沢は、この時点で用土新左衛門を通じて後北条氏に付き、金鑽御嶽城を手中にしたものと考えられる。しかし、性急に事を運んだためか、平沢政実と鬼石の浄法寺との間で支配地をめぐっての相論があった事を示し、氏邦が手こずっていたのであろう。氏康は氏邦に対して次の様な指示を出し、自らも平沢氏へ直接働きかけを行った。

北条氏康書状写〔群馬大学図書館所蔵新田文庫文書〕（意訳）原文・『戦国遺文』後北条氏編―一四二八

（前略）

一、（金鑽）御嶽城の仕置きは先の手紙に示したように、まず関係者をなだめ、小田原へ申し入れるべき事では無く、平沢と浄法寺ともに融和させるべく、その人の身になって親切に申されるべきであろう。

なおもすべき事は使者をもって申し伝える。

（永禄十二年）六月二十九日　　　　（北条）氏康

（藤田）新太郎（氏邦）殿

北条氏康書状〔安保文書〕（意訳）・原文『新編埼玉県史』資料編6―五七七

この度は、思いがけない噂があり、心配し書状を書かせていただいた。そもそも（武田信玄と戦った）薩埵陣（静岡市清水区薩埵峠の戦い）の中で数度に及んだ諸口の合戦での奔走は、手紙には書き尽くしがたい。その上、小幡三河守（信尚）・長根（某）両人を（味方に）引きつけたこと忠信浅くないところであるが、証拠も証文もないと浄法寺が申し出たが、誠に取り上げるべきに非ず。証文がないところのような事を申し出られては、誰であっても安穏として味方になっていられるだろうか。殊更、その方は老母を鉢形へ差し出され、（金鑽御嶽城の）本城・中城にこちらの兵を入れており、少しも疑いなく、その上、その方には落ち度無く、給されたものであり、中城・本城に（北条）新太郎（氏邦）の兵を差し置くこととした事は功第一である。浄法寺は証拠もないまま申し出たことなので、当方で却下しておく。

（北条）氏康

（永禄十二年）七月一日

安保（平沢）左衛門尉（政実）殿（原文・擦り消し安保と訂正）

この中で知られることは、平沢氏が、後北条氏の支配下に入る事について、母を人質として鉢形に出し、金鑽御嶽城内へ、鉢形の兵を常駐させる等、屈辱的な扱いに大きな不満を募らせていた事が伺われる。永禄十一年後半には「甲相同盟」が破綻し、金鑽御嶽城をめぐる上武国境には、五月に武田氏が浅利右馬介に命じて築城を行ったり、六月末には大滝筋に進攻するなど、不穏な動きがあった。このような中での平沢氏融和策で有り、後北条氏や氏邦にとっては、この扱いは極めて微妙な問題であったに相違無い。九月には、武田軍の金鑽御嶽城から鉢形城への大攻勢があり、かろうじて撃退した。元亀元年六月はじめ、武田氏は武蔵出陣を行い、金鑽御嶽城攻略に成功した。この金鑽御嶽城攻略に当たっては、この平沢氏の不満をとらえ、懐柔に成功した結果であったのだろう。平沢改め長井政実は金鑽御嶽城下の金鑽薬師（大光普昭寺）に対して「この度、当（金鑽御嶽）城が思う通りになった」として寺領寄進を行っている。

平沢政実判物（意訳）・原文『新編埼玉県史』資料編6―六五九

この度、当（金鑽御嶽）城が思う通りになった。そこで新たに（神川町）植竹村寺田の内に三貫文の土地を寄進するので、今後ともご加護賜りますように。

永禄十三年かのえうま六月二十八日　　（平沢）豊前守政実（花押）

進上　金鑽御薬師

この年は、武田氏の西上野進攻が進み、箕輪城を含め、西上野が武田氏支配に入った事が特筆される。武田氏は以後、西上野や金鑽御嶽城を拠点に南進を試み、鉢形領への進攻も激しさを増している。この事によっても、第三段階では、児玉地域が境目として存在していた事を確認できる。

元亀二年九月には武田軍の秩父進攻が激しさを増し、深谷領・藤田領へ進攻し、北条氏政と武蔵榛澤合戦を戦い、そのまま秩父へ侵入して刈田・放火を行っているが、武田信玄は十月十九日から二十六日まで秩父に在陣し、「人民断絶」という損害を与えた。

このような武田勢との合戦の中で、鉢形領内、特に秩父が戦乱に巻き込まれ、秩父を拠点としていた山口氏の活躍と、台頭が顕著に知られるのである。一方では、日尾城が一挙に境目の城として注目され、武田氏との戦いの最前線に置かれたが、出浦氏や高岸氏の活躍も見逃せないものであった。山口氏等の上吉田一騎衆と共に、地域の野伏達を指揮しての活躍が評価された高岸氏は、「今後も武具などを誂えて走り廻るについては扶持を与えるであろう」と扶持を与えると約束され、家臣としての地位を目前にした段階であった。

北条氏邦感状（意訳）・原文『戦国遺文』後北条氏編一四九六

この度は日尾（城）から野伏に（参集）触を出したところ、いずれの者も参集して走り廻ったことが、諏訪部主水助より伝えてきた。このことは大切な事で、帰城したら褒美を与えるであろう。

（元亀二年）ひつじ七月二十七日　（北条氏邦）花押

（野城の）守将山口と
上吉田一騎衆
その他の衆中

北条氏邦朱印状〔出浦文書〕（意訳）・原文『戦国遺文』後北条氏編三七三一

この度、日尾城の籠城では捨て身で走廻った。和議が出来たら隠居分として一箇所の地を与える。

（元亀元年カ）庚寅（午）五月八日（朱印・象印「翕邦挹福」）（＊干支のままなら天正十八年となるが？午の誤りカ）

出浦式部殿

北条氏邦印判状（意訳）・原文『新編埼玉県史』資料編6―六八一

御赦免之の事
一把　綿
半分　漆
三艘　舟役
五人　人足

以上

二月二十七日に（秩父氏市吉田）石間谷に敵が侵攻して来た時、各々が出会い、骨身を惜しまず走り廻り高名を上げた事は、お心に止められている。褒美として右の役を長く免除いたす事とするので、以後も勇ましく走り廻るようにいたせ。

元亀二年かのとひつじ四月七日（朱印・象印「翕邦挹福」）　三山之を奉る

高岸対馬守殿

北条氏邦感状写（意訳）・原文『新編埼玉県史』資料編6―七一〇

この度、信玄が進攻してきたとき、野伏等を集めて走り廻った事、諏訪部主水が上申してきた。誠に喜ばしく感じ入った。今後も武具などを誂えて走り廻るについては扶持を与えるであろう。

元亀二年かのとひつじ十二月三日　（北条）氏邦（花押）

高岸対馬守殿

小前田の開発に携わっていた長谷部兵庫助他は、北条氏邦から次の様な印判状を貰った。その内容は開発した小前田を永代不入の地とし、開発に従事してきた長谷部兵庫助以下一〇人に与え、普請役も赦免された。これにより、小前田衆として北条氏邦の家臣団に加えられたのである。そして、徒足軽であった六人には早く馬上足軽になるよう申し付けている。

北条氏邦印判状（意訳）・原文（長谷部文書）『新編埼玉県史』資料編6―六八五

一　小前田の地を永く与える、
一　諸役はかけない、
一　普請役については赦免とする、
以上、
右の様に三カ条を定め決定した。六人の徒のものは、早く馬を買い求め、馬上衆となるように。どのようにしても、当年の麦を五〇俵、お城へ入れ置くことは、益々忠信を尽くすことになろうと仰せられた。
以上である。
元亀二年辛未（朱印・象印「翕邦挹福」）三山これを奉る
五月十六日
長谷部兵庫助殿
関根郷左衛門殿
関口又三郎殿
保津見内蔵佐殿
松本助三郎殿
八木源四郎殿
福嶋平三郎殿
玉田弥太郎殿
高橋小太郎殿
若林孫五郎殿

坂本新三郎殿

この他、第三期前半の武将に町田氏がある。町田雅楽助は元亀三年二月二十七日に、北条氏邦から寄居町小園の白岩分九貫文を手作地として宛行われた。この時、氏邦は、深谷本意の上は存分に扶持する事を約束し、さらに、同年三月一日には白岩分二〇貫文が宛行われた。この時が、町田氏が北条氏邦の家臣として初出した時で、同人は天正二年一月三日に土佐守を受領した事も知られる。また、北条氏邦からの領地宛行は確認されていないが、永禄十二年十一月二十九日の氏邦書状写に、越相和睦後、上杉輝虎の倉内着陣の祝意を伝える代官として任じられた黒澤右馬助もいる。この人物に関する史料としては、永禄七年に「必ず江城へ打ち着くべく」と用土新六郎・猪俣左衛門尉等と共に指示された文書（6―一七〇七）に見える武将であろう。これに連なる武将として考えられる者に、天正九年の志路屋氏に出された「山中に据するは黒澤上野守に連絡せよ」と記録される武将がいる。

北条氏邦書状写（意訳）・原文『新編埼玉県史』資料編6―六一二

急ぎ書状を差し上げる。倉内着城の事、早々とお祝いを申しあげなければと念じていましたが、まず、黒澤右馬助を代官として、（お祝いを）申しあげます。また、お祝いとして、柳（樽）三〇と（肴）五種を献上します。御披露頂きたいと存じます。

藤田新太郎
氏邦

（永禄十二年）十一月二十九日
山吉孫次郎殿

第三期は鉢形領支配の回復を受けて、武蔵の後北条氏支配が一段落しつつある段階であったが、以前武蔵東北部は、羽生領を中心に常陸の佐竹氏・下総の簗田氏対策に北条氏照を立てて対応していた。氏邦は上野西部を分担して上杉氏に備えていることが知られるが、緊迫した情勢の中でも、次の様な家臣の不祥事が存在した。この新舟又五郎については、文書を上吉田を領した山口氏が所有しており、山口氏の支配下の武将として西秩父で一騎衆を構成していた逸見平右衛門の寄子であったと考えられる。

北条氏邦印判状〔山口家文書〕（意訳）・原文『新編埼玉県史』資料編6―七六四

新舟又五郎は毎回番役以下を着到の如く務めず、結局代理を出しており、大変な重罪である。知行を召し上げ、斎藤右馬允に与えた。一族ともに之（領地）を出すように。

大好寺奉之

（元亀四年）癸酉四月十日

逸見平右衛門殿

第三期後半では、天正六年三月十三日の上杉謙信の死と、それに伴う関東出兵の取り止めは、新たな混乱を関東にもたらしている。北条氏邦は前半に引き続き、荒川左岸の櫛引原野の開墾に従事していた荒川の持田四郎左衛門と只沢の持田主計助を中村氏の代官とし、この一団を荒川衆として編成した。嶋村近江守のもと、中村氏を寄親としたのであろう。ただし、この荒川衆は領地を宛行われたのではなく、僅かに棟別銭（一〇〇文）の赦免をされただけという武士団であった。荒川郷の持田四郎左衛門の編成は馬上足軽三人、徒足軽三人、小者（？）三人の計九人というものであった事が知られる。

北条氏邦印判判状（折紙）〔持田文書〕（意訳）・原文『新編埼玉県史』資料編6―八八五

道具之事、荒河之郷

鑓馬上　持田四郎左衛門

（持田）藤左衛門

（持田）新右衛門

以上、三人、

鑓　五郎二郎

鑓　河田五郎左衛門

やり　大嶋

以上、三人、

藤右衛門

又二郎

三郎五郎

以上、三人、

一、各人の諸道具を申し付ける。この事は毎年正月と七月に確認する事。

一、この衆は何時でも鉢形城に籠城できるように致し、触口が法螺貝を鳴らし次第、諸道具を持って集まる事。

一、持田は小旗を持って何時でも御用の時は奔走する事。

一、この書付の者共の中で、もし（出役に）欠落するものが有れば、触口に申し上げること、知らせなければ持田の落ち度とする。

右はよくよく守り、奔走を致すべきで、怠る者は重罪とする。

（天正四年）子十月二十一日（朱印・象印「翕邦挹福」）

持田四郎左衛門殿

北条氏邦印判状（折紙）（持田文書）（意訳）・原文『新編埼玉県史』資料編6―九二七

荒川衆

鑓馬　持田四郎左衛門
鑓　五郎二郎
鑓　藤衛門
鑓　又二郎
鑓　河田五郎左衛門
鑓　大嶋

以上、六人、

同所之内、只沢

鑓馬　持田主計助
鑓同　同　小三郎
鑓　新六

鑓　孫三郎
鑓　与二郎
以上、五人、
合、十一人、
一、棟別銭を赦免しているので、いずれも大途の被官で有り、諸道具を用意し、奔走致すようにする事。
一、領主が間違っていることあれば、訴状を書き、嶋村近江守へ申し出す事。
一、御働きの時は中村の代官である両持田の下知に従い奔走する事。
以上
右の三ヶ条、よくよく守るよう申し付けられるもの也
（天正五年）丑八月二十日（朱印・象印「翕邦挹福」）近江之を奉る
中村の代官
両持田殿（持田四郎左衛門・持田主計助）
同　百姓中

一方、氏邦支配下の鉢形領域で、領地宛行の動きに大きな変化が見られた。それは、小川町木部の藤田氏ゆかりの土地で、用土新左衛門に永禄五年、乙千代が与えた木部の旧領が高柳氏に与えられた事である。用土氏については第二期の氏邦鉢形領支配の完成段階の永禄七年に天徳寺門前船役一艘免除を受けた後、県内の記録の存在は知られないが、この木部に所在した「藤田覚能ゆかり」の藤田氏旧領が一部でも与えられたことは、用土氏の鉢形領における立場が大きく変化していたことを示す出来事ととら

えられよう。そして、第三期前半には長浜郷二〇貫文が秩父衆の同心、吉橋大膳亮に宛行われ、後半には、用土氏の本拠にあった用土上下足軽持ち分一カ所や、猪俣一カ所が吉田氏に宛行われる等、初期の氏邦を支えた重臣の猪俣氏や用土氏の本拠の解体が認められる。

第四期「〔沼田領の攻防〕用土氏の離反と猪俣氏の台頭」

第四期前半

天正八年十二月、氏邦は朱印を変更し、「翕邦挹福」というものを使用開始した。天正六年三月の上杉謙信の死後に起こった景虎と景勝との後継争いとなった「御館の乱」を通じて、景虎を支援していた武田勝頼の豹変によって武田氏との同盟が再び破綻した。天正七年八月、越甲同盟が再び結ばれ、上杉氏は武田氏の上野領有を認めた。これによる武田勝頼の上野から北武蔵出陣による混乱が契機になった。

北条氏邦等から家臣への領地宛行等一覧（第四表）

第四期前半	（天正八年～天正十四年）	武田氏の武蔵出陣から	天正八年十二月　朱印Ⅲ型使用				
関係武将	関係者等	所在地	宛行地など	宛行者	出典	宛行年代	西暦
吉田新左衛門真重		藤岡市	栗須の郷一所宛行	北条氏邦（富永）	6―一〇二一	天正八年二月二八日	1580
吉田和泉守政重		本庄市小嶋	小島台開発、一〇年間諸役不入、	北条氏邦（猪俣邦憲）	6―一二三五	天正一一年九月二三日	1583
中山玄蕃頭		美里町・緑埜郡谷岸・吾妻郡等	榛澤村・原宿村・横地・備前跡・緑埜郡谷岸・谷川村・吾妻郡円通寺領等七カ所	北条氏邦	埼玉史料叢書12―付一八六	天正一〇年カ九月九日	1582

岩田玄蕃頭		長瀞町野上、寄居町金尾	瀧上河端屋敷、金尾山（養父岩田彦次郎屋敷跡）	北条氏邦	6—一一六四	天正一〇年九月一九日	1582
金井源左衛門		美里町広木	近年無足にて走回り、御領所分四貫文、西上州一〇貫文	北条氏邦	6—一〇二四	天正八年三月六日	1580
（志路屋）四郎		吉田阿熊	召し返し赦免の上は被官	北条氏邦	6—一〇六三	天正九年三月一八日	1581
志路屋四郎左衛門		秩父市吉田阿熊	山中に林立すべし、欠落者鉢形へ拘引	北条氏邦	6—一三一四	天正一四年三月一〇日	1586
（志路屋）三郎		吉田阿熊	召し返し赦免の上は被官	北条氏邦	6—一〇六三	天正九年三月一八日	1581
志路屋三郎左衛門		秩父市吉田阿熊	山中に林立すべし、欠落者鉢形へ拘引	北条氏邦	6—一三一四	天正一四年三月一〇日	1586
右京		秩父市吉田阿熊	山中に林立すべし、欠落者鉢形へ拘引	北条氏邦	6—一三一四	天正一四年三月一〇日	1586
山崎弥三郎	用土分・新井共	長瀞町野上	二一貫三五〇文	北条氏邦	6—一一五八	天正一〇年八月二一日	1582
山崎弥三郎	用土分	長瀞町野上	手作場二一貫三五〇文	北条氏邦	6—一二三二	天正一一年四月二三日	1583
田中惣兵衛	細田跡	榛沢郡内カ	下地手作致すべく、山口の下知により走り廻る事	北条氏邦（大好寺）	6—一〇一八	天正八年二月二〇日	1580
新井主水太郎			倉賀野・八幡崎の合戦で父入道戦死、追って恩賞ある。	北条氏邦	戦北二一五五	天正八年三月二八日	1580
飯塚六左衛門尉			屋敷分二貫文	長井政実	6—一〇四一	天正八年七月二日	1580
飯塚六左衛門尉		藤岡市大奈良	三貫文	長井政実	6—一〇四一	天正八年七月二日	1580
飯塚六左衛門尉		白根坂の内	五貫文	長井政実	6—一〇四一	天正八年七月二日	1580

飯塚六左衛門尉	源左衛門分	藤岡市大奈良	五貫文	長井政実	6—一〇四一	天正八年七月二日	1580
飯塚六左衛門尉		本庄市金屋	本領、六貫文	長井政実	6—一〇四一	天正八年七月二日	1580
飯塚六左衛門尉		皆野町日野沢	本領五貫文	長井政実	6—一〇四一	天正八年七月二日	1580
飯塚六左衛門尉	真仁田分	本庄市萩平	四貫文	長井政実	6—一〇四一	天正八年七月二日	1580
飯塚六左衛門尉		藤岡市北谷	阿久原・渡瀬その外半手の者立ち入り禁止、支配をまかせる	長井政実	6—一一〇六	天正一〇年六月一六日カ	1582
飯塚和泉守		藤岡市鬼石	北谷西屋敷の下地、前々より名主免、検地の時も除き出し置候	北条氏邦	6—一三四八	天正一四年一〇月十九日	1586
第四期後半（天正十五年～天正十八年）豊臣秀吉関東総無事令以後							
吉田新左衛門真重		本庄市小嶋	吉田和泉守一跡小嶋郷百貫文出し置き、軍役十人	猪俣邦憲	6—一四三二	天正一六年五月七日	1588
吉田新左衛門真重		上里町黛	黛郷一五〇貫文、内百貫文は鉄砲衆二〇人の扶持給、この度権現山在城申しつけ	猪俣邦憲	6—一四三一	天正一六年五月七日カ	1588
吉田和泉守真重		沼田市	下川田屋敷百貫文	猪俣邦憲	6—一〇〇六	天正一七年一一月二八日	1589
吉田和泉守真重	足軽三人給	沼田市	下川田之内佐々尾百貫文之内四貫五百文（不足分として）	猪俣邦憲	6—一〇〇六	天正一七年一一月二八日	1589
吉田和泉守真重	（実相院分）	沼田市	下川田之内佐々尾百貫文之内五百文（不足分として）	猪俣邦憲	6—一〇〇六	天正一七年一一月二八日	1589

吉田和泉守真重（小保方式部分）		沼田市	下川田之内佐々尾百貫文之内八貫文（不足分として）	猪俣邦憲	6―一〇〇六	天正一七年一一月二八日	1589
吉田和泉守真重（小保方治部少輔分）		沼田市	下川田之内佐々尾百貫文之内一貫五百文（不足分として）	猪俣邦憲	6―一〇〇六	天正一七年一一月二八日	1589
吉田和泉守真重（金子美濃分）		沼田市	下川田之内佐々尾百貫文之内一六貫文（不足分として）	猪俣邦憲	6―一〇〇六	天正一七年一一月二八日	1589
吉田和泉守真重（山名分）		沼田市	下川田之内佐々尾百貫文之内六拾九貫五百文（不足分として）	猪俣邦憲	6―一〇〇六	天正一七年一一月二八日	1589
吉田和泉守真重		沼田市	川東分川上吉三〇貫文	猪俣邦憲	6―四四九	天正一七年九月一日	1589
吉田和泉守真重		沼田市	間庭三〇貫文	猪俣邦憲	6―四四九	天正一七年九月一日	1589
吉田和泉守真重		沼田市	政所七〇貫文	猪俣邦憲	6―四四九	天正一七年九月一日	1589
吉田和泉守真重		沼田市	下川田二百貫文	猪俣邦憲	6―四四九	天正一七年九月一日	1589
大浜弥八郎	新井縫殿助分	秩父市荒川贄川	一四貫文	北条氏邦	6―一五〇七	天正一八年二月一二日	1590
大浜弥八郎	新井喜兵衛分	秩父市荒川贄川	八貫文	北条氏邦	6―一五〇七	天正一八年二月一二日	1590
香下源左衛門		美里町・本庄市児玉・寄居町末野	本領一〇貫四百文、阿那志の内、山田屋敷五百文、皆野由木分三貫四百文、金屋不動分二貫文、末野山田屋敷七百文、	北条氏邦	6―一四九七	天正一七年一二月二三日	1589

香下源左衛門	須川弥七郎分		阿はの根八貫文	北条氏邦	6―一四九七	天正一七年一二月二三日	1589
香下源左衛門	津戸分	本庄市秋山	秋山の内一六貫三百文	北条氏邦	6―一四九七	天正一七年一二月二三日	1589
持田四郎左衛門	荒川衆	深谷市荒川	当開一貫五四一文（三貫八二文）	北条氏邦	6―一四四〇	天正一六年八月一五日	1588
持田左京亮	荒川衆	深谷市荒川	当開扶持永三三〇文（六七六文）	北条氏邦	6―一四四〇	天正一六年八月一五日	1588
持田舎人	荒川衆	深谷市荒川	当開扶持永三三〇文	北条氏邦	6―一四四〇	天正一六年八月一五日	1588
河田隼人	荒川衆	深谷市荒川	当開扶持永三三〇文	北条氏邦	6―一四四〇	天正一六年八月一五日	1588
六郎左衛門尉	荒川衆	深谷市荒川	当開扶持永三三〇文	北条氏邦	6―一四四〇	天正一六年八月一五日	1588
孫左衛門尉	荒川衆	深谷市荒川	当開扶持永三三〇文	北条氏邦	6―一四四〇	天正一六年八月一五日	1588
弥左衛門尉	荒川衆	深谷市荒川	当開扶持永三三〇文	北条氏邦	6―一四四〇	天正一六年八月一五日	1588
中嶋図書助	荒川衆	深谷市荒川	当開扶持永三三〇文	北条氏邦	6―一四四〇	天正一六年八月一五日	1588
大屋市助	荒川衆	深谷市荒川	当開扶持永三三〇文	北条氏邦	6―一四四〇	天正一六年八月一五日	1588
大屋玄蕃	荒川衆	深谷市荒川	当開扶持永三三〇文	北条氏邦	6―一四四〇	天正一六年八月一五日	1588
小四郎	荒川衆	深谷市荒川	当開扶持永三三〇文	北条氏邦	6―一四四〇	天正一六年八月一五日	1588
縫殿助	荒川衆	深谷市荒川	当開扶持永三三〇文	北条氏邦	6―一四四〇	天正一六年八月一五日	1588
飯塚和泉守		藤岡市北谷	西の屋敷下地は前々より名主免として出し置く。	北条氏邦	6―一三九〇	天正一五年八月二五日	1587

飯塚和泉守		藤岡市北谷	抱え地の内より五貫文宛行手作致し、谷中の野伏集め召し連れるべく、触口申しつける。	猪俣邦憲	6―一三九四	天正一五年九月二〇日	1587
須田弥七郎			長井在城に付塚本舎人分の内より一五貫文宛行	猪俣邦憲	6―一三九三	天正一五年九月一一日	1587
（糟尾）伊予	閑野帯刀	閑野帯刀知行地（秩父市カ）へ欠落の者召返し		北条氏邦	6―一三五四	天正一五年一二月晦日	1587
（糟尾）養信斎		本庄市金屋	京岩十二貫七二〇文宛行、	北条氏邦	6―一四三八	天正一六年七月一二日	1588

この第四期は、後北条氏の支配圏が上野から下野西部・下総へと拡大した段階である。北条氏邦は上野西部地域の支配拡大へ専念しているが、本城主氏直の名代として、氏政の指揮を受けながらの転進と確認される。一方では、武田氏が天正七年の秋口から、梶原政景や太田康資を取り込みながら、武蔵への攻勢を図っていた。そして、鉢形領下の武将への調略も激しさを増していたのであろう、旧羽生城主の菅原為繁を取り込んでいる。藤岡市内にいた小林松隣斎にも仕掛け、「秩父市贄川向（白久カ）・田野・日野・戸沼・陣原、影森向（久那カ）・下影森の地二百貫文の領地宛行を約束」した調略の内容も知られている。

武田勝頼知行宛行状〔山形県小林磁氏所蔵文書〕『藤岡市史』資料編　原始・古代・中世―八五一頁

定

一、にへ川の向、田野、日野、戸沼、陣原

一、影森の向、並びに下影森
　都合弐百貫文
先代より武田の家臣として奉公に励んで来たので、右の通り出しておいたので、本意の上は速やかに領地とし、忠勤励む事が大切である。
　天正七年
　　十一月廿二日　　　　　　勝頼（花押）
　　　小林斎（松隣斎）
　　　　　　　　　　　　　　（註）小林氏は藤岡市を本拠とする武将
おって、先に宛行状を持っている人が忠信によらないで右の地を宛行われていたら必ず糺明し、替え地を以て補うこととする。

さらに、武田側の調略も激しさを増し、天正八年二月には金山城主由良氏と、館林城主長尾氏が武田と同盟し（戦北二一四一）、国峯城にあった小幡信真は、山中衆の黒澤大学助一族に小鹿野町日尾城攻略を働きかけている。この黒澤氏は、先に示した北条氏邦からの書状に記録され、第二期から出現する黒澤右馬助・黒澤上野守等と同系の黒澤一族とも考えられ、神流川上流域の「山中」に転進し、そこを拠点とした半手の武将達の可能性も考えられる。

小幡信真判物写（意訳）・原文『群馬県史』資料編7―三〇一八
小鹿野町近辺の曽田分を望んでいるが、一族で談合し、どのようにしてでも日尾城を乗っ取ることができれば、この外にも与えるであろう。以後、これをもって秩父郡内が悉く本意となれば、必ず感謝するであろう。そのため印を押した書き付け出しておく。

天正八年かのえたつ六月十一日　　（小幡）信真（印）

黒澤大学助殿

小幡信真判物写（意訳）・原文『群馬県史』資料編7―三〇二二

小鹿野近辺の大窪分の五貫文と小佐須四貫文の地を望んでいるが、一族で談合し、どのような計略を以てしてでも、日尾城を乗っ取ることができれば、このほかにも宛行うだろう。秩父郡内が悉く本意となれば、必ず感謝するであろう。そのため書き付けを出しておく。

天正八年かのえたつ六月十一日　　（小幡）信真（印）

黒澤新八郎殿

天正八年に入ると、三月には真田昌幸の働きかけにより、小川城の小川可遊斎にも本領安堵を約して（戦武三二八五）調略した。名胡桃城にあった真田昌幸は沼田城に対峙し、これを攻めると共に、用土氏も調略した。沼田城代として在城していた用土新左衛門は、真田氏の働きかけに答え、秘密裏に武田氏への寝返り工作が進められていたことはすでに示した。後北条氏によって、鉢形領域の後北条領化の先兵として重要な役割を果たしてきた用土氏に何があったのだろう。鉢形城主として氏邦が鉢形城に入った第二期から、一気に鉢形領内で用土氏の「排除」（浅倉直美氏はこの様に指摘している）が進行したのだろうか。用土氏は藤岡市周辺の「河南地域」に領地の主体を置かれていたことは、一連の領地宛行状を見ることによって理解されるが、基本的な本領地は、寄居町用土や上里・児玉地域内に所在した事が伺われる。上里・児玉地域は、そもそも金鑽御嶽城を押さえる安保氏から平沢氏の支配した「金鑽御嶽領」とも言うべき地域で、天文二十一年の後北条氏攻略以後、非常に不安定な政治情勢下に置かれていた。この状況は第四期まで変わることは無かった。しかし、この段階での用土氏の立場は沼田城代であったらしいということを考えると一概に排除されていたと言うには乖離が激しい。今、結論づけることは難しいが、第三期前半には、すでに用土氏の旧領の解体が行われていたことだけは確認できる。

猪俣氏や用土氏は、鉢形領を経営する藤田新太郎氏邦にとって、小田原の本城主によって登用された武将であり、氏邦の権限がどこまで及んだか知るすべがない。特に、第四期後半に上野で領地宛行や着到状などの発給と言う領主権限を行使する猪俣能登守邦憲については、平岡豊氏の研究（一九八四）があり、氏邦の奏者であった富永能登守が、「氏邦を補佐するのに北武蔵の名族猪俣氏の名跡を継いだ方が有利」であるから、そして、「猪俣文書」して保存されている文書の中に富永氏の文書が保存されている事もあって、富永能登守と猪俣能登守は同一人であるとする見解が示されている。富永氏は伊豆衆の一員で、後北条氏譜代の重臣である事、乙千代が用土新左衛門に対して旧知のものであるから日尾城へ訪れた際の指南を依頼したことなどを考えると、富永氏は氏邦の鉢形入城に伴い同行してきたことは間違いない。この富永氏が果たして猪俣姓を名乗る必要性があったのかどうか明確では無いが、猪俣邦憲関係文書で管見に入った史料の発給年代は次の様になっている。

猪俣左衛門尉　永禄五年　一通、同六年　一通、同七年　一通
富永与六　永禄五年　一通、
富永能登守　天正六年　一通、同七年　四通、同八年　二通、不明　一通

猪俣能登守　天正十年　三通、一通、同十一年　三通、同十二年　一通、同十三年　一通、
同十五年　四通、天正十六年　四通、天正十七年　四通、同十八年　三通
（いづれも年代比定を含む）

平岡氏の見解のとおり、史料の示す年代は、天正八年の用土新左衛門の離反を境に富永姓の文書が消え、天正十年の神流川合戦勝利を契機に猪俣姓の文書に代わることが知られる。永禄五年に秩父一乱を制し、鉢形城に入った氏邦であったが、鉢形領の経略は「秩父郡主」を名乗っていた在地の有力国人の藤田氏の勢力を正面に立てたものであった事は間違いない。しかし、秩父一乱の中で藤田本流の敵対離反という思わぬアクシデントを庶流の用土氏を正面に立てて乗り越えてきた。これが、上野経略の中で、天正八年夏の用土氏離反である。再び起こった藤田流の離反劇は鉢形領経営を進めていく上で、氏邦にとって大きなマイナス点になったのであろうか。

藤田氏庶流の中でも北武蔵の名族であった猪俣氏は、永禄三年の上杉氏越山に荷担した藤田一門の武将で、秩父氏等と共に永禄五年以降氏邦のもとへ復帰したと見られるが、この猪俣氏への改姓は、用土氏と共に上野経略に携わっていたであろう猪俣左衛門尉の後継者を、後北条氏の重臣富永氏の一門に求め、富永能登守に猪俣氏を引き継がせる事によって、「藤田幕」といわれた北武蔵の名族の紐帯を氏邦側に止めておく苦肉の策であった可能性も考えられなくはない。

天正八年の武田氏武蔵出陣から武田氏滅亡、そして、滝川一益進攻、六月二日の織田信長自害というめまぐるしい迄の政情の激変に、旧武田領をめぐって、後北条・徳川・上杉氏の三つ巴の争奪戦が始まる。北条氏政・氏直父子は、滝川一益に対して反撃を実行し、上武国境の神流川で天正十年六月十八・十九

日に戦い、後北条氏は十八日の戦いは大敗し、十九日の戦いは「敵三千余を討ち取った」という大勝利（戦北二三五九）で、滝川一益は信濃へ敗走している。この神流川合戦時と見られる極めて興味ある史料があるので紹介したい。

北条氏邦判物（逸見文書）（意訳）・原文『戦国遺文』後北条氏編三九九〇

子供である与八郎は法度に背いたので成敗すべきところであるが、蔵人に免じて扶持をしている。知行は預けているが、早く陣代に立てるべきで、親類で有り、今夜早速（陣代として）連れて参るように。知行遅れるならば、知行は他人に上げられてしまうだろう。

（天正十年カ）八月十日　　（北条氏邦）（花押）

逸見蔵人佐殿

「北条氏直書状写」（意訳）・原文『戦国遺文』北―三九六五

川を越えての三日間であったが、御大儀の出陣ことと言え、戦の出来具合によっては、早々と帰国なされる事、当然なことである。なお、ここで申し上げたことは（北条）陸奥守（氏照）にも申し上げるであろう。

（天正十年カ）十月十二日　　（北条）氏直（判）

逸見殿

＊文頭に「（関東）東口の計策について、出陣中に聞いた。先ず、一門や家老達を悉く出陣させるよう」との一文が（『埼玉史料叢書』12―付二〇七）にはある。

この二つの書状は逸見氏宛のものである。差出人は氏邦と氏直になっているが、年号が記されていないため年不詳とされ、両書簡の関係についても最近まで語られたことは無かったものである。氏邦は旧来の家臣逸見蔵人佐に、子供の与八郎が法度に背いた事、成敗されるところであるが、蔵人に免じて赦免されている事、知行は預かりとなっている事、早く出陣させないと知行が召しあげられる事を伝えたものである。法度に背いた事の意味が不明で理解が難しかったが、次の逸見氏宛氏直書状を考えることによって、これが六月の神流川合戦時の出来事ではなかったかと考えられるところがある。十八日で大敗し、十九日には大勝した神流川合戦を戦った逸見与八郎は勝利を確認して、戦場から離脱してしまったのであろう。これを氏照によって、軍規（法度）違反として咎められたが、重臣逸見氏の子であった事で、本城主氏直が救いの手を差し伸べて赦免し、かろうじて事なきを得たと理解した。

これは二通の書状の年代を天正十年と比定し、「川を越えての三日間」を神流川合戦の六月十八から十九日合戦時を挟む三日間と理解したことよって可能となったのである。逸見蔵人の地位を推し量る上で重要な史料と考えている。鉢形領内において逸見氏がどのような地位にあったかを知る史料は見られないが、逸見氏の側で伝えられることは児玉往還筋を押さえる位置にある「高松城主」であった事。そして、鉢形城三の曲輪内に秩父氏屋敷地の秩父郭と並んで、その南側に「逸見郭」と伝える屋敷地が有り、空堀を挟んで南が氏邦奏者を務めている大好寺氏の郭であったという。この屋敷跡と見られる郭の所在を確かなものとすれば、逸見氏は秩父氏や大好寺氏と並ぶ氏邦の重臣の一人であったと理解できるところもあるのだが確実なことはわからない。

秩父衆の頭領である秩父孫二郎が氏邦の重要な家臣の一人として史料上に登場してくるのは、この段階の天正十年に入ってからである。秩父孫二次郎は神流川合戦の時、氏邦から出陣を命じられ、その着到状が次の様に存在している。この時は寄子・同心の他に心を寄せる仲間の武将や折原衆・秋山衆を束ね、百三十九人の軍勢を率いる侍大将として存在していた事が知られる。

北条氏邦印判状写〔彦久保文書〕『新編埼玉県史』資料編6―一一〇九

貳本　小旗
九本　鑓
九本　鑓、馬上三騎之替
壹本　鑓歩侍
　以上、拾九本鑓、
二挺　鉄炮横物
二丁　歩弓横物
三人　手振差物
壹騎　馬上
　以上　貳拾九人、
壹張　弓
壹騎　馬上
　以上、貳人、四方田雅楽之介
壹張　弓
壹騎　馬上
　以上　貳人、中野源五郎
壹張　弓
壹騎　馬上
　以上　貳人、閑野平左衛門
壹丁　弓
壹騎　馬上
　以上　貳人、猪大炊助
壹張　弓
壹騎　馬上
　以上、貳人、畑織部
壹張　弓
壹騎　馬上
　以上、貳人、大濱伊代守
壹張　弓
壹騎　馬上
壹本　小旗

以上、三人、大濱新八郎
壹張　弓
壹本　小旗
壹騎　馬上
以上、三人、中因（幡）介
壹本　鑓
壹騎　馬上
以上、貳人、引間弾正
壹本　鑓
壹騎　馬上
以上、貳人、石間土源五郎
壹本　鑓
壹騎　馬上
以上、貳人、彦蔵（窪カ）
壹張　弓
壹騎　馬上
以上、貳人、逸見三郎五郎
壹本　小旗

壹本　鑓
壹騎　馬上
以上、三人、中四郎兵衛
貳本　鑓　壹騎　馬上
以上、四（三カ）人、福田大和守
壹本　鑓
壹騎　馬上
以上、貳人、吉橋内匠介
壹張　弓
壹騎　馬上
以上、貳人、同大膳介
壹本　小旗
壹本　鑓
壹騎　馬上
以上、三人、小林藤六郎
壹本　鑓
壹丁　鉄炮横物

壹騎　馬上
三本　鑓
　以上、六人、白石代
　此道具、
一　六本　小旗
一　三十三本　鑓
一　十三張　弓
一　三挺　鉄炮
一　貳拾三騎　馬上
　以上、八拾壹人
　　此外、
秩父差引之外嗜、
壹本　鑓
壹騎　馬上
　以上、貳人、水野集（隼）人
壹本　鑓
壹騎　馬上
　以上、貳人、青山雅楽之介

壹本　鑓
壹騎　馬上
　以上、貳人、林孫兵衛
壹本　鑓
壹騎　馬上
　以上、貳人、友井外部助
壹本　鑓
壹騎　馬上
　以上、貳人、松本十左衛門
壹本　鑓
壹騎　馬上
　以上、貳人、長浜
　以上、六騎、
　　此道具
　此外歩弓、
壹張　弓、室新四郎
壹張　弓、吉田弥太郎
壹張　弓、木助

以上
壹張　弓、与三右衛門
壹張　弓、藤助
以上、五張
四本　鑓中間
以上、廿壹人、
折原衆
壹騎　鑓、黒瀬又左衛門
壹騎　鑓、保泉新三郎
壹騎　鑓、長浜九郎右衛門

以上、三騎、
廿本　鑓、野伏
此外
三張　弓、同断、
拾挺　鉄炮、秋山衆
壹騎　弓、田中彦右衛門
以上、三拾七人、
以上五拾八人、
合百三拾九人、秩父衆

一、この度の出陣について、秩父衆とそれに加わった他の衆（与力）の者まで、秩父衆以外の仲間の他はこのように承知して召し連れてくるようにせよ。

一、秩父衆の者は、鍬一挺づつ、まさかりを持ち、縄は、一人につき二抱（二〇尋）づつ持つこと、とづら（根藤）でも良い。このように仰せ出された。

なお、秩父衆以外の仲間や秩父衆に加わったその他の衆まで用意するよう申しつけること。

午ノ《（天正十年）》二月廿五日（朱印・「翁邦挹福」）

秩父孫二郎《（重国）》殿

この秩父衆の中で、在地が知られる同心八十一人の内、史料の存在等によって推定される者は、美里町の吉橋氏、小鹿野町の猪野氏、皆野町の大浜氏、美里町白石の白石氏、神川町長浜の長浜氏のほか、寄居町折原の折原衆と同秋山を本領とする秋山衆等であるが、未だにその研究は進んでいない。この中で、二人役を務める閑野平左衛門であるが、この人物に連なるとみられる閑野帯刀の存在が知られ、天正十五年に出された糟尾伊予宛の欠落百姓の還住を命じる北条氏邦朱印状（6―一三五四）がある。ここに記録される閑野帯刀とは、秩父東町惣圓寺開基と伝えられる人物の可能性が指摘されている。

新井克彦氏のご教示に拠れば、閑野帯刀は秩父市東町に住していたと考えられる武将で、秩父市東町に所在する惣圓寺は「寛永年間（一六二四～一六四四）閑野帯刀邸跡の現在地に移転」として伝えられているという。同寺墓地内に所在する再建された宝篋印塔の基礎銘文では「正保(一六四四)元年に没し、法名は惣法妙圓大居士」と刻まれている。また、この閑野氏では、第三期前半の永禄十二年五月十八日「進藤家清書状」（6―五六四）にも、上杉謙信の重臣にあて、北条使節一行の塩沢到着を告げる書状の中に、「しづ野一左衛門、藤田之家風之由候、院主安内者と見え申し候、宿も天用院と一所ニ被渡候」と藤田新太郎家臣として、天用院に同行した閑野一左衛門が記録されている。これらによれば、閑野氏は秩父東町居住の武将で、その後は、箕輪城に入った井伊掃部頭家臣に取立てられたらしいが、「(除帳)長田八郎左衛門」『池田家文庫』〔岡山大学図書館蔵〕に記録されている。秩父衆はまだまだ、調査研究の余地がある武将達と指摘しておきたい。

一方、この段階になっても、秩父一乱以来氏邦の先兵を務め、秩父衆とは最初から一線を画してきた斉藤氏・山口氏・出浦氏・高岸氏は、秩父衆には加えられておらず、相変わらず独立した上吉田一騎衆などとして存在していたことが確認できる。各衆の構成員の繋がりは、確固たる存在として当初からあったといえよう。しかし、この中で逸見三郎五郎は逸見氏の一族と目される武将で、二人役となっている。

秩父一乱以来、用土氏等と共に氏邦に与力してきた逸見氏は、他の武将と一線を画し、秩父氏の同心として編成されていることが知られる。更に、天正十四年には、逸見氏の嫡流である与八郎が秩父衆の一員として、鉢形城秩父曲輪「定掃除庭」の中に記され、逸見氏は間違いなく、この段階で秩父孫次郎を頭領とする「秩父衆」の同心の一員として確認できる。そして、逸見与八郎・三郎五郎共に二間分の修理分担を命じられ、その役高は大凡二〇貫文と知られるだろう。蔵人が与えられたものは、永禄五年の末野四貫三〇〇文・贄川二貫文と、永禄十二年の末野一貫一七〇文しか知られない。しかし、この逸見蔵人は、天正十年八月十日付けの「北条氏邦判物」「北条氏直書状写」によって、与八郎の父・逸見蔵人は所領高とは違った扱いを受けていた可能性もあり、第四期段階になって、その子らは、改めて秩父衆の一員として衆編成に加えられたのだろう。

その他、この段階に初めて氏邦家臣として存在したことが確認できるのは、秩父氏吉田阿熊の山中に居た志路屋氏兄弟であろう。この人物はその性格がよく掴めないが、天正九年三月十八日付けの氏邦文書に次の様にあり、赦免され召し返しを受けた人物で、天正十四年文書では、氏邦から育林と山中における欠落者の拘引を命じられているのがわかる。境目の秩父市上吉田阿熊の山中に居住して生業を営む山人で、辺境の境目の番あるいは監視・物見を命じられた人物であった可能性が高い。

北条氏邦印判状写〔彦久保家文書〕（意訳）・原文『新編埼玉県史』資料編6―一〇六三

何分にも、許されて召し返され、氏邦の被官とされた。元の主人・代官でも一切口出しさせない。この上は時を見て扶持を致すので、居すべきは黒沢上野守（繁信）から指示を貰うように致せ。

（天正九年）巳三月十八日（朱印・「翕邦挹福」）

阿熊の山中に住む四郎、三郎殿

北条氏邦印判状写〔武州古文書秩父郡所収〕（意訳）・原文『新編埼玉県史』資料編6—一三二四

一、山中と秩父の間の山はどこの山であっても植林し、若し、木を伐りとる輩があれば申し出し、横槍を入れたり・不法なことがあれば書付をもって申し出すこと。

一、駈け落ちのものがあれば、どこでも見つけ次第、鉢形へ引き連れ報告致す事、成敗する。

以上

右のことについて違反の者が有れば奉行が重罪に処する。

（天正十四年）戌三月十日（朱印・「翕邦挹福」）

阿久間之内

志路屋

四郎左衛門

三郎左衛門

右京

第四期前半では、注目すべき氏邦家臣に、この段階で頭角を現した吉田和泉守・新左衛門父子がいる。

天正十一年、吉田父子は本庄台地先端部の小島台の開発を命じられ、十年間不入の保証を得て開発に従事している。この段階の宛行状は、北条氏邦から直接発給され、この奏者は猪俣能登守となっているのが確認される。この時期は、北条氏邦の鉢形勢が真田氏と対峙して、中之条から中山地区の吾妻川流域に進軍し、岩櫃山城への向かい城として大戸城に入るなど、攻勢を強めた段階で、ここでの調略などは北条氏政の指示を受けながら北条氏邦自身が進めている。

北条氏邦印判状写（意訳）・原文『新編埼玉県史』資料編6―一二三五

制札

一、小島台へ帰ってきた者共は当年（天正十一年）より天正二十年までの十カ年間、諸役不入とする事

一、田畠については荒れ地を開墾し開き次第、永代これを与える事

以上である。

右の通りこれを決定する。

天正十一年みずのえひつじ九月二十三日　猪俣これを奉る

吉田和泉守殿

第四期後半は、後北条氏にとっては試練の段階で、織田信長の後継者の地位を獲得した羽柴秀吉からの関東総無事令という強大な圧力を正面から受け止め、その対応に追われると共に、この圧力の中で沼田領での猪俣氏の台頭が知られる。

この猪俣邦憲の台頭は、関東総無事令とはどうも無縁ではないらしい。猪俣氏が沼田地域で領主とし

ての権限を発揮する直前の天正十四年末、これまで上野の本城主名代として上野攻略の先陣を切っていた北条氏邦は、北条家から次の様な朱印状を発せられた。

北条家印判状写〔武州文書　十八秩父郡〕（意訳）・原文『新編埼玉県史』資料編6—一三四九

一、万一、上方で変わった出来事が有り、出馬することになっても、上野への備えとして（氏邦は）鉢形城在城の事

一、西表の様子を夜通しにても（小田原に）報告の事、それに備えて少しも油断無きこと。

一、鉢形に在城している間は西上野・東上野の城々にせっせと使いを立て（情報を収集し、行を行い）油断無き事

右は、以前から申しているように、国家の事について大切なときであり、国の内外に何もなく身に降りかかるのでお働きをすることは言うまでもない。

おって、帰参されるお取り次ぎの者、支配下の者、いずれにも武者を一騎必ず差し添えること以上。

（天正十四年）丙戌十一月四日（朱印・虎印「禄寿応穏」）

北条安房守殿

この指示は、氏邦は北への備えとして鉢形城に在城し、西国や上野の情報を収集し、小田原へ報告する役目を仰せつかった事である。これが氏邦の上野における立ち位置に大きな変化をもたらしたのでは無いだろうか。猪俣邦憲は天正十五年に入ると沼田城攻略の一環であろうか、名胡桃城の向城として城郭を築城したが、この城は榛名峠城・権現堂山城・権現山城と呼ばれている（『群馬県中世城館跡調査

報告書』城に比定されるが、榛名峠城は榛名山中に所在した城郭という指摘も為されている)。その城には法度が猪俣邦憲によって出されているが、城の維持管理は(後北条氏の)国法に基づいたものであることが示されている。

猪俣邦憲法度〔林新之助氏所蔵文書〕(意訳)・原文『新編埼玉県史』資料編6—一四一三

榛名峠城の法度、

一、榛名峠城の番の交代時は小旗を立て、弓・鉄炮・鑓等の武器を用意し、総ての武器を準備して番の交代をすること。

付、この着到に不参加はならない。また、二十才以下の者は着到の人数に入れないこと。

一、番替えの時の掃除は上士・下士或いは親子・兄弟間であっても、下の者の仕事と心得、受け渡してはならない。

一、当番衆は番役に着いたら、私用で城から出てはならない。もし、よんどころない用事があるときは番頭の林治部左衛門の許可証をいただき、その日のうちに帰城し、許可証を林の所へすぐに返すこと。毎回このようにすること。もし、当番衆の内で林の許可証が無く城を出た者は、これを見つけ次第命を取ること。

一、門の開け閉めは朝五つの鐘が鳴ったら開け、晩は七ツ(午後四時)の太鼓を合図に閉めること。

一、門の開け閉めと毎晩の詰所は番衆に課し、当番頭の林は出仕した時、その夜の用心を堅く申し付ける事。

一、風雨の日は番頭が同道し、諸曲輪を巡視し、破損しているところを見つけ次第、普請は当番衆へ申し付ける事。

一、夜中の番は油断してはならない。当番頭と城主は、一夜に三度は各曲輪を見回り用心を申し付ける事。

一、夜中の番所では歌・小唄はどこでも禁止。夜中は拍子木を打ち、番夜廻りの時に用心し、一心不乱にこれを行うこと。

一、どのような意趣・恨みがあっても当番中はこれをこれを忘れること。番から帰ったらこれを聞く。もし、この下知に背き、番所において争論致す者有れば、双方の理由は言うまでも無く、理由を糺明しなくても、妻子共に死罪とする。

一、盗みは僅かであっても必ず糺明する。並びに、博奕・双六などの賭け事勝負は、榛名峠城全体で禁止する。もし、隠れてこれを行う者は今後聞き次第当人はもとより妻子までも磔に掛ける。当番頭・城主共にそれは過失とする。

一、曲輪向いの丸山は毎日早朝から夜遅くまで遠くにあっても守り、管理下におくこと。

一、敵の足軽が出没した事を聞いたら幾度も狼煙を上げること。敵の動きを見届けたら良く見分けをいたし、油断しないこと。周辺へ出した足軽の備えは知られないようにすること。

一、敵の足軽が出てきた時は、兼ねてからの決まりの通り、持ち場に着き、虎口を固め、その上当番頭、城主がこれを見極め次第、兵を出すこと。多数の時はこちらの先陣の兵が確認次第、兵を繰り出す事。

以上

右、大きな仕置きを行う時はこのように行うこと。大まかでも、良いこと悪いことは当番頭に報告すること。昼夜の用心・火の用心の二つのことに限る。なお、自らののっぴきならぬことであれば、その時々で下知を得るべし。また、この書き付けは番替わりの度に当番頭に見せること。
追伸、番普請の事は、諸城における大途の法度に示された様に、当番の日数分だけ御番普請を行うこと。国法にこのように示されている。
（天正十五年）亥十二月二十七日　（猪俣）邦憲
林治部左衛門殿

天正十六年四月二十七日、北条氏政は猪俣邦憲に権現山城取り立てについて次の様な書状を出している。

北条氏政書状（意訳）・原文『戦国遺文』後北条氏編三四四六

書状をしっかり拝見した。名胡桃城へ箭竹の距離にある権現山城の取り立てについて、詳しく承知しておらず、いろいろの点で疑問を感じている。氏政留守中の事であり、もとより兵など不足するだろうが、普請については心配なく行わせ、真田の入り込む事の無いよう行うようにせよ。どのような城になるのか詳しくは絵図にして早く届けるようにしてほしい。心配している。
（天正十六年）四月二十七日　（北条）氏政
猪俣邦憲殿

猪俣邦憲判物写〔諸州古文書〕（意訳）・原文『新編埼玉県史』資料編6―一四三一
書立

百五拾貫文　黛之郷

百貫文　鉄砲衆二〇人の扶持給分である。但し一人あたり四貫文の給とし、一貫文は扶持とする、

合わせて一人五貫文づつとする。

五十貫文　権現山在城申附るについて、吉田自身に預ける分、

五〇貫文分の着到として、

壱本　小旗

壱挺　鉄炮

二本　鑓

一騎　騎馬

以上、五人、

合せて、百五十貫文、

一、この度権現山城在城を申しつけるについて、右の所領を合わせて黛の郷を預け置くこととする。

なお、在城して沼田口が本意になったら、右の知行地の替え地を遣わすので、黛の郷は返納いたす事。

一、名胡桃三百貫文の地を出しておいた。本意次第知行いたすべき事。

一、さらに奉公し、忠信するについてはどのようにも引き立てる事とする。

以上

右の通り、すべてに下知の通り無沙汰無く走り廻るようにいたせ。

（天正十六年）つちのえね五月七日　（猪俣）邦憲（花押）

吉田新左衛門殿

吉田氏は、天正十六年には、この他に小島郷百貫文の地を宛行われており、その開発に成功している事が伺われる。そして、藤岡市栗須とみられる「栗須の郷」を新たに宛行われ、第三期後半からの抜擢が本格的になった事が確認される。この段階では栗須郷宛行状に見られるとおり、発給者は猪俣能登守自身となる。猪俣氏は着到状を発し、領地等の宛行をしており、天正十六年五月七日には吉田新左衛門に対して領地宛行を行うと共に、着到を定め、名胡桃城の向城として築いた権現山城在城を命じている。吉田氏はこの時点で小島郷と黛郷合わせて二五〇貫文を宛行われる武将となり、明らかに侍大将としての地位を獲得していると考えられる。吉田氏は猪俣氏の家子として、猪俣氏と共に栄進していったことが窺える武将である。

吉田宮内が猪俣氏を介して後北条氏の支配に入ったのが、永禄五年の秩父一乱終結直後という事を考えると、これに連なる一族としても四半世紀の間に、元亀年間で僅か二〇貫文取りの武士に過ぎなかったが、父子二代で城代級の武将に上り詰めている事になる。しかし、吉田氏はその出世の背景を「吉田系図」に記していない。ただ、吉田氏の着到状や、次の権現山城の備えの書き出しなどを見ると、二五〇貫文で三五人の軍役を命じられ、そのうち鉄砲衆二二人を抱えた軍団構成となっている。そして、天正十七年の名胡桃城奪取後は、黛郷一五〇貫文に代わって、下川田など二〇〇貫文を給せられ、小嶋郷一〇〇貫文と合わせ三〇〇貫文の所領を持ち、馬上二騎・鉄砲五一挺・鑓二八本・弓二一張・小旗二本を含む一〇三人（小嶋郷一五〇貫文から二〇〇貫文になっているので、更に自身で五人の軍役が加えられている可能性もある）の軍役を負担する侍大将となっているのが知られる。史料に見られる限りでは、鉄砲・火薬に長けた能力を有した武将であったといえよう。

権現山城物書立写　『吉田系図』小鹿野町教育委員会蔵

権現山有之城物之事、

壷張　大鉄炮

五丁　小鉄炮

六十九　大鉄炮玉、但、小玉二ッ徒ゝ上帋ニくるミ、大玉ニこ志らい申候、

千仁百放　合薬

千三百五十　くろ金玉

九百　同玉、従鉢形御越被成候御使江坂又兵衛、

六十八　大玉同改、

拾四放　同薬同改、

九斤　合薬同改、

千五百　矢、此内五百金様同改、

拾張　数鑓、但、自中山来、

以上

新左衛門尉嗜

拾五丁　鉄炮

千五百放　合薬

一箱　ゑんせう(焔硝)

三千仁百　玉

廿本　数鑓、但、木ゑ、
拾本　竹ゑ
仁本　物鑓
仁本　物旗
拾仁本　かち小旗
百　矢
三丁　弓
壹保　宇津ホ（靫）
廿　大玉、但、切玉、
仁丁　屋気ん（薬研）
百まい　こんた袮（＊）
拾俵　兵粮
以上（天正十六年）子之　江坂又兵衛（花押）
拾月十三日　松本二平（花押）

＊「こんた袮」吉田系図の記録の上に横書きに『爰ニごんだねと申、鉢形ニ権田と云、鍛冶有、矢根之上手也』との註記がある。これによれば「鉢形の権田鍛冶が作った矢根」となる。

天正十六年、荒川衆は初めて扶持をもらった。荒川左岸の荒川郷開発の功労に対する扶持で、持田四郎左衛門は永一貫五四一文、ほかの一員は押し並べて永三三〇文である。この永三三〇文は貫高にして六七六文であり、畠にして四郎左衛門は約一町八反六畝七十九歩、他は一律四反という計算になる。天正五年に荒川衆は棟別銭を赦免されて氏邦の被官となるが、この頃から荒川郷の開発に従事していたのであろう。一二年経ってその成果が出たと言うことであろうか。

この時期、確認される武将に新井縫殿助と同喜兵衛がいる。この人物は、秩父市荒川贄川に領地を持っていた武将であるが、次の文書によって知られるように、百姓に逃散された咎で領地二十二貫文の土地を氏邦から召し上げられ、秩父衆の大浜氏に宛行われた新井縫殿助と同喜兵衛である。新井氏への領地宛行の史料は知られないが、この大浜弥八郎あて朱印状で知られる限り、新井氏は贄川に領地を持っていた氏邦家臣の一人であった事が確認できるのである。

北条氏邦朱印状写（意訳）・原文『新編埼玉県史』資料編6—一五〇七

知行方

贄川之内

拾四貫文　　新井縫殿助分

同所之内

八貫文　　同喜兵衛分

以上、貳拾貳貫文

右の地を出しておいた。武具等を煌びやかに整え、御陣役をしっかりと務めるようにいたせ。以上の通りである。

（天正十八年）庚寅　二月十二日（朱印・「翕邦挹福」）

大浜弥八郎殿

北条氏邦印判状写（意訳）・原文『新編埼玉県史』資料編6―一五一七

新井縫殿助分と同喜兵衛分の領地から百姓が近年欠落しているという。どこにいようと共、連れ戻すようにいたせ。家抱役はこれを赦免する事とする。以上である。

（酉）三月十六日　（朱印・「翕邦挹福」）

大浜弥八郎殿

三山　奉之

この新井氏については、これまで全く知られることは無かったが、下影森の新井克彦氏によって調査が行われ、その新井縫殿助の末裔が秩父市下影森に名主として近世以降存在していた可能性が高くなった武将である（新井二〇一四）。新井家は秩父札所二六番別当寺円融寺の旦那として近世以降勢力を持っていた系譜の家であるが、この新井家先祖が新井縫殿助であり、元禄八年八月七日に没している。この家は縫殿助の父の代から円融寺檀家として過去帳に記録されているが、その屋号は「舟見（フナミ）」であるという。過去帳の初代「新井縫殿助父」は承応三年（一六五四）に没しているので、氏邦文書に記される新井縫殿助の系譜を引く者とすれば六三年の開きがあり、その世代間は二から三世代と推定されよう。ここで注目されることは、新井家が「舟見（舩見）の家」と呼称されていたと言うことで、贄川が近世以降も荒川通船や筏の出発点であった事を考えると極めて重要な視点を与えてくれる所見となることである。

この他、氏邦は天正十三年三月二十一日付けで神流川北岸の三波川筋にある北谷の飯塚六左衛門ほかに印判状（6―一二八九）を発給しているのが知られる。飯塚氏等北谷の土豪は、これまで金鑽御嶽城を支配していた武田治世下で、長井氏に従属していた武将で、北谷のほか、児玉に本領地を有しているが、天正十年の滝川一益敗走後、北条氏邦に従属したものであろう。天正十四年十月北谷郷の検地を実施し、その明細（6―一三四七）を百姓中に示した。この明細は合計一〇三貫一七六文であるが、この内訳は、寺社などの免除地一二貫一〇〇文、従前の年貢六七貫五〇〇文、検地増分一一貫五〇〇文、検地増分であるが、百姓詫び言による免除分一一貫五七六文あり、この年の検地増分が二三貫七六文と三割四分程激増している。この増分に対して飯塚氏等が不満を述べたのであろう。氏邦は「一〇貫文の郷が百貫文になろうともこれが国法であり、近辺の郷中に聞いて見ろ」といい、飯塚氏に対しては、屋敷に付随する土地（天正八年の長井政実宛行状では二貫文）を名主免として安堵し、検地からも除外するという配慮を示した。後北条氏の検地が如何に徹底して行われたかを知る事が出来、飯塚氏を介しての国峯城に接する北谷支配が天正十四年になって、ようやく確実になった事を推し量れるものといえよう。

小　結

北条氏邦は、永禄五年の春、秩父一乱を平定し、秩父衆を支配下に置き、永禄七年には朱印状を発給し、軍事指揮権を行使する等、鉢形支城領主として鉢形領の経営に着手した事が知られる。これまでに示したように、各武将に出された史料から読み取れる氏邦の各土豪・地下人などの支配のあり方は、次のように整理できるだろう。

① **乙千代判物**（折紙）（意訳）・原文『新編埼玉県史』資料編6―三五九

この度、高松城・日山から降伏し、出仕した者共の本知行は間違いなく安堵する。人質を千馬山城に出し、用土新左衛門の指示によって奔走をすること。今後の忠信によっては更に扶持を致すであろう。

（永禄四年）十二月十八日　　　　　　乙千代

秩父衆

② **北條氏康判物写**（意訳）・原文『新編埼玉県史』資料編6―一九一

武（上）州の高山が知行している内の（藤岡市）神田・川除郷を差し上げる。

天文十九年二月十九日　（北条）氏康判

用土新左衛門尉殿

② **乙千代判物**（意訳）・原文『新編埼玉県史』資料編6―三五八

この度は、使いとして、難所を凌駕して参り、忠節を尽くした。そこでどのようなことであっても本意を達せられれば、（領地を）一ケ所与えるであろう。

（永禄四年）九月八日　乙千代丸

斎藤新四郎殿

② **北条氏康判物**（意訳）・原文『戦国遺文』後北条氏編七二一

この度は、（秩父）大宮合戦に高名を致し、大変な忠節である。ことに先日南小二郎が帰陣の折、（秩父の）三沢谷において敵と遭遇したとき、奔走を致した。二度に亘る働きは神妙である。よって、三沢谷に二〇貫文の地をくだされる。この書状の通りである。

（永禄四年）十月十七日　（北条）氏康

斎藤八右衛門尉殿

② **乙千代判物写**（意訳）・原文『新編埼玉県史』資料編6―三五五

急ぎ申し伝える。秩父郡のことについて各々が談合し、忠節を尽くすことが大切である。走り廻り次第によっては、知行については扶持を致す。詳しくは用土と南図書助が申すであろう。

（永禄五年）正月二十九日　　　　　　　乙千代（花押）

秩父衆中

② **北条氏邦印判状**（意訳）・原文『新編埼玉県史』資料編6―一〇九五

この度は忠信を致すとの事、神妙の働きを致し、大胡桃城を攻略すれば、馬上衆には十貫文づつ、徒衆には三貫文づつを与える。糸井・森下（昭和町）、久屋・沼須（沼田市）から切り取って扶持にすること。いずれにしても相談し、忠信を貫けばその通りに致す。当地中山をこの度は意のままにし、すぐに倉内へ攻め掛かろうと思う。信頼がおける家臣の南雲・伊藤をよこすように。皆の進退については望みの通り引き立てる。

（天正十年）巳《午カ》十二月二十四日（朱印・「翕邦挹福」）

新木河内守殿

（以下略）

③ **北条家印判状**（意訳）・原文『中世の秩父』一六四頁

当郷の諸役を免除する。（秩父谷が）本意となるときはこの時であり、在所の者達を集め、一生懸命走り廻り、忠節を重ねれば一カ所宛行う事とする。

（永禄四年）かのとと九月二十七日（朱印・虎印「禄寿応穏」）　（中島）大蔵丞奉る

③ **北条氏邦判物**（意訳）・原文『新編埼玉県史』資料編6―一七一三

敵（武田勢）が（秩父）郡内へ進攻して来たときは、郷人や野伏を集め走り廻るようにすれば褒美を与えるであろう。

（永禄十二年）九月二十三日　　　　　　（北条氏邦）（花押）

斎藤三郎右衛門
高岸三郎左衛門

③ **北条氏邦印判状**（意訳）・原文『新編埼玉県史』資料編6―六八一

御赦免之の事
一把　綿
半分　漆
三艘　舟役
五人　人足
以上

二月二十七日に（秩父氏市吉田）石間谷に敵が侵攻して来た時、各々が出会い、骨身を惜しまず走り廻り高名を上げた事は、お心に止められている。褒美として右の役を長く免除いたす事とするので、以後も勇ましく走り廻るようにいたせ。

元亀二年かのとひつじ四月七日（朱印・象印「翕邦挹福」）　三山之を奉る
高岸対馬守殿

③ **北条氏邦印判状**（折紙）（意訳）・原文『新編埼玉県史』資料編6―九二七

荒川衆
鐺馬　もち田四郎さへもん
鐺　五郎二郎
鐺　藤衛門

鐙　又二郎
鐙　かハ（河）田五郎さへもん
鐙　大嶋

以上、六人、

同所之内、たゝ（只澤）さハ

鐙馬　もち田主計助
鐙同　同　小三郎
鐙　新六
鐙　孫三郎
鐙　与二郎

以上、五人、

合、十一人、

一、棟別銭を赦免しているので、いずれも大途の被官で有り、諸道具を用意し奔走致すようにする事。
一、領主が間違っていることあれば、訴状を書き、嶋村近江守へ申し出す事。
一、御働きの時は中村の代官である両持田の下知に従い奔走する事。

以上

右の三ヶ条、よくよく守るよう申し付けられるもの也
（天正五年）丑八月二十日（朱印・象印「翕邦挹福」）
中村の代官

両持田殿
同　百姓中

この判物等によって知られる北条氏邦が行った地域内の武将の被官化への手立ては、
①国衆や土豪達の既存領地の支配継続を保証する形で行われる。
②活躍を認め、領地宛行を行う。又は、活躍を期待し、領地宛行を約束して、被官とする。
③僅かな諸役免除などによって被官とする
という三形態に分類できる。

二　鉢形領の軍制

鉢形領を支配した北条氏邦の軍は、天正十八年の「北条家人数覚書」〔毛利文書〕では鉢形城・深谷城・厩橋城・倉賀野城・箕輪城・沼田城合わせて五千騎とされる。このうち鉢形城本体の兵員がどれほどであったかの記録は知られない。

鉢形領の軍団でその存在が知られるのは、次の通りであるが、これらは総て在地の武将達である。

年代	衆	内訳	馬上侍	徒侍	足軽・小者・野伏等	合計
天正十年	秩父衆一三六人（一三九人）	同心衆	二三騎	四人	五一人	七八
		外嗜衆	六騎	一一人	四人	二一
		折原衆	三騎		二三人	二六
		秋山衆	一騎		一〇人	一一

永禄十二年 元亀二年	上吉田一騎衆	七人 六人	山口同心 （高岸同心）			七騎 六騎　野伏α	七 六＋α
永禄十一年	野上足軽衆	二〇人				二〇騎	二〇
元亀二年	小前田衆	一一人				四騎　七人	一一
天正五年	荒川衆	一六人				三騎　一三人	一六
計		**一九六人**		**三三騎**	**一五人**	**一四八人＋α**	**一九六**

この他の軍団は、記録に表れず、鉢形領の氏邦軍団の実態については推し量ることは出来ないが、氏邦は支配下の軍勢に対して、どのような制度を実施していたかを少し考えてみたい。

軍装

北条氏邦は支配下の武将の軍役履行に際して、武将等が守るべき軍装に対する法度を出している。知られる史料を列記すると次の様になっている。

北条氏邦印判状〔逸見文書〕（意訳）・原文『新編埼玉県史』資料編6―八〇〇

永代法度の事

一、今年改めて申し出す事である。どのようにも兵粮を用意し、籠城の時でも続けられるように覚悟し、市で買ったり、そのほかで用意したりすることは堅く禁止する。普段から兵粮を用意し、寄親の蔵へ入れ、預けておくように。
一、朝や夕、又正月であっても一騎の衆は白衣でも差し支えない。冬は紙衣・木綿の小袖とし、夏は布帷子または、たう（紙製の）帷子でも良い。村ごとに衣装を蓄え、慌てて購入する事をしてはならない。
一、一騎の者はいずれも給金の三分の一の馬に乗る様にせよ。高い馬は一切無用で有ること。只、今持っている馬を使う事は差し支えないが、やせ馬であってはならない。
一、武具は籠手から佩楯まで致すように。中間や小者まで黒備えをすること大切である。具足は風雨に当たっても損なうことの無いようにし、羽織も黒木綿の物とし、切れた小旗やさびた鑓は禁止である。

右の法度は陣番や普請をする時もこのように仰せつけられている。朝夕（勤め以外の時）に見苦しき体をなすことは差し支えない。また黄金やこれに代わる物を準備しているものがあれば、隠密に申し出すように致すべし。すぐに褒美を与えるであろう。

（天正二年）亥三月二十日（朱印・象印「翕邦挹福」）

逸見与八郎殿

北条氏邦判物写（折紙）〔吉田系図所収〕（意訳）・原文『新編埼玉県史』資料編6―一七〇一
一ケ所　猪俣
一ケ所　用土上下
足軽持分

一ケ所　北甘粕
一ケ所　(那珂郡)小栗
以上

右(の地に於いて)は、いずれも鑓と共に、法度に示されたようになってない。(小旗の柄は)青竹でも(よいから)早々と今日中に三間の長さの柄に作り、柄口は黒くし、笛巻にして墨を差し、二重にして長々と差すこと。郷人を選抜し、総てに木綿の小旗を一本ずつ持たせよ。足軽のような支度をさせ、□□□□奔走させるように。何時も足軽衆の支度は徒足軽とし、召し連れてくる様にせよ。

一、馬上足軽衆の鑓は良くても悪くても法度に決められたように作ること。この内の鑓はどの様な理由があっても、二間半の鑓と堅く決められており、このことは今日申し付ける。軍役の中にこのようにして野伏も加えるように致せ。以上。

(天正二年カ)五月十三日(判)

吉田和泉守(政重)殿
同新左衛門(真重)殿

(註　先の『戦国の境目』の中ではこの解釈について、誤った解釈をしており、ここで訂正しておきたい。)

北条氏邦印判状(山口文書)(意訳)・原文『新編埼玉県史』資料編6―八七五

軍法の事

一、差物は四方地黒にしていずれも新しい物である事。

一、兜の立物は金銀で飾る事。

一、弓持ちまで脛当て・皮笠を着せる事、陣中へ子供は連れてこない事。
一、手蓋は定めのようにする事。
一、楯は長さ二尺五寸・広さ七寸・厚さ五分の楯を一枚づつ拵えて持たせる事。
一、差物は竿に巻く事は絶対してはいけない。外す毎に皮子に入れる事、羽織は普段から着るように用意し、着る事。
以上
右は七夕以前に用意いたし、披露するべき事。
（天正四年）子六月十三日（朱印・象印「翕邦挹福」）
山口雅楽助殿

北条氏邦印判判状（折紙）〔持田文書〕（意訳）・原文『新編埼玉県史』資料編6―八八五

道具之事、
荒河之郷
鑓馬上　持田四郎左衛門
同人者　藤左衛門
同人者　新右衛門
以上、三人、
鑓　五郎二郎
鑓　河田五郎左衛門

やり　　　　　　　　大嶋
以上、三人、　　藤右衛門
　　　　　　　　又二郎
　　　　　　　　三郎五郎
以上、三人、
一、各人の諸道具を申し付ける。この事は毎年正月と七月に確認する事。
一、この衆は何時でも鉢形城に籠城できるようにし、触口が法螺貝を鳴らし次第、諸道具を持って集まる事。
一、持田は小旗を持って何時でも御用の時は奔走する事。
一、この書付の者共の中で、もし欠落するものが有れば、触口に申し上げること、知らせなければ持田の落ち度とする。
右はよくよく守り、奔走を致すべきで、怠る者は重罪とする。
（天正四年）子十月二十一日（朱印・象印「翕邦挹福」）
持田四郎左衛門殿

北条氏邦印判状〔出浦文書〕『新編埼玉県史』資料編6—八七四

軍□□□
一さし物□□地黒、いづれも新しく致す可き事、

一兜の立物は金か銀で飾る、
一鑓を持つ小者まで、皮笠を被せ、、童を御陣へ連れてこない事、
一鑓の金物の間は一尺五寸づつ、銀で飾る事、
一手蓋をつける事、
一指物を竿に巻く事は、決してしてはならない、外す度に皮子に入れること、黒羽織普段から着るよう心がけること、
一楯は、横七寸、厚さ五分、長さ二尺五寸の事、
右、七夕以前に準備し、お目に掛けるように致せ、
（天正四年）丙子六月十三日（朱印・象印「翕邦挹福」）
出浦左馬助殿

北条氏邦印判状〔持田文書〕（意訳）・原文『新編埼玉県史』資料編6―一三七四

一、この度、役帳に乗せた者は孫・子や出家までも、武器を絶やしてはならない。また、他所から参った浪人などにはすぐに武具を準備させること。
一、正月は毎年四日にいずれも武具を持参し、お礼を申し上げること。
一、いずれも棟別銭を赦免され、扶持を貰った上は、誰が知行しても大途の被官で有り、領主・代官が非分致せばその郷の者と一緒になって目安を書き、大光寺曲輪へ持参し、大光寺へ渡す事。
一、公方（氏邦）の御用の時は、御朱印を押した文書で申し付ける。
一、年一回の普請の時は従前よりしていた者共だけで行うようにすること。

一、腰に指すものであっても、何であっても差物をし、武器を持つこと。
一、羽織一つ、帋であっても何であっても、めいめいに用意し持っていること。
右の趣旨は、よくよく守るべき事。
(天正十五年)亥六月十日(朱印・「翕邦挹福」)
荒川・只沢
持田四郎左衛門
同　治部左衛門

これまでの史料から、北条氏邦の鉢形衆に関する着到から知られる家臣の軍装はこの通りとなる。これを見ると、山口雅楽助と出浦左馬助は同等の武将と見られ、逸見与八郎は小袖・帷子着用分格上と考えて良いだろう。一方、持田四郎左衛門・持田治部左衛門は、棟別銭を赦免されたので、大途の被官とされているが、その軍装は武具が鑓と指定されている以外明確に記されていないものの、皮笠・具足着用程度の最低限度の軍装が求められていたと考えたい。

鉢形衆・逸見与八郎　(二人役)
馬上‥具足を付け籠手・佩楯まで(兜を含め)総て着用、冬の衣装は紙、或いは木綿の小袖、夏は布か紙の帷子着用。黒木綿の羽織着用。
中間・小者‥黒備え。
鉢形衆・山口雅楽助
(馬上)‥具足に金か銀の装飾を施した立物のある兜着用。羽織を着用。楯を持つ。四方地黒の指物を掲げている。脛当を付ける。
小者：皮笠着用。
鉢形衆・出浦左馬助
（馬上）：具足に金か銀の装飾を施した立物のある兜着用。手蓋を付け、黒羽織を着用。楯を持つ。
四方地黒の指物を掲げている。
小者：皮笠着用。
鉢形衆・荒川衆・持田四郎左衛門・持田治部左衛門
（馬上足軽）：（具足着用）指物を掲げる。羽織（紙でも何でも良い）着用。持田二人は小旗を持つ。
（徒足軽）：九人
鉢形衆・吉田和泉守政重父子
（馬上）：（具足着用）鑓持の武将
小者：具足、皮笠着用（徒足軽と同じ軍装）、小旗持ち。
鉢形衆・小前田衆
（馬上）：五人
（徒）：六人（6―六八五ではこれらの者に早く馬を求め、馬上となるよう指示している）
これに対して、北条氏政が出した岩付衆の軍装（『新編埼玉県史』資料編6―七一五、七一六、七一七、一〇七六、一〇七七、一〇七八、一〇七九、一〇八〇、一〇八一、一二九一、一二九二、一二九三、一二九四）は、
岩付衆・道祖土図書助　二五貫文 元亀二年着到改→天正九年着到改→天正十三年軍装指示、四人役
馬上武者：金銀で装飾された大立物の兜を被り、具足を着用し、面膀・手蓋付ける。↓馬鎧を着ける。

小者：金銀で紋を描いた具足・皮笠着用、二間半の鑓→金銀で飾られた二間半の鑓二人。指物・四方
　（半）・（縦六尺・横四尺）を持つ一人。
岩付衆・鈴木雅楽助　八貫二五〇文　二人役
馬上武者：立物を付けた兜に具足を着用→金銀で装飾された大立物の兜。どんな物でも指物を付ける。
　小者：二間半の鑓持ち→金銀で飾られた二間半の鑓持ち皮傘着用→金銀で紋を描いた具足・皮笠着用一人。
岩付衆・金子越前守　二人役
馬上武者：金銀で装飾された立物の兜。
　小者：金銀で飾られた二間半の鑓持ち皮傘着用一人。
岩付衆・金子中務丞　二人役
馬上武者：金銀で装飾された立物の兜。
　小者：金銀で飾られた二間半の鑓持ち皮傘着用一人。
岩付衆・内山弥右衛門　三六貫五〇〇文カ　四人役
馬上武者：金銀で装飾された大立物の兜を被り、具足を着用し、面膀・手蓋付ける。→金馬鎧を着ける。
　小者：金銀で紋を描いた具足・皮笠着用、金銀で飾られた二間半の鑓一人。指物・四方（半、縦六尺
　　・横四尺）を持つ一人。大小旗　持ち一人。
岩付衆・宮城四郎兵衞尉泰業　二八四貫四〇〇文　三六人役
馬上武者：（本人）具足・大立物を付けた兜・手蓋・面膀を着用。馬は金の鎧を着ける。
馬上武者：具足・大立物の付いた兜、手蓋を着用。どのような物でも指物を付ける。七人
　徒侍：弓持ち、具足を付け、立物の兜着用。四方地黒に赤い日の丸の指物「しない」一人。

徒侍：鉄炮持ち、具足に立物の兜着用。四方地黒に赤い日の丸の指物「しない」二人。
小者：鑓持ちは具足・皮傘着用。二間半の鑓一七本。一七人。大小の旗持は具足・皮傘着用三人。
指物持ち、具足・皮傘着用一人。
歩者：具足・皮傘・手蓋着用。四人。

以上が、県内史料に見られる主な軍役支度要領である。史料は極めて少ないが、次の表は管見に入った後北条氏関係の軍役で、文末に一覧表にまとめた。

馬上の武者は兜の立物の有無・大小によって差別化が図られ、指物は小者に持たせるか、二人役以下では武者自身が持つ場合もある。鉢形衆は四角の旗で地黒。岩付衆宮城四郎兵衛尉の小旗は四方半（長さ：幅の比が3対2）の指物で、「しない」では赤の日の丸を染め抜いている。なお、二五貫文の道祖土図書助は馬鎧使用、二八四貫文余の宮城四郎兵衛尉は金の馬鎧使用と区別されている。

小者は皮笠は被るが、具足を付けるか付けないかという差別化が行われている。鉢形衆では出浦氏・山口氏の小者は皮笠のみの着用となり、吉田新左衛門の小者は、徒足軽と同じ軍装と指示されており、具足・皮笠着用とみられる。

鑓については、後北条氏支配の武将では手槍・二間半鑓・長柄鑓・長柄十文字鑓の区別で記載されるが、長柄は小田原衆と上総衆が持ち、鉢形衆では逸見氏と山口氏では二間半と規定される。又、岩付衆では二貫半の規定が総てで、小田原衆も多くが二間半になっている。後北条氏は鑓の長さを二間半の長柄を「法之長さニ候」（「北条家朱印状」埼玉史料叢書12―七二九）としているのが知られる。吉田氏には二間半の鑓は堅く法度であるとの指示も見られる。『新編埼玉県史』資料編6―一七〇一に吉田氏への指示として出された北条氏邦の判物の規定にある「青竹でも良いから三間柄に作り、柄口は黒く、笛巻を二重に施し、墨を注して長々とつける」という指示は旗竿の規定と見て良いだろう。
面膀の着用の規定は馬上侍のみ、一部の武将に規定され、その着用は改めて指示されるものであったと見られる。これは、先の朱印状に「馬上一騎之仕立、膀当迄可被申付候」（馬上一騎の武者に仕立は膀当迄申し付けられた）と記されている。佩楯の着用は限定されており、その着用を規定された武将は、逸見与八郎しか管見に入っていない。手蓋は記載される総て、馬上侍から小者まで認められるので、この着用は一般的と考えられる。これをまとめると次の様になるが、それも支城領毎というより、衆毎の規定が優先されたように見える。

馬上侍：大立物か立物・金銀装飾有無、具足、面膀・手蓋・佩楯・脛当の有無、馬鎧有無・金銀装飾有無、小者の数・歩者の数。馬上でも二人役以下の場合は指物は自身が指す。
徒侍：立物有無、具足、手蓋・脛当の有無。指物は自身が付け、武具も自身が持つ。
足軽：馬上か徒の区別が有り、皮笠・具足・脛当とされるが、皮笠に具足という徒足軽が主か。
小者：皮笠・脛当のみか足軽と同じ皮笠・具足・脛当着用。馬上侍に付き、武具等を携える。
歩者：皮笠・脛当のみか皮笠・具足・脛当着用。馬上侍に付き、身の回りなどの世話・荷物運搬を担う。

それでは、北条氏邦の鉢形衆はどのような軍装をしていたのであろうか。逸見与八郎への法度では、中間・小者にいたるまで「黒備え」を指示し、黒羽織着用・黒備えを基本とし、武者は四方地黒の小旗をつけ、足軽・小者まで黒羽織りを着用して出陣していた。また、吉田和泉守では、旗竿でも柄口を笛巻にし、黒く塗る。山口氏・出浦氏宛では、指物は四方地黒・黒羽織用意等と具体的に指示しているところを見ると、「黒備え」の軍団であったと考えて良いだろう。そして、「棟別赦免の上は大途の被官とした」持田氏にまで「紙の物でも何であってもめいめい羽織着用のこと」との法度を出しているので、出陣に当たっては黒羽織を着用していたものと考えられ、「鉢形衆は黒備えの軍団であり、出陣に当たっては黒の羽織を全員着用した」と規定されていたと考えて良いだろう。

次の掟は上野板鼻宿（安中市）に出された物であるが、その内容は、後北条氏領域の総ての宿に通用する内容ともいえよう。しかも、境目の地であるが故に「宿中の者は草刈りに出かけたときでも、何時も一箇所に集まって町人達で談合し、仕事に出た者は、筒貝（竹の節間を切り取った物で、唇に当てて息を強く吹き込むと響きの大きい音を発する）を持参し、敵が出没したとき、貝が鳴った時（—線引きは著者註・以下同様）は駆けつけること。」と常時警戒態勢を指示している。これと同様な指示は、松山領下の奈良梨宿にも出され、その内容は「どこかの領から松山領内へ突然夜討ちを懸けてこようとも、法螺貝を鳴らすので、貝が鳴り次第、その場所へ集まり走り廻るように致せ」（6—付六六）となっている。

北条氏邦印判状（意訳）・原文『新編埼玉県史』資料編6—一二二四

掟

一、所定の木戸番は六人づつ、しっかりと番をし、昼夜共に（出入りの）人を改めること。
一、他所からの見知らぬ者は留守中には留めてはならない。
一、町人頭は毎晩人改めを致す事。
一、火事を出さないよう特に注意すること。野焼きをしたまま走り回ってはいけない。また、風の日には野焼きをしないこと。
一、よこしまな事、押し買い、狼藉があったら文書にして城へ申し出すこと。
一、日が暮れてから他所へ出かけてはならない。専ら宿の用心に心掛ける事。
一、宿中の者は草刈りに出かけたときでも、何時も一箇所に集まって町人達で談合し、仕事に出た者は、筒貝を持参し、敵が出没したとき（は貝を鳴らし）、貝が鳴ったときは駆けつけること。
一、一次的な人の非分であっても、絡め捕り、帰城されてから書付で報告するようにせよ。もし、報告しない時は重罪とする。なお、法螺貝が鳴ったら草刈りや木を切っている時でも、出家であっても子供であっても駆けつけること。駆けつけない者は怪しいと見なす。
（天正十一年）未六月四日（朱印・「翕邦挹福」）
（上野板鼻宿）上宿町人衆中

北条氏邦朱印状写（意訳）・原文『中世新出重要史料二』埼玉県史料叢書12―四六六

一、今度の出陣中の留守の間、足軽は言うまでも無く、郷中の者達は近くも遠くへも泊まりに出向いてはいけない。
一、他領の者共は、その郷に知り合いなどがあろうとも、決して連れ込んではならない。総てにそのままにしておくこと。
一、見舞いに関わることでも。
一、その郷中にある畑の中に、一間あるいは二間づつ荒れ地になっていたり、ウツギを繁茂させており、大変に見苦しい。たとえ百姓のもうけにならなくとも、畑の中に草木が一本であっても生えていないように致す事。
右の事に背いたら重罪に処するものとする。
(天正十六年カ)子(氏邦朱印あり)
　三月二十九日
(深谷市)沓掛
　谷主宮内左衛門
　同　清七郎
岡谷隼人佐殿

後北条氏の軍隊の編成状況について、その実態を推し量れる史料として、天正五年七月十三日付け「北条家印判状―岩付諸奉行但今度之陣一廻之定―」(6―九一五)に岩付城衆一五八〇人余の規定がある。

小旗衆	奉行	中筑後守・立川藤左衛門尉・潮田内匠助	一二〇人余
鑓　衆	奉行	福島四郎右衛門尉・豊田周防守・立川式部丞・春日与兵衛	六〇〇人余
鉄砲衆	奉行	河口四郎左衛門尉・真野平太	五〇人余
弓　衆	奉行	尾崎飛騨守・高麗大炊助	四〇人余
歩者衆	奉行	山田弥太郎・川目大学・嶋村若狭守	二五〇人余
馬上衆	奉行	渋江式部大輔・太田右衛門佐・春日左衛門・宮城四郎兵衛	五〇〇余騎
徒走衆	奉行	馬場源十郎	二〇人
陣庭衆	兼任奉行	春日左衛門尉・宮城四郎兵衛・細谷刑部左衛門尉・福嶋四郎右衛門尉	

篝　兼任奉行（一夜）春日左衛門尉・細谷刑部左衛門尉・立川藤左衛門尉
同　兼任奉行（一夜）宮城四郎兵衛・福嶋四郎兵衛・福嶋四郎右衛門尉・立川式部丞
小荷駄衆　兼任奉行（一番）春日左衛門尉・福嶋四郎右衛門尉・立川式部丞
同　兼任奉行（二番）宮城四郎兵衛・細谷刑部左衛門尉・中筑後守

岩付城衆
天正5年7月13日
総勢1,580人余

馬上	５００騎余
徒	２０人余
鉄砲	５０人余
鑓	６００人余
弓	４０人余
小旗	１２０人余
歩者	２５０人余

吉田氏
天正17年11月28日
総勢　１０３人

馬上	２騎
鉄砲	５１挺
鑓	２７本
弓	２１張
小旗	２人

秩父衆
天正10年2月25日
総勢　１３９人

秩父衆本体８１人	
馬上	２３騎
鉄砲	３挺
鑓	３３本
弓	１３本
小旗	６本
その他の衆２１人	
馬上	６騎
鑓	１０本
弓	５張
折原衆２６人	
馬上	３騎
鑓	２０本
弓	３張
秋山衆１１人	
馬上	１騎
鉄炮	１０挺

この規定によれば、岩付衆の主たる備えは、鑓部隊を中心とする編成であったと考えて良いだろう。鉄砲が戦闘の主流になりつつある時点での、岩付城衆全体の鉄砲衆が五〇人余という数字は極めて少なく、弓衆も四〇人余といわゆる飛道具が少ない部隊編成で、馬上・徒侍は合わせて五二〇人、全体の三分の一にすぎない。そして鉄砲衆は全体の三％である。これに比べ、天正十七年であるが、名胡桃城に入った三三〇貫文（6―四四九）の吉田氏を考えると、

小嶋郷一〇〇貫文・着到一〇人（6―一四三二）、下川田二〇〇貫文・着到七〇人（6―一〇〇六）となるが、既に受けていた黛郷一五〇貫文・着到三〇人（6―一四三一）の内、自分は預けおかれたもので、これは返すこととされていた。吉田氏は天正十七年の九月時点で、小嶋郷一〇〇貫文、下川田二〇〇貫文の他に、川東・間庭・政所で一三〇貫文を宛行われていることが知られる。黛郷で宛行われた自分分を除く鉄砲衆二〇人、鑓一人はそのまま残されていたと考えられる。これにより、吉田真重は最大一〇三人の軍勢を擁していた事になろう。吉田氏の鉄砲隊は全兵力の約五〇%を占める。

なお、権現山城に城代として入った天正十六年の吉田新左衛門尉の備えの記録が「吉田系図」にある。

権現山城常備		吉田新左衛門備え	
大鉄炮一	玉六九、大玉六八、合薬一二二四放	鉄炮一五	玉二〇、合薬一五〇〇放、
鉄　炮五	黒金玉二二五〇、合薬九斤、		玉三二〇〇煙硝一箱、薬研二、
数鑓	一〇張（弓カ） （大量生産の粗悪な鑓のこと）	数　鑓	（木柄）二〇本、（竹柄）一〇本、
		物　鑓	二本
矢	一五〇〇本、	弓	三張、靫一、矢一〇〇本、鏃一〇〇枚
		兵糧	一〇俵

集約すると以上の通りであるが、この一覧で知られるところでも、吉田新左衛門の軍勢は鉄砲衆を主体とし、鉄炮は大小二一挺、鉄砲玉五四五〇発、合薬一五〇〇発分の他、九斤（五・四kg・合薬一八〇〇発分カ）のほか硝煙一箱を所持している。これに比べ弓は三張りしかないが、矢は一六〇〇本ある。

		持物					足軽			持物					小者		持物										歩者	
立物	馬鎧	鉄炮	鑓2間半	弓	指物		馬上	徒	兜	鉄炮	鑓	鑓2間半	弓	指物	皮笠具足	皮笠	大旗	小旗	しない(幟旗)	鑓2間半	長柄鑓	手鑓	弓	指物持ち	楯	鉄炮	皮笠具足	皮笠
																		○		○								
金銀																○		○		○								
金か銀																○						○			○			
							20																					
					○		○				○			○														
							○																					
							○																					
								●			○																	
								●			○																	
								●																				
								●																				
							○				○																	
								○			○																	
								○			○																	
								○			○																	
								○			○																	
								○			○																	
							○				○																	
							○				○																	
								○			○																	
								○			○																	
								○			○																	
					○		○				●			○														
					○		○				●			○														
			1							2			2					2		18			2					
																							1					
																							1					
																							1					
																							1					
																							1					
																							1					
																		1					1					
																		1					1					
																				1								
																				1								
																				1								
																							1					
																		1		1								
																				2								
																				1								
																							1					
																		1		1								
																				4						1		
																				1								
																				1								
																				1								
																				1								
																				1								
																				1								
				1																								
				1																								
				1																								
				1																								

『戦国遺文』後北条氏編・新編埼玉県史資料編6より作成

後北条氏軍役一覧表（1）　　●記載無・当然、

								本人・侍		兜飾
発給者	領	家臣名	年　月　日	西暦年	貫　高　文	史料名	人数	馬上	徒	大立物
北条氏邦	鉢形衆	逸見与八郎	天正2）3月20日	1574		6－800	2	1		
北条氏邦	鉢形衆	山口雅楽助	天正4）6月13日	1576		6－875	2	●		
北条氏邦	鉢形衆	出浦左馬助	天正4）6月13日	1576	永8年10貫文	6－874	2	●		
北条氏邦	鉢形衆	野上足軽衆	永禄8）1月15日	1565		6－425	20			
北条氏邦	鉢形衆荒川衆	持田四郎左衛門	天正4）10月21日	1576		6－885	1			
北条氏邦	鉢形衆荒川衆	持田藤左衛門	天正4）10月21日	1576		6－885	1			
北条氏邦	鉢形衆荒川衆	持田新右衛門	天正4）10月21日	1576		6－885	1			
北条氏邦	鉢形衆荒川衆	五郎二郎	天正4）10月21日	1576		6－885	1			
北条氏邦	鉢形衆荒川衆	河田五郎左衛門	天正4）10月21日	1576		6－885	1			
北条氏邦	鉢形衆荒川衆	又二郎	天正4）10月21日	1576		6－885	1			
北条氏邦	鉢形衆荒川衆	三郎五郎	天正4）10月21日	1576		6－885	1			
北条氏邦	鉢形衆荒川衆	持田四郎左衛門	天正5)8月20日	1577	棟別銭赦免	6－927	1（11）			
北条氏邦	鉢形衆荒川衆	五郎二郎	天正5)8月20日	1577	棟別銭赦免	6－927	1			
北条氏邦	鉢形衆荒川衆	藤（右）衛門	天正5)8月20日	1577	棟別銭赦免	6－927	1			
北条氏邦	鉢形衆荒川衆	又二郎	天正5)8月20日	1577	棟別銭赦免	6－927	1			
北条氏邦	鉢形衆荒川衆	河田五郎左衛門	天正5)8月20日	1577	棟別銭赦免	6－927	1			
北条氏邦	鉢形衆荒川衆	大嶋	天正5)8月20日	1577	棟別銭赦免	6－927	1			
北条氏邦	鉢形衆荒川衆只沢	持田主計助	天正5)8月20日	1577	棟別銭赦免	6－927	1			
北条氏邦	鉢形衆荒川衆只沢	持田小三郎	天正5)8月20日	1577	棟別銭赦免	6－927	1			
北条氏邦	鉢形衆荒川衆只沢	新六	天正5)8月20日	1577	棟別銭赦免	6－927	1			
北条氏邦	鉢形衆荒川衆只沢	孫三郎	天正5)8月20日	1577	棟別銭赦免	6－927	1			
北条氏邦	鉢形衆荒川衆只沢	与二郎	天正5)8月20日	1577	棟別銭赦免	6－927	1			
北条氏邦	鉢形衆荒川衆	持田四郎左衛門	天正15）6月10日	1587		6－1374	1			
北条氏邦	鉢形衆荒川衆只沢	持田治部左衛門	天正15）6月10日	1587		6－1374	1			
北条氏邦	鉢形衆秩父衆（139人）	秩父孫二郎	天正10）2月25日	1582		6－1109	29	1	4	
北条氏邦	鉢形衆秩父衆	四方田雅楽之介	天正10）2月25日	1582		6－1109	2	1		
北条氏邦	鉢形衆秩父衆	中野源五郎	天正10）2月25日	1582		6－1109	2	1		
北条氏邦	鉢形衆秩父衆	閑野平左衛門	天正10）2月25日	1582		6－1109	2	1		
北条氏邦	鉢形衆秩父衆	猪大炊助	天正10）2月25日	1582		6－1109	2	1		
北条氏邦	鉢形衆秩父衆	畑織部	天正10）2月25日	1582		6－1109	2	1		
北条氏邦	鉢形衆秩父衆	大浜伊代守	天正10）2月25日	1582		6－1109	2	1		
北条氏邦	鉢形衆秩父衆	大浜新八郎	天正10）2月25日	1582		6－1109	3	1		
北条氏邦	鉢形衆秩父衆	中因幡介	天正10）2月25日	1582		6－1109	3	1		
北条氏邦	鉢形衆秩父衆	引間弾正	天正10）2月25日	1582		6－1109	2	1		
北条氏邦	鉢形衆秩父衆	石間土源五郎	天正10）2月25日	1582		6－1109	2	1		
北条氏邦	鉢形衆秩父衆	彦窪	天正10）2月25日	1582		6－1109	2	1		
北条氏邦	鉢形衆秩父衆	逸見三郎五郎	天正10）2月25日	1582		6－1109	2	1		
北条氏邦	鉢形衆秩父衆	中四郎兵衛	天正10）2月25日	1582		6－1109	3	1		
北条氏邦	鉢形衆秩父衆	福田大和守	天正10）2月25日	1582		6－1109	3	1		
北条氏邦	鉢形衆秩父衆	吉橋内匠介	天正10）2月25日	1582		6－1109	2	1		
北条氏邦	鉢形衆秩父衆	吉橋大膳介	天正10）2月25日	1582		6－1109	2	1		
北条氏邦	鉢形衆秩父衆	小林藤六郎	天正10）2月25日	1582		6－1109	3	1		
北条氏邦	鉢形衆秩父衆	白石代	天正10）2月25日	1582		6－1109	6	1		
北条氏邦	秩父差引之外嗜	水野隼人	天正10）2月25日	1582		6－1109	2	1		
北条氏邦	秩父差引之外嗜	青山雅楽之介	天正10）2月25日	1582		6－1109	2	1		
北条氏邦	秩父差引之外嗜	林孫兵衛	天正10）2月25日	1582		6－1109	2	1		
北条氏邦	秩父差引之外嗜	友井外部助	天正10）2月25日	1582		6－1109	2	1		
北条氏邦	秩父差引之外嗜	松本十左衛門	天正10）2月25日	1582		6－1109	2	1		
北条氏邦	秩父差引之外嗜	長浜	天正10）2月25日	1582		6－1109	2	1		
北条氏邦	秩父差引之外嗜	室新四郎	天正10）2月25日	1582		6－1109	1		1	
北条氏邦	秩父差引之外嗜	吉田弥太郎	天正10）2月25日	1582		6－1109	1		1	
北条氏邦	秩父差引之外嗜	木助	天正10）2月25日	1582		6－1109	1		1	
北条氏邦	秩父差引之外嗜	与三右衛門	天正10）2月25日	1582		6－1109	1		1	

第5表　後北条氏の軍役一覧（1）

		持物					足軽			持物					小者		持物										歩者	
立物	馬鎧	鉄炮	鑓2間半	弓	指物		馬上	徒	兜	鉄炮	鑓	鑓2間半	弓	指物	皮笠具足	皮笠	大旗	小旗	しない(幟旗)	鑓2間半	長柄鑓	手鑓	弓	指物持ち	楯	鉄炮	皮笠具足	皮笠
				1																								
												4																
			1																									
			1								#																	
			1																									
								23				20	3															
								10		10																		
				1																								
					○									○				1		1								
○				1															1									黒
								8		1	6		1		1			1								1		
								23		21	2				1			1								1		
								8		1	6		1		1			1										
								73		30	20		20															
																		4			長柄15	1	指物持4	1		指物持4		
					18			60				38	10	20		12		10						2				
															2					1				四方半				
3	金1														21		大小3			17				1			手蓋4	
															2					1				1				
○																1				1								
	○														2					1				四方半				
金か銀															1					1								
															1					1								
																				1								
	金														3			1		1				1				
	金か銀																											
															2					1				四方半				
金か銀															1					1								
金か銀															2					1				四方半				
															1					1								
								1		1																		
								1		1																		
	金							4							2		1			2				四方1			2	
4								4				4																
炮・ 持徒 人は金	2・ 金	1		1	6										29		1	1		12			1	1		1	3	
					何れにても14										14					10			4					
金		2			何れにても2																					240		
					四方															1	長柄1					1		

『戦国遺文』後北条氏編・新編埼玉県史資料編6より作成

後北条氏軍役一覧表（2）　　●記載無・当然、

発給者	領	家臣名	年　月　日	西暦年	貫　高　文	史料名	人数	本人・侍 馬上	徒	兜飾 大立物
北条氏邦	秩父差引之外嗜	藤助	天正10）2月25日	1582		6－1109	1		1	
北条氏邦	秩父差引之外嗜	中間	天正10）2月25日	1582		6－1109	4			
北条氏邦	秩父孫二郎同心折原衆	黒瀬又左衛門	天正10）2月25日	1582		6－1109	1	1		
北条氏邦	秩父孫二郎同心折原衆	保泉新四郎	天正10）2月25日	1582		6－1109	1	1		
北条氏邦	秩父孫二郎同心折原衆	長浜九郎右衛門	天正10）2月25日	1582		6－1109	1	1		
北条氏邦	秩父孫二郎同心折原衆	野伏	天正10）2月25日	1582		6－1109	23			
北条氏邦	秩父孫二郎同心	秋山衆	天正10）2月25日	1582		6－1109	10			
北条氏邦	秩父孫二郎同心	田中彦右衛門	天正10）2月25日	1582		6－1109	1	1		
北条氏邦	鉢形衆	香下源左衛門尉	天正17年12月22日	1589	45貫800文	6－1497	4	1		
北条氏邦	鉢形衆	小河筑前守	天正8年以降（Ⅲ型朱印）			戦北3985	2	1		
猪俣邦憲	沼田衆	吉田真重（小嶋郷分）	天正16年5月7日	1588	100貫文	6－1432	10	1		
猪俣邦憲	沼田衆	吉田真重（黛郷分）	天正16年5月8日	1588	150貫文＊	6－1431	25	1		
猪俣邦憲	沼田衆	吉田真重（下川田分）	天正17年11月28日	1589	100貫文	6－1006	10	1		
猪俣邦憲	沼田衆（吉田真重）	足軽分	天正17年11月28日	1589	4貫500文	6－1006	3			
猪俣邦憲	沼田衆（吉田真重）	実相院分	天正17年11月28日	1589	500文	6－1006	70			
猪俣邦憲	沼田衆（吉田真重）	小保方式部分	天正17年11月28日	1589	8貫文	6－1006				
猪俣邦憲	沼田衆（吉田真重）	小保方治部少輔分	天正17年11月28日	1589	1貫500文	6－1006				
猪俣邦憲	沼田衆（吉田真重）	金子美濃分	天正17年11月28日	1589	16貫文	6－1006				
猪俣邦憲	沼田衆（吉田真重）	山名分	天正17年11月28日	1589	69貫500文	6－1006				
猪俣邦憲	沼田衆（吉田真重）	330貫文分内300貫文除30貫文分有り？	天正17年9月1日	1589	30貫文分？	6－449				
北条氏政	上野衆	和田左衛門尉	天正11年2月28日	1583		6－1209	40	8		
北条氏政	上野衆	両後閑（刑部少輔）（宮内少輔）	天正11年2月28日	1583	500貫文・本領内	戦北2500	100	20	8	
北条氏政	岩淵衆	小熊孫七郎	天正11年9月6日	1583	18貫500文	6－1233	3	1		○
北条氏政	岩付衆	宮城四郎兵衛尉	元亀3年1月9日	1572	284貫400文	6－715	36	8	3	8
北条氏政	岩付衆	道祖土図書助	元亀3年1月9日	1572	25貫文	6－716	3	1		○
北条氏政	岩付衆	鈴木雅楽助	元亀3年1月9日	1572	8貫250文	6－717	2	1		
北条氏政	岩付衆	道祖土図書助	天正13)4月5日	1585		戦北2793	3	1		金か銀
北条氏政	岩付衆	金子中務丞	天正13)4月5日	1585		戦北2795	2	1		
北条氏政	岩付衆	鈴木雅楽助	天正13)4月5日	1585		戦北2759	2	1		金か銀
北条氏政	岩付衆	藤波與五右衛門	天正13)4月5日	1585		戦北2769	2	1		
太田源五郎カ	岩付衆	内山弥衛門尉	天正9）7月8日	1581		戦北2256	4	1		金か銀
太田源五郎カ	岩付衆	道祖土図書助	天正9）7月8日	1581		戦北2257				
太田源五郎カ	岩付衆	道祖土図書助	天正9）7月8日	1581		戦北2252	3	1		金か銀
太田源五郎カ	岩付衆	金子中務丞	天正9）7月8日	1581		戦北2253	2	1		
太田源五郎カ	岩付衆	金子越前守	天正9）7月8日	1581		戦北2254	3	1		
太田源五郎カ	岩付衆	鈴木雅楽助	天正9）7月8日	1581		戦北2255	2	1		金か銀
太田氏房	岩付衆	勝田大炊助	天正15年8月25日	1587	6貫文	6－1391	1			
太田氏房	岩付衆	比企藤四郎	天正17年11月26日	1589	6貫文	6－1488				
北条氏康	小田原・馬廻衆	岡本八郎左衛門尉（政秀）	元亀2年7月28日	1571	59貫文	戦北1497	7	1		1
					扶持給分29貫600文		8		4	
北条氏直	小田原衆	池田孫左衛門尉	天正9年7月24日	1581	191貫600文	戦北2258	26	6	2	6
					扶持給衆分177貫500文、		28	14		
					20貫文		2		2	
北条氏直	小田原衆	下主税助	天正11年3月2日	1583		戦北2503	4	1		

第6表　後北条氏の軍役一覧（2）

		持物					足軽			持物					小者		持物										歩者	
立物	馬鎧	鉄炮	鑓2間半	弓	指物		馬上	徒	兜	鉄炮	鑓	鑓2間半	弓	指物	皮笠具足	皮笠	大旗	小旗	しない（幟旗）	鑓2間半	長柄鑓	手鑓	弓	指物持ち	楯	鉄炮	皮笠具足	皮笠
					四方															2								
					四方															2								
					4													2			長柄8	1	3			3		
					四方														1		長柄1				1			
								●			○																	
								●																				
					四方														2									
					四方														2									
					4												2				長柄8	3			3			
金銀	11				四方	40		40		20			20		28		11				長鑓十文字			1				
金銀	2、3騎	2			6	4		40							13		2	1		10	長柄十文字2			1			4	
金銀	2、3騎	2			6	4									13		2	1		10	長柄十文字2			1			4	
金銀		2			四方4	4									9		1	1		5	長柄十文字2			1			3	
		1				1									4		1			2				1				
		1				1									4		1			2				1				
		1				1									4		1			2				1				
		1				1									4		1			2				1				
		1				1									4		1			2				1				
															4		1			2				1				
															4		1			2				1				
		1				1									4		1			2				1				
		1				1									4		1			2				1				
															2					1				1				
															2					1				1				
															2					1				1				
○					四方															1								
○					四方															1								
○					四方															1								
			1		四方かしない																							
			1		四方かしない																							
			1		四方かしない																							
			1		四方かしない																							
			1		四方かしない																							
			1		四方かしない																							
			1		四方かしない																							
															3			1		1				1			1	
○	金紋随意														2					1				四方半			1	

『戦国遺文』後北条氏編・新編埼玉県史資料編６より作成

註１　逸見氏：冬・紙・木綿小袖、夏・布か紙帷子着用。
註２　出浦氏:「鑓、金物間１尺５寸づつ銀をすべき」指物は外すたびに巻いて、皮子に入れること。竿に巻くこと禁止。
註３　荒川衆：中村氏寄子カ、全員羽織着用指示は天正 15 年文書、天正 16 年文書で永１貫 541 文（３貫 82 文）。
註４　吉田真重：佐々尾 100 貫文分、６人で合わせて、１人あたり鉄炮２貫文・鑓・弓１貫文。
註５　岩付衆には鑓に「金銀之間相当ニ可推」とある。

後北条氏軍役一覧表（3）　　●記載無・当然、

発給者	領	家臣名	年　月　日	西暦年	貫　高　文	史料名	人数	本人・侍		兜飾
								馬上	徒	大立物
北条氏直	小田原衆	佐藤助丞	天正11年3月2日	1583		戦北２５０４	3	1		
北条氏直	小田原衆	小瀧豊後守	天正11年3月2日	1583		戦北２５０５	3	1		
北条氏直	小田原衆	一宮新太郎	天正11年3月2日	1583		戦北２５０９	21	4		
北条氏直	小田原衆	下主税助	天正11年3月2日	1583		戦北２５０３	4	1		
北条氏邦	鉢形衆荒川衆	大嶋	天正4）１０月２１日	1576		６－８８５	1			
北条氏邦	鉢形衆荒川衆	藤右衛門	天正4）１０月２１日	1576		６－８８５	1			
北条氏直	小田原衆	佐藤助丞	天正11年3月2日	1583		戦北２５０４	3	1		
北条氏直	小田原衆	小瀧豊後守	天正11年3月2日	1583		戦北２５０５	3	1		
北条氏直	小田原衆	一宮新太郎	天正11年3月2日	1583		戦北２５０９	21	4		
北条氏政	上総衆井田氏	井田因幡守	天正15年12月9日	1587		戦北３２９２	145	27		
北条氏政	上総衆井田氏	和田左衛門尉	天正15年12月9日	1587		戦北３２９２	30	7	4	
北条氏政	上総衆井田氏	三谷蔵人佐	天正15年12月9日	1587		戦北３２９２	30	7	4	
北条氏政	上総衆井田氏	椎名勢兵衛尉	天正15年12月9日	1587		戦北３２９２	20	4	4	
北条氏政	上総衆井田氏	堀内右衛門尉	天正15年12月9日	1587		戦北３２９２	6	1	1	
北条氏政	上総衆井田氏	村山伊賀守	天正15年12月9日	1587		戦北３２９２	6	1	1	
北条氏政	上総衆井田氏	井田志摩守	天正15年12月9日	1587		戦北３２９２	6	1	1	
北条氏政	上総衆井田氏	椎名摂津守	天正15年12月9日	1587		戦北３２９２	6	1	1	
北条氏政	上総衆井田氏	椎名佐渡守	天正15年12月9日	1587		戦北３２９２	6	1	1	
北条氏政	上総衆井田氏	椎名持左衛門尉	天正15年12月9日	1587		戦北３２９２	5	1		
北条氏政	上総衆井田氏	三谷民部少輔	天正15年12月9日	1587		戦北３２９２	5	1		
北条氏政	上総衆井田氏	椎名帯刀左衛門尉	天正15年12月9日	1587		戦北３２９２	6	1	1	
北条氏政	上総衆井田氏	椎名図書助	天正15年12月9日	1587		戦北３２９２	6	1	1	
北条氏政	上総衆井田氏	椎名孫兵衛	天正15年12月9日	1587		戦北３２９２	3	1		
北条氏政	上総衆井田氏	椎名弾正	天正15年12月9日	1587		戦北３２９２	3	1		
北条氏政	上総衆井田氏	三谷右馬助	天正15年12月9日	1587		戦北３２９２	3	1		
北条氏政	上総衆井田氏	三谷源次左衛門	天正15年12月9日	1587		戦北３２９２	2	1		
北条氏政	上総衆井田氏	椎名刑部丞	天正15年12月9日	1587		戦北３２９２	2	1		
北条氏政	上総衆井田氏	椎名織部丞	天正15年12月9日	1587		戦北３２９２	2	1		
北条氏政	上総衆井田氏	井田治衛門尉	天正15年12月9日	1587		戦北３２９２	1		1	
北条氏政	上総衆井田氏	伊藤八郎衛門尉	天正15年12月9日	1587		戦北３２９２	1		1	
北条氏政	上総衆井田氏	桜井六郎右衛門	天正15年12月9日	1587		戦北３２９２	1		1	
北条氏政	上総衆井田氏	新行寺助九郎	天正15年12月9日	1587		戦北３２９２	1		1	
北条氏政	上総衆井田氏	寺田右京亮	天正15年12月9日	1587		戦北３２９２	1		1	
北条氏政	上総衆井田氏	三谷主税助	天正15年12月9日	1587		戦北３２９２	1		1	
北条氏政	上総衆井田氏	三谷刑部左衛門尉	天正15年12月9日	1587		戦北３２９２	1		1	
北条氏光	小机衆	植松右京亮	天正元）7月9日	1573	40貫510文	戦北１６５４	5	○		○
北条氏光	小机衆	大曽根飛騨守	天正9）7月２８日	1581	27貫200文	戦北２２５９	4	1		
北条氏康	小田原衆（山角同心）	小窪六右衛門尉	永禄11年2月10日	1568	10貫文	６－５１３	1	1		

第７表　後北条氏の軍役一覧（3）

註６　岡本氏：全員名前記載、本人59貫文、寄子衆徒侍５貫文給・徒足軽２貫400文扶持。

註７　荒川衆、逸見氏、出浦氏には全員羽織着用とあり、逸見氏には黒羽織、出浦氏は黒備えと指示されている。

註８　宮城氏は３人の徒侍が地黒に赤い日の丸を入れた「しない」を付けている。

註９　鑓は２間半と指示しているほかに「長柄」とされるほか、長さの指定が見られないものも多い。

註10　池田氏の徒侍４人は立物を金銀の装飾で飾っている。馬上侍20人中４人は飾れない。

三　戦国の民・その被害

豊臣秀吉は、天正十八年の後北条氏攻めに際して、真田安房守昌幸に対して、次の様な朱印状を発した。

豊臣秀吉朱印状（意訳）・原文『戦国遺文』後北条氏編三六二四

去る二十四日の書状は今日二十九日に届き拝見した。箕輪城のことについては垪和信濃守を追放し、保科正直が居残り、城の受け渡しは前田利勝が受け取ることとする。小田原城の事は取り囲み、兵粮攻めを仰せつけられているので、隣国の各城々の城兵の命の扱いについては、命乞いを申し上げたところ、お助けとの事であった。城の兵粮・鉄炮の玉や、火薬、其の外の武具は、悉く城に付随して引き渡すこと。家財については、少しは城主にも下されるとの事であるが、箕輪城の弾薬その外の武具・兵糧なども間違いなく念を入れて受け取る事。次に、その所の土民・百姓達を還住させること申しつけられた。その事を確実に伝えるように。東国の習いとして女・童を捉え売買する輩がいると言うが、後日、これが判明しだい成敗する。もし、この事をおこなって捉え置く者がいたら、直ちに元の在所へ返すように致せ。総てについて油断無く行うように。この度の事は辛労の多きことであるが、労力を惜しまず働くことが大切である。詳しくは石田治部少輔が申し述べる。

（天正十八年）四月二十九日（豊臣秀吉朱印）

真田安房守殿へ

「東国の習いとして女・童を捉え売買する輩がいると言うが、後日これが判明次第成敗する。もし、この事を怠って捉え置く者がいたら直ちに元の在所へ返すように致せ。」として示された「女・童の拉致」と「人身売買」の横行は、すでに藤木久志氏の研究によってその実態が明らかにされているが、そのような非道的な行い「濫妨」は、戦国時代どこでも普通に行われていたことなのである。武田氏支配下にあった信濃でも「信玄公御ほこさきの盛んなる故なり」と『甲陽軍鑑』等に記されるように、略奪・拉致は普遍的に行われていたが、武田氏の滅亡後にあっても、それは例外では無かったということであろう。

　戦場は進攻した軍の兵に取っては稼ぎ場であったという。

(1)**『甲陽軍鑑』**(酒井憲二『甲陽軍鑑大成』上下)に

「天文十一年十月七日に甲府を打立、甲信のさかい、くずくぼに三日、逗留ましくて、それよりゆかわへ、御馬をよせられ、ゆかわに二日の御逗留にて、十二日に大もんゑ働有リ、大門に三日の逗留にて、十五日にながくぼをやき、長くぼに一日の御たうりう有て、十七日ニ大門たうげをこして、こなたに陣取給ふ。かくて又、七日の御逗留にて、「廿五日ニハ、海尻へ御馬をよせらる上」とのさだめ有リ。こ屋おとし、らん取いたし、かつ田を仕リ、下下いさむ事かぎりなし。去程に、かせ侍衆・下々の者共、十九・廿日ニ乱取し、「たうりうの間、いまから四日たれば、乱取する日ハ三日ならでハなし。明日よりハちととおくゆかん」とて、あさ出て晩にもどる、ふしぎ也。(上二二八頁)」「某大将にて、このあたりの衆を引き連れ、関の山のあなたまで放火いたし、輝虎公の御座城へ……近所まで働き候て、越後の者をらんどり仕り、此方へ召し遣うこと、ただこれ信玄公御ほこさきの盛んなる故なり、越後の内を此方へ少しもとる事なけれども、高坂弾正人数計をもって、越後へはたらき、輝虎居城春日山へ、東道六十里近所へやきつめ、らんぼうに女・わらんべを取りて、子細なく帰る……(上四五一頁)」「武田の家のかせもの(加世者)・小もの・ぶども(夫者)迄はぎとりて、其上、図書介が居城ニて、次日まで乱どりをし。(上三五〇頁)」「分捕りの刀・脇差・目貫・こうがい・はばきをはづし、よろしき身廻りになる。馬・女など乱取につかみ、これにてもよろしく成る故、御持ちの国々の民百姓まで、ことごとく富貴して、勇み安泰なれば、騒ぐべき様、少しもなし、(同下四五九頁)」

(2)『**妙法寺記**』(『続群書類従巻第八七八』)に

①相模の青根の郷を散らしめされ、足弱を百人ばかり御取り候、(天文五年(一五三六)

②世間ことごとく餓死致し候て、言説に及ばず、……一男女を生け取りになされ候て、ことごとく甲州へ引越し申し候、さるほどに、二貫・三貫・五貫・拾貫にても、身(親)類ある人は承け申し候、(同十五年(一五四六)

③世間富貴すること言説に及ばず、……さるほどに打ち取るその数五千ばかり、男女生け取り数を知らず、それをてぎわ(手柄)になされ候て、甲州の人数御馬を御入れ候、(同十七年)

④信州へ御動き候、………要害を攻め落としめされ候、打ち取る頭五百余人、足弱取ること数を知らず候、(同廿一年)

(3)『**北条五代記**』(『北条史料集』)に

「相模・安房両国の間に、入海ありて、舟の渡海近し、故に敵も味方も兵船多くありて、戦いやんごとなし、夜になれば、ある時は小船一艘・二艘にて盗みに来て、浜辺の里をさわがし、ある時は五十艘・三十艘渡海し、浦里を放火し、女・わらわべを生捕り、即刻夜中に帰海す、島崎などの在所の者は、わたくしに和睦し、敵方へ貢米を運送して、半手と号し、夜を心やすく居住す、故に生捕りの男女をば、これらの者、敵方へ内通して買い返す、」(三五〇頁)

(4)『**越佐史料**』**巻四** 永禄九年(一五六六)二月に

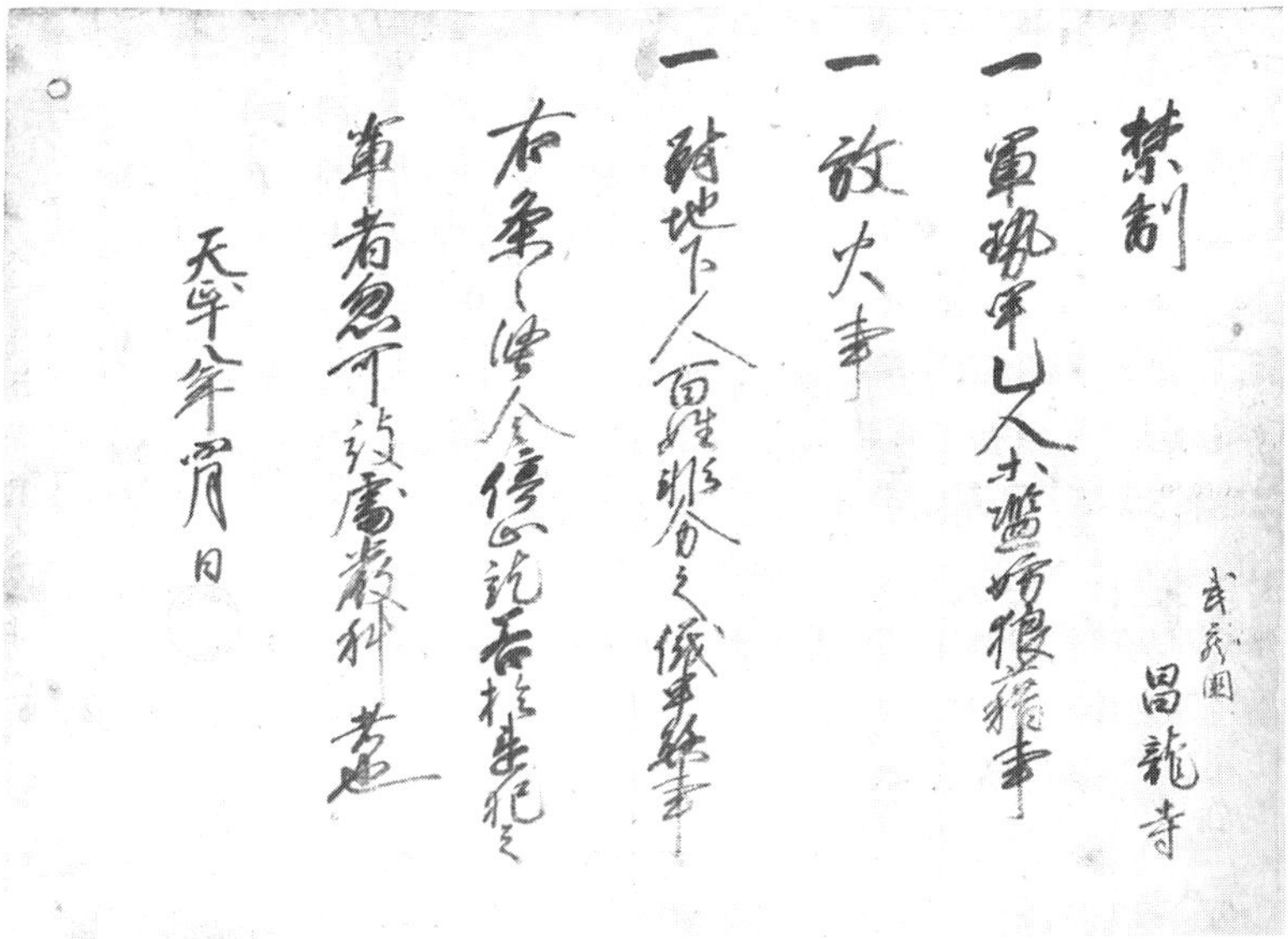

第21図　規格化された豊臣秀吉禁制（寄居町正龍寺蔵）

「小田（氏治）開城、カゲトラ（上杉謙信）ヨリ、御意ヲモツテ、春中、人ヲ売買事、廿銭・卅弐（銭力）程致シ候」（五五三頁）。

これらの史料に記されるように、戦場では濫妨・狼藉は当たり前のこととして行われていた。特に濫妨は人や物の略奪で有り、これを防止するために、地下人は自らの安全を確保するための手段として、制札の取得を一般的に行っていたといわれている。その「制札」或いは「禁制」は、『新編埼玉県史』資料編第六巻に記録された物だけでも五六点余になり、その内、五〇点余が「濫妨狼藉禁止」したものとなっている。天下取り直前であり、先に真田昌幸に「女・童を捉え売買する」事の禁止を命じた豊臣秀吉でさえも、天正十八年の小田原攻めに関連して自軍に濫妨・狼藉を禁止する「規格化された文面」の禁制を二一通も発給している。そして、この制札発給に対して礼銭の額を定め、これを徴収している。

鉢形城を攻めた前田利家から秀吉側近安威摂津守宛ての書状が峰岸純夫氏によって紹介されている。

前田利家書状写〔天理大学図書館所蔵文書〕峰岸純夫二〇〇九『中世の合戦と城郭』に

「在々御制札之御朱印、賦遣御帳ニ注置申御礼銭之儀、進上可申由、在々より申候間、これも誰そ可被仰付候哉事（それぞれにわかち与え、取りまとめてある制札の礼銭について、上様に差し出すことについては誰かに申しつけているのか）」と尋ねたのに対して「御判銭事、久斗利家次第取り揃え可致進上事（御判銭は必ず前田利家が取りまとめ、秀吉に差し出すように）」と回答されている。

徳永氏が示した史料では、制札一通の最高額が、永楽銭で三貫四百文となるところであるが、その実、制札を取得した八王子市初沢町にある高乗寺は、一通に付き二二貫も支払っている。「取り次ぎこれを取るべからず」とされているものの、実際は取次料が一八貫六百文となり、制札の値段は、規定の約六・四七倍の高額となっている。制札発給に対する礼銭については他に知られないが、これは戦国のしきたりと考えても良いだろうか。これに対して、天正二年二月十六日付けの北条氏繁から鷲宮神社神主あての文書（6—七五六）には「庇いをいたすべき郷村の書立を貫えれば、今夕には拙者の使者が庇いの立て札を進ぜる」とあり、これは、羽生進攻に伴う案内の依頼を行う中で記されているものであり、制札の発給が総て礼銭を徴収するものであったとは言い切れない史料もある。

八王子市初沢高乗寺伝略記写（意訳）・原文〔高乗寺文書〕

徳永祐之二〇一二「天正十八年の豊臣方禁制と避難所伝承」『八王子市史研究』第二号）

天正十八年四月、八王子城攻めが行われたとき、太閤様から寺領への制札二通が下された。一通は総門に張り、一通は堂が峰に張った。いろいろなところから、人々が逃げてきて、小屋を架けた。小屋銭として永四〇文を徴収したところ、この小屋銭が永九三貫文となり、（制札を取得した）遣いのこりが四十九貫文あった。これで、山門と十六羅漢像を新たに造った。また、米山新右衛門が永三貫文寄進した。米山新右衛門と米山民部は高乗寺の中興開基である。

于時文禄三（甲午）歳二月日

龍雲山高乗寺八世太祝叟判

豊臣秀吉朱印状（本法寺文書）（意訳）・原文「徳永祐之二〇一二」

御制札印料金の決まり

一、土地評価が上の地域は永楽銭で三貫二〇〇文を上納すること

一、土地評価が中の地域は永楽銭で二貫三〇〇文を上納すること

一、土地評価が下の地域は永楽銭で一貫二〇〇文を上納すること

この他に取次料等は取ってはならない

一、制札一通でも該当する村々が多数ある時は、右の様に一カ所づつ、上中下を見定めて上納銭の額を決める事

一、御判銭のことは、永楽銭でも金子でも良いが、その相場で計算して上納させる事、筆耕料は二〇〇文とする

右の通り堅く申しつける。少しも間違いなく行うようにせよ。

天正十八年八月　日（秀吉朱印）

石田治部少輔とのへ

北条氏印判状〔武州文書十四〕『新編埼玉県史』資料編6―三四一

掟

松山本郷への北条の軍勢は一切出入りしてはならない。若し、これに背き本郷へ来る者があれば、公方様の中間や小者、名のある武門の人であってもこれらを捕縛して披露し、とにかく、すぐに打ち殺して良い。なお、青山在陣中はこの一帯に陣衆の出入りは禁止させる、。ただし、陣中へ在所から運んでくる小荷駄や伝馬については例外とする事を申しつける。

戌（永禄五年）卯月五日（朱印・虎印禄寿応穏）　松田　奉之

松山本郷

武田家高札〔高源院文書〕（意訳）・原文『新編埼玉県史』資料編6―六三四

高源院（龍朱印）

当方の総ての軍勢は、寺中において乱暴狼藉を致すべからず。もし、これに違反する者は罪に問われ罰せられる。

永禄十三年午庚　山縣三郎兵衛尉奉之

二月廿八日

埼玉県内の戦国期の戦場では、民衆等が受けたいくつかの悲劇が記されている。

（1）金鑚大光普照寺（天文二十一年）の僧の記録では

（前略）武州金鑚山大光普照寺ノ能化ト成リ玉ヘル事五六年、而レ共世間ノ動乱以外不〆危キ居ヲ、又光琳房ニ陰居シ玉ヘリ、金鑚ヲ捨テ玉ヘル事天文廿年四月ノ比也、而ルニ其年ノ冬ノ時分ヨリ相州ノ屋形氏康出張ヲモヨヲメ、明年ノ二月ニ武州□□ニ至リ、金鑚山ノ近辺ニ御嶽トテ明誉ノ山城マテ、数騎ヲ責入二月十一日ニ取ツメ、卒○既○二月十五日ニ金鑚山ヲ焼失ルコト一宇モ不残ラ、山城ヲせメ落ス事三月日也、城中ノ人□□キ城主ノアプノ信州入道（安保信濃守泰広）・息ノ中書（安保中務大輔泰忠）等四五人ハ降参ヲ以テ被助、残ノ数千人ハ一人モ不残打死ス、雑兵又数千人此水ノ手ヲ被レテ詰乾死ス、憐意絶ス（中略）方々ニ逃者光琳房ノ近辺ニ利根川ノ中ニ一ノ小嶋アリ、此近辺ノ人ハ此ニ、コヤヲサ〆（して）数千人籠ル、我等モ彼ニ籠ルレ候へ共、小ヤ狭クメ可書所無之故ニ立ナカラ書時モ有リ、沙カ少ノ隙得テ写ス之、漸ク畢之、然共未動揺カ専ラ也、此間ニ少シ静レハ光琳ニカヘリ、動レハ又嶋ニ入ル、（後略）

（2）永禄六年の上杉輝虎、騎西城攻めでは

『甲陽軍鑑』下　品三十二　巻十、（『甲陽軍鑑大成』上三四二頁）

（前略）謙信刀祢川（利根川）二本木の渡に、舟橋をかけさせ、武田・北条両家へ使をたて、輝虎、松山の後詰いたし候へとも、友貞かなわず落城の後、前橋へ着候事、定て氏康公・信玄公、謙信がたぎらぬ後詰と思召候ハん処、はづかしく候、さ里那がら、輝虎が是迄参り、むなしく帰る事、氏康・信玄へ帯し、弓矢の慮外に相似た里。然者、氏康の御領分、山乃根の要害を、輝虎攻め申候間、無用と思召

候ハゞ、北条・武田両家を以って、さまたげられ候へ、其時輝虎、城をまきほぐして、退散申か、いづれに、明日卯の刻に罷立と被申て、二本木をうちわたり、舟橋乃綱をきらせて、氏康・信玄の御陣どりの向ひをと越里（とおり）、山乃祢（根）へをしよせ、一日一夜に、彼要害を責めくづし、籠りたる女・童まて、三千斗なでぎり志て、次日者、もとの道をかへり、三日乃内に、越後へ帰陣ある、輝虎の弓矢、古今まれ也、（後略）

（3）永禄五年の松山城合戦では

正法寺松橋血脈裏文書『東松山市史』資料編2―別編二五

（前略）末代のおほえ□書也、関東伊豆□国江氏綱出張、伊豆ヲ取、サカミヲ取両国之侍皆タヤス也、武州江打入、クホウ・クハムレイ両□トノヲタヤシ、関東之守護トナル也、然所ニ、越後の国カケトラト申屋形、クハンレイヲヒキタテ・十万余騎ニテ関東江出張、クハウ・クハンレイ両上杉ヲ武州・上州江シツケ申、小田原江ヲシヨセ、悉クハウ火也、鎌倉江参、越国江帰国也、武州之義、太田美濃守守護岩付ニ扇之谷の屋形トモサタヲフサ申、松山之城堅固ニ太田持也、然所ニ氏ヤス伊豆・サカミヲタナヒキ、勝沼ヱヲシヨセ、三田弾正城ヲトリ、松山ヱヲシヨセ、百日小代・高坂ニ陣ヲ取、松山城岩付ヨリ太田ミの丶守堅固ニモチケレハ、為不叶、武州の大カラン岩殿を始とシテ、大加ラン悉クハウ火、其時岩殿七堂モハウ火也、武州廿四郡之内十五カウリ悉ク、人家七年タユル也、（後略）

天正二年戌甲三月廿一日　　栄俊法印（花押）

（4）西秩父に残る「信玄焼」では

武田信玄朱印状写（意訳）・原文『戦国遺文』武田氏編一七四三

一、この度の出陣の様子について

付いては、藤田領、秩父領、深谷領の耕地を刈り払ったこと。

一、利根川の水かさが増していてこの度は利根川を越せず、幾重のも恨みに思うこと。

付いては、（上野）漆原に陣取り、厩橋領に放火したこと。

一、越後衆が上州へ出陣した場合、（武田軍は）容赦なく上州へ出馬すること。

付いてはその行の様子のこと。

以上である

（元亀二年）十月十二日　（武田）晴信（朱印）

佐野（昌綱）殿

武田信玄書状〔武田神社文書〕（意訳）・原文『新編埼玉県史』資料編6―六〇一

二十日以前に書簡を送ったが、着いただろうか。上州の沼田・厩橋を悉く撃砕し、去る十九日から昨日（二十六日）まで、武州秩父郡に在陣して人民が絶えるよう軍事行動を起こしたので定めし御心安いことでしょう。この段階に鎌倉に着陣し、御考えを頂こうと思ったが、十分であったのでまず帰国し、来月中旬に直ちに小田原に進攻する。江戸辺りにおいて面談致したく、詳細は使者をもって申し述べる。つぶさに出来ないことである。

（元亀二年）十月二十七日　（武田）信玄

（古河公方家臣）一色（義直）殿

埼玉県内で女・童等の拉致・略奪を具体的に示すものは二つほどの史料がある。後者は鉢形城下・北条氏邦の支配地内の出来事で、氏邦は深谷市荒川の土豪・持田四郎左衛門に人身売買の禁止を指示したが、その内容は「もし、人身売買を行うなら、その地域の触口の許可を取って行え」としており、現実的には荒川郷で人身売買が行われていた実態を示している。

（1）松山領下上田氏の本拠の大河原谷で

北条家制札〔浄蓮寺文書〕

大河原谷と西之入り筋の上田案独斎の知行地内に於いて、後北条氏の軍勢が人や馬のほか屋敷内に入って略奪することを禁止する。ただし、陣の為に必要な資材や芋・大豆の類は何れの場所においても取る。以上の通りである。

九月九日（朱印・虎印・「禄寿応穏」）

（2）北条氏邦の鉢形領内で

北条氏邦掟書〔持田文書〕（意訳）・原文『新編埼玉県史』資料編6―一三二八

掟

一、郷中において質取り、喧嘩など堅く禁止。

一、人の売買は郷中全体でしてはならない。若し売買致すなら、その郷中の触口を通じて相違ないところを申し上げてから売買致すべきこと。

一、一次的にも賭け事、博打・博奕をする者があれば目安に書き、鉢形城の秩父門脇に立てること。
付、領主の非分について申し出るのは目安で申し出すこと。

以上

右の三カ条、無視する者はその郷に決められた連判衆が取り締まり重罪に処する。
（天正十四年）戌三月十五日（朱印・「翕邦挹福」）
荒川（郷）
持田四郎左衛門

そのため、地下人・戦国の民は濫妨・狼藉から身の安全を図るためにいくつかの行動を取ったことが知られる。

『北条五代記』（『北条史料集』三五〇頁）には「相模・安房両国の間に入り海があって、船で渡るのが近くて簡単にできる。そこで、敵も味方も兵船を多く持っていて、戦いが止むことが無い。夜になると、あるときは小舟一艘・二艘で盗みに来て、浜辺の里を襲い、あるときは、五〇艘・三〇艘で海を渡ってきて、里浦に放火し、女や童を生け捕りにして夜の内にすぐに海を渡って帰る。嶋崎などの村のものは、私的に和睦し、敵に献米を運び、それを渡して半手の約束を貫い、夜も安心して暮らしている。そして、生け捕られた男女を是等の村の人々は敵方と内々交渉して、買い戻す」と記される。

これは地下人等が自らを守る為に、合戦の当事者双方と直接交渉して、当該村の税・諸役を両方に半々ずつ納めることで合意した。これにより当事者双方から攻撃を回避でき、結果として村の安全を確保した。これを「半手・半納」という。この半納の史料は秩父市上吉田の城峯山南麓に地名として残り、

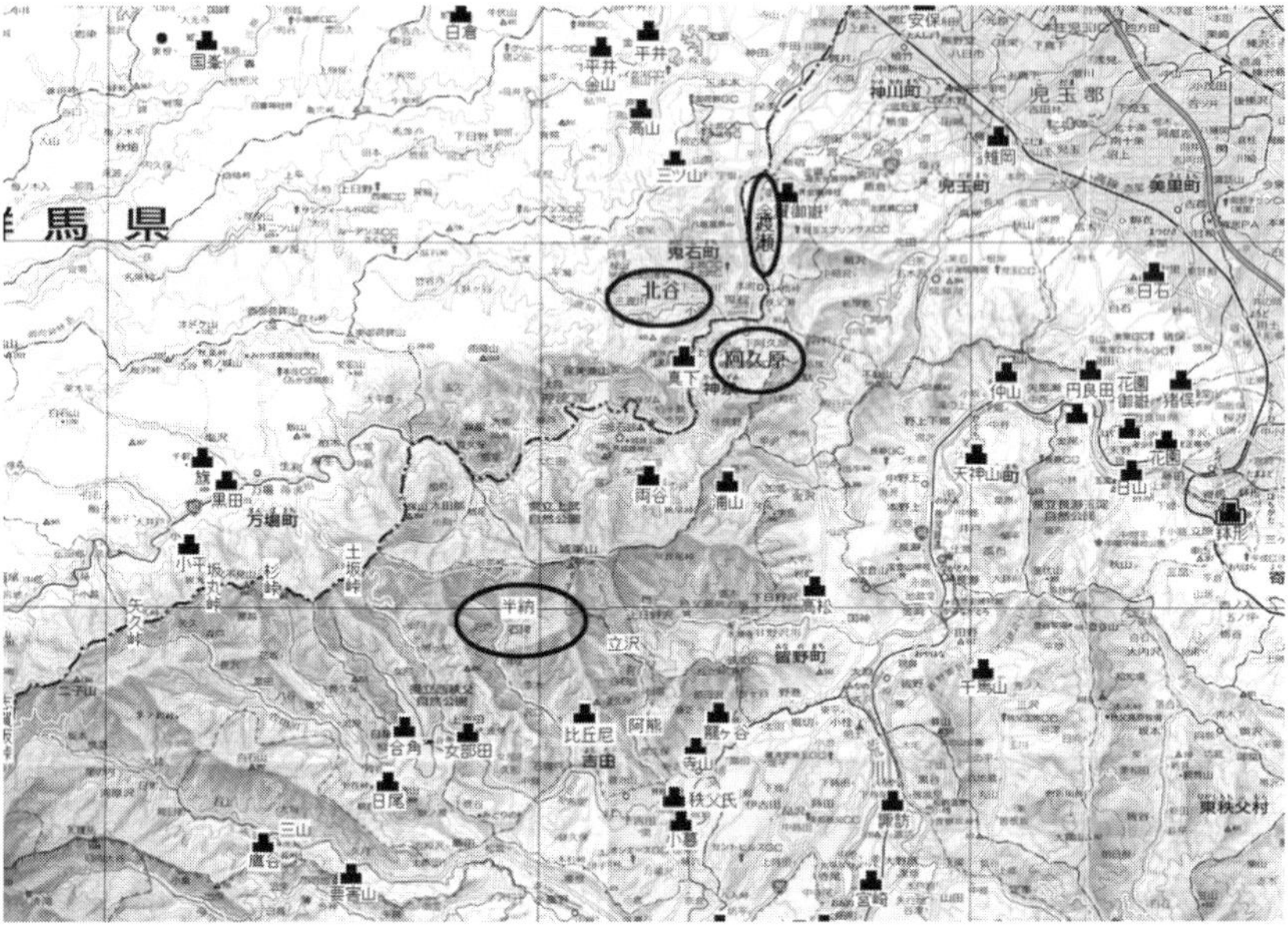

第22図　秩父市上吉田の半納集落と山中北谷、半手集落の位置

児玉郡神川町の神流川右岸の地域は半手の地域であった事が、次の長井政実判物によって知られる。

長井政実判物（意訳）

・原文『新編埼玉県史』６―１１０６

仕置き

一、（鬼石町の）北谷片切の地域へは阿久原・渡瀬その他の半手の者であっても一切近寄ってはならない。もし近寄る者があれば搦め捕ること。

一、同じく北谷中の総ての者は如何なる理由があっても弓・鑓など道具を準備するように。これらを怠ると捕え、切ることとする。以上

右両条はそなたに任せ、申し付ける。

（天正十年カ）六月十六日　（長井）政実

飯塚六左衛門尉殿

また、さきに、山中の武将、黒澤氏について、この半手の武将の可能性を指摘しておいたが、この

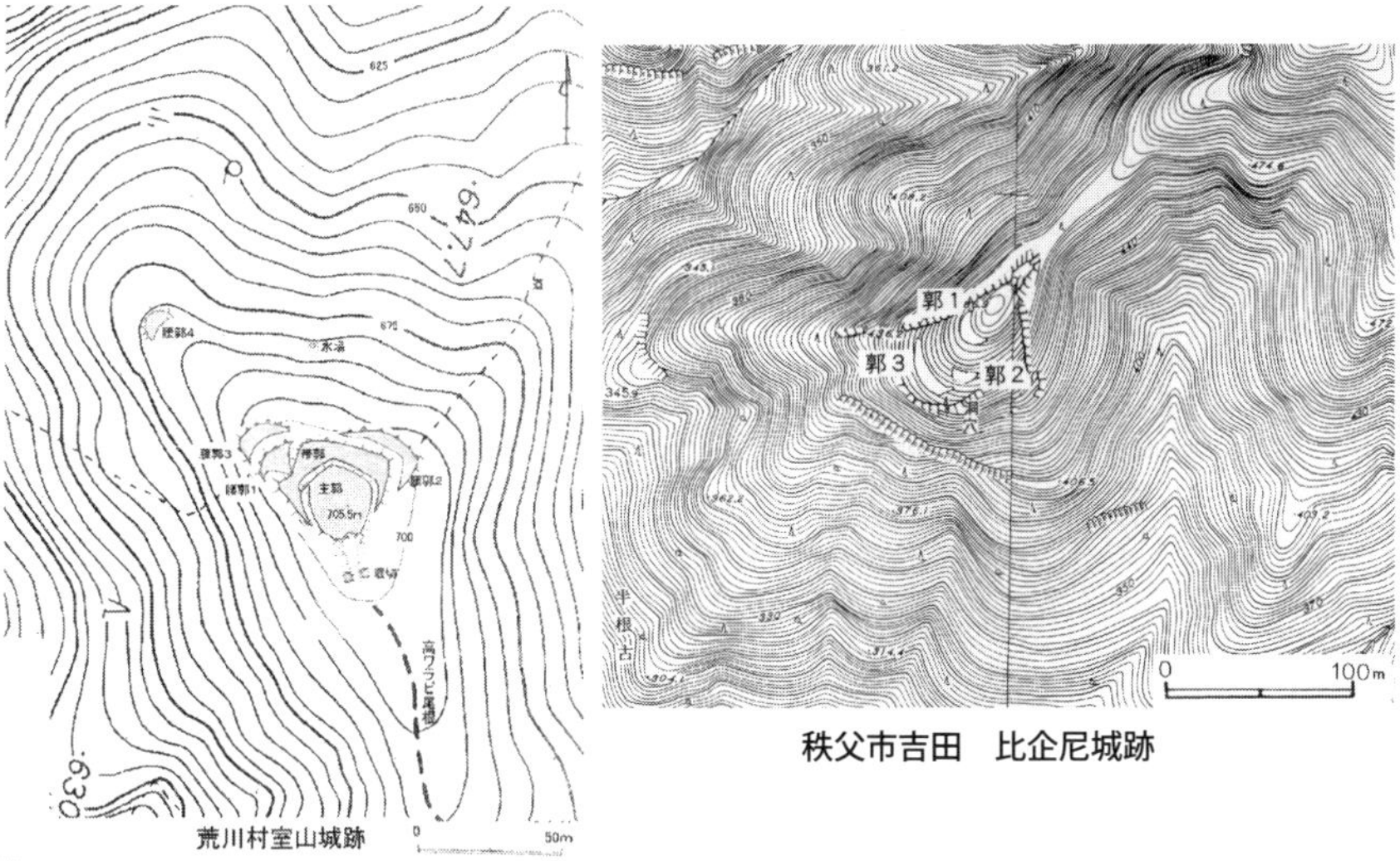

荒川村室山城跡　　秩父市吉田　比企尼城跡

第23図　境目の地域に見られる山城　室山城跡・比丘尼城跡

ような事例は、松山領奈良梨郷の鈴木氏も「北条・上田半手の武将として、奈良梨に入った」と系譜に記している。先にあげた「豊臣秀吉朱印状」（戦北―三六二四）に記される箕輪城領の土民・百姓達を還住させるように」という指示は、とりもなおさず合戦に際して、地下人達が戦火を逃れるために逃散していた事を具体的に示している。ここに示されているように、地下の取った究極の手は、山などに籠もる事、あるいは逃げる事であった。この山に籠もるという行動は、秩父・児玉など鉢形領下等の境目の地において顕著に見られるようである。

県内における城郭の悉皆調査を実施して感じたことであるが、秩父や入間・児玉といった戦国時代境目を形成した地域には、一般の城郭論では説明しきれない小城が数多く存在する事に気づく。しかも、これらはその多くが名も無き城郭で、単に「城山」と伝えられるものが多い。そして、『戦国の境目』に記したように、その位置が人の眼に触れにくい場所を選地し、規模・構造共に武将の関与した事を伺う事の出来ない「城らしく無い城」なのである。こんな城の典型として、秩父の室山城・比丘尼城・小鹿野両ケ谷城・仲山城・安戸城のほか、入間の吾野地区の吉田城・河又城・小瀬戸城などの多くの小城をあげることが出来るだろう。そして、この逃散・欠落については、比較的多くの史料を県内に残す。次に史料を列挙するが、この史料が示す内容は、欠落者本人家族は勿論のこと、原則死罪に処せられ、村役人も責任を問われ、領主などから厳しい追求を受け、その代償は大きい。軍役の避忌・逃亡は更に厳しく処断された。以下に、いくつか知られる鉢形領下の史料を提示するが、その多くは戦火の被害から逃れるための地下の欠落と見られるものが多い事を確認しておきたい。

金鑽大光普照寺（天文二十一年）の僧の金鑽御嶽城攻めの時の記録に

（前略）方々ニ逃者光琳房ノ近辺ニ利根川ノ中ニ一ノ小嶋アリ、此近辺ノ人ハ此ニ、コヤヲサメ（して）数千人籠ル（略）此間ニ少シ静レハ光琳房ニカヘリ、動レハ又嶋ニ入ル、

北条氏照印判状〔細田文書〕（意訳）・原文『新編埼玉県史』資料編6―四一六

（飯能市）長田・分田金の百姓が他所へ逃げていると云うことが耳に入った。前々より承知している百姓を急ぎ確認し、（その結果を）報告せよ。以後、他からこの事が耳に入れば、報告した名主百姓は首をはねる。以上である。

（永禄七年）子十月十九日（朱印・「如意成就」）

分田金・長田名主百姓中

北条氏邦印判状写（意訳）・原文『新編埼玉県史』資料編6―七六一〔深谷城攻めの時〕

（深谷市）田中の百姓共がどこかに行って、今まで郷へ帰っていない（ということを聞いたが、この事は大変問題があることである。どこに居ようとも早急に糺明し、三日の内に帰らせること。それでも帰らない場合は、赦される場合であっても重罪に処する事とする。以上である。

（元亀四年）酉三月二十日（朱印）

長谷部肥前守

田中百姓中

北条氏邦（カ）印判状写〔山口文書〕（意訳）・原文『新編埼玉県史』資料編6―七九三

（山中）谷内の者共が欠け落ち致していることが耳に入った。どのような事をしても、夜待ちをいたし、捕まえ報告するようにせよ。褒美を与える。

（天正二年）戌二月十日（朱印）

上吉田代官

百姓中

北条氏邦印判状写（意訳）・原文『新編埼玉県史』資料編6―一三二四

（略）

一、駈け落ちのものがあれば、どこでも見つけ次第、鉢形へ引き連れてくる事、成敗する。

以上

右のことについて違反の者有れば奉行が重罪に処する。
（天正十四年）戌三月十日（朱印・「翕邦挹福」）
阿久間之内
志路屋
四郎左衛門
三郎左衛門
右京

北条氏邦印判状写〔武州文書十八秩父郡所収〕（意訳）・原文『新編埼玉県史』資料編6—一三五四

阿那志に居住し、欠落をした五人の内、閑野帯刀の知行地にいる二人を召し返すように致せ。

（天正十四年）戌　十二月晦日（朱印・「翕邦挹福」）

（糟尾）伊与

北条氏邦印判状写〔武州文書十八秩父郡所収〕（意訳）・原文『新編埼玉県史』資料編6—一五一七

新井縫殿助分・同喜兵衛分の百姓が近年村を逃げ出している。どこにいようとも連れ戻すようにせよ。家抱に命じられる役は赦すこととする。
（天正十八年）寅三月十六日（朱印・「翕邦挹福」）
三山
奉之
大浜弥八郎殿

最後の史料は、逃散した百姓を連れ戻すことを命じているものであるが、百姓への罰は免じられ、果たすべき諸役も免除されている。しかし、もう一つの文書（6―一五〇七）を加味して解釈すれば、抱えていた百姓に逃げられた新井縫殿助と喜兵衛はその責任を取らされ、所領が没収されたことが窺え、支配されている百姓より支配者側の方に重い責任をもたせているのが窺える。この場合の逃散は、戦争の被害から逃れるためではなく、領主が処分されていることから、領主への不満からのものであったのだろう。この百姓等の逃散・欠落は戦国大名の制定した法によって重罪とされているものであるが、後北条氏もその例に漏れず、規定していた。北条氏照は天正二年九月に品川の町人・百姓に宛てた判物で次の様に伝えた。

北条氏照判物写（意訳）・原文『埼玉県史料叢書』12―四四五

品川郷より、あちこちに欠落している者の事について、人返しは国法である。そのため、この一札を領主へ申し伝え、すぐに召し返せ。若し、違反する輩がいれば国法に背くことであり、事細かに大途へ申しあげ、その事を断罪致すであろう。

天正二年甲戌九月三日　（北条）氏照（花押影）

品河町人

百姓中

次の史料は北条氏邦が行った秩父市上吉田阿熊に住する篠蔵の支配地内の乙名百姓とみられる與二郎宛の裁定の記録である。第三項はたぶん略奪してきた女の事と見られるが、ここで裁定されたことは、拉致されたであろう女の人返しでは無く、規定がないから謝礼などすることは無いと言っている。女・子供の略奪の存在がここでも確認される。

北条氏邦印判状〔彦久保文書〕（意訳）・原文『新編埼玉県史』資料編6―一三四六

一、助左衛門、市右衛門、小六郎の三人は従来から家に居た者（家抱）と言うが、これを調べたところ、いずれも家抱の者ではない。特に小六郎は原六右衛門の所へ欠落をし、そのまま帰らずにいる者である。

一、（高麗郡）横手（郷）と（秩父郡の）倉田（郷）の所領は自分に誓詞を出しているにもかかわらず、無沙汰をしたので取り上げられた。これも、さらに地頭へ無沙汰をすれば大高に宛行われるだろう。

一、女（を貰ったことへ）のお礼として、馬を代官に差し上げるよう大高に差し出したというが、このような礼のきまりはないので、馬を取り返すべきこと。

一、桜井との訴訟は申すべき理由が無い。

以上

右、仰せつけられた。

（天正十四年カ）戌十月十八日（朱印・「翕邦挹福」）

阿熊の篠藏（のもとにある）百姓・與二郎あて

四　領主と領民

氏邦は天正十六年六月、秩父孫二郎とその同心衆に対して次の様な書状を出した。

北条氏邦印判状（写）〔武州文書秩父郡所収〕（意訳）・原文『戦国遺文』後北条氏編三三三四

一、先年織田信長へ使者を遣わした時に国中へ分担金が掛けられ、我々にも黄金三枚（金三両＝一二貫文）が課せられた。そこで家中へこれを申しつけるべきであったが、手前の権威を失うのでこちらで大途へ納めた。諸人の手前これは知行役に対して掛けるものであった。

一、先年土塁の普請を仰せつけられた時も家中の苦労を考え、分担させず、手前から分銭を出しておいた。

一、昨年春、小田原城の大普請が行われた時、自身の費用で実施するよう申し付けられた。永楽銭百貫文余と兵粮五百俵かかった。その上何かと出来ず、家中へ申し付け、少々出して貰った。そのほか宮の前門の建築手間人足に永楽銭七十六貫文が掛かり、三十五貫文は我が方から出費し、これも手前が出した。その上、今でもあちこちの破損があり、内々、朱印の書き付けが来ているが、手前が分担金を出し、今日までこれを実施している。今年も破損普請は早くも永楽銭十五貫文使用した。先日の参府の時、砂だけ五千駄を大栄寺の前へ申し付けた。これも家中の者は知らないだろう。

一、この度京都は統一され、徳川家康の取りなしで美濃守（北条氏直）が上洛、その費用として分担金が二万貫文入用の事で、こちらへも三百貫文・四百貫文が掛かり、捻出のいたしようが無いので、知行役・扶持役に従って捻出すべきであろう。その上、十年来請郷へは扶持銭・棟別銭を赦免してきた。当年はこのような者でも従前の役の半分とする。従って、永楽銭五十銭を出す者は二十五銭出すこと。

一、この差引きでおこなえば、我等も指図に対して信頼を失うこと無い。六月二十七・八の両日にこの分担金を用意し、番所において黒沢・八木・石井・奥へ渡すようにすること。

右の各条は自身と同心が分担し、それを用意する。黄金・売り物・綿の三種をもって用意出来次第出すようにせよ。

（天正十六年）子六月七日（朱印・「翕邦挹福」）

秩父孫二郎（重国）殿

同心衆中

北条氏直の入洛に対する諸経費について、その分担を小田原の本城主から求められた事に対して、鉢形城主としての対応の仕方は、これまでは、何とか氏邦が大方を負担してきたが、この度の費用負担分三百から四百貫文は負担が難しくなった。そこで、本来的な支出方法である知行役・扶持役高に応じて相応に分担して貰うというものであった。領主から家臣への費用負担の依頼であり、このようなものは「支配と被支配」という概念では説明が難しい。これまでは氏邦が出してきたので、今回は原則に則って負担をもとめるという。領主は家臣との間で、領地支配を保証し、その知行に応じて、家臣としての負担と奉公を求める、という契約が成立しているという。そして、地下に対しても、生活の安寧と向上を保証する代わりに、やはり諸役負担と奉公を求める、というのだが。

この氏邦書状は、臨時の費用負担で有り、だから改めて依頼するのだと言うことか。そして、この費用負担は領主の一方的な考えでは無く、領主としては、内々これまでも臨時負担を求めないよう努力してきたので、やむを得ない処置なのだと言っている。

以上のような視点で、史料を探すと、松山領においても城主が出した同様な史料を確認することが出来る。次の史料は、松山城主が出した戦時への領民の協力を求める書状等である。重臣の木呂子氏宛てと、領内の地下人等へ宛てた物である。木呂子氏に宛てては、松山城の備えについて木呂子氏等に任せること、本意の上は情けをかけて面倒を必ず見るし、粗末にしないこと等を伝え、領民に向けては非常事態であり、領内の何れの者（夜盗でもともいう）も城中に入り、戦って欲しいこと。そうすれば、褒美は出すし、借金などは棒引きにし、望むなら家臣にも取り立てる。そして、その走り廻りに対する当座の扶持は用意してあると記される。

上田憲定書状写〔岡谷家譜〕（意訳）・原文『東松山市史』資料編2―一〇四三

この度、世間が仲違いになり、我々は小田原城に楯籠もることになった。松山城の取り扱いは詰まるところ方々へ任せる。申すことは無いが、総てに精を出し、城中が何も無いよう奔走する事が大切である。今後の情勢は思し召しのとおりになるよう我々も運が開くようにするが、父子が特別に走り回るならば、御大途へ十分に申し上げ、もちろん自分も一途にその事を披露し、以後は何事にも温かい気持ちで情けをかけるので安心して欲しい。年少の子供が幾人有ろうとも決して粗末にせず、新左衛門が在陣している時には、大きな心を持って尋ねながら引き立てるので、心配しないように。松山の防備についての準備に、しばし帰って来たので、悪筆ながら自筆を持ってしたためた。お互い運が開き、天下泰平になって面談し喜び合おう。

追伸、運が開けば必ず、知行など出しておくので返す返すも心配しないように。

（天正十八年）寅二月二十日　（上田）憲定

木呂子丹波守殿

上田憲定制札〔武州文書〕（意訳）・原文『新編埼玉県史』資料編6―一五一四

制札

この度は陣中において夜盗などでも必要である。男で有り、健康な者は中谷領をはじめ、いずれの私領の者でもその領主に気遣いせず陣中へ参り、走り回るようにせよ。当座の扶持は出しておいたし、その上走り回る者は御大途へ申し上げ、自分は必ず褒美を致す。また、そのまま奉公を望む者は給金を出し引き立てる。また、これ以前に当家中に置いて罪を犯した者、また、借銭・借米があるものはこの度陣中へ参り走り回れば、総て無いこととする。陣へ来た者は（上田）河内守より朱印状を受け取るようにせよ。

（天正十八年）寅二月二十八日　憲定（朱印・「慶宝」）

上田憲定印判状（折紙）〔松村文書〕（意訳）・原文『新編埼玉県史』資料編6―一五一六

この度、世間が不穏になったので、松山城へ籠城し、一心に走り回る事を宿中の者が総て同意したと（岡部）越中守が申してきたが、これは大変喜ばしいことである。長年、松山宿にいて生活をしてきた事の筋目で有り、この度走り回らずして何も出来ないだろう。走り廻りを心掛ける者は小旗・鉄炮・弓・鑓等あった者を準備して走り回るのは喜ばしいことである。松山城に籠城し、一心に走り回る者は、どのような草刈り以下の者でも帰城したならば、望みを聞き、必ず引き立てるので、この事は少しの心配もせず走り回るようにせよ。しかし、走り廻りを申し出た上に、他（敵）へ心を寄せ、引き移るべく考える者はそれを断罪し、小田原へ申し上げ、分国中を尋ねて召し返し、必ず断罪するであろう。町人衆から脇百姓まで心得るように

（天正十八年）寅三月十一日　（朱印・「慶宝」）（小田原城中の）狩野陣より

本郷町人衆

新宿本宿共に

これらの領主から家臣や領民に対して、課金の分担を依頼し、訴えを受けて、諸役などの免除を確認したり、戦時における領民への戦闘員としての入城・走り廻りを依頼した史料が存在する背景については、勝俣鎮夫氏の『戦国法成立史論』と「戦国時代の村落」『社会史研究』６によって示された研究成果で

●「戦国の村には、自分たちの生存権を保証してくれる者が領主」

●「領主には生存権を含む保護義務がある」「その考えの背景にあるものは村請け的な関係で、村人と領主との個別的な主従関係はない」「保護義務と絶対的支配権とは表裏一体のものであって、領主が義務を果たす限りに於いて絶対的支配権が保証される」

●「すでに兵農は分離され、大名は無制限な民衆動員は出来なかった」

と藤木久志氏の『戦国史を見る目』によって簡潔にまとめられている。この様な視点で先の史料を検証することが出来るのであろうか。特に前出の上田憲定から本郷町人衆に宛てて出された朱印状には「この度、世間が不穏になったので、松山城へ籠城し、一心に走り回る事を宿中の者が総て同意したと（岡

部）越中守が申してきたが、これは大変喜ばしいことである。長年、松山宿にいて生活をしてきた事の筋目で有り」と記され、領主の要請を受けて、松山宿が籠城戦に参加することを請け負ったと解釈できる。そして、「長年松山宿に暮らしてきた筋目」という言葉からは、領主が町人衆を守ってきた事の「御恩」に対する「奉公」として位置づけられていることも知られるだろう。しかし、憲定の印判状には「走り廻りを心掛ける者は小旗・鉄炮・弓・鑓等あった者を準備して走り回るのは喜ばしいことである」と町人達が武器を持って戦う事を期待する一文がある。また、天正十五年川島町三保谷郷代官道祖土氏に出された岩付城主太田氏房の定書は平時における地下の動員名簿の提出を命じている。この中に「郷内の主を持たない侍身分の百姓や普通の百姓を問わず存分に働ける者の名簿を書き出し」「弓・鑓・鉄炮の何れの武器でも用意して置くように」と記されている。非常時でも、平時であっても、軍事動員された百姓は「兵農は分離され」決して戦闘には参加しないという事になっていなかったことを窺わせる。

天正十八年、秩父市荒川贄川の新井縫殿助支配地の百姓が欠落をし、その責任を取らされて新井縫殿助と・喜兵衛が領地を召し上げられている。この史料（6―一五一七）を見る限り、百姓は領主への（理由は不明であるが）抗議として欠落し、その結果領主から領地が召し上げられたようにも解釈が可能である。『戦国の村を行く』一九〇頁では「たえまなく世を襲う天地異変も大飢饉も戦争も、領主に徳がないから天の神々の怒りを招いたのだと真剣に考え、領主に公然とその償いと世直し求めた。もしも領主がつとめを果たさなければ、実力（強訴・一揆・打ちこわし）で意義を申し立て、耕地を捨てる（逃散・上表）等の行動に出た。それ（徳政等）は黙っていてもやってくるものではなく、要求すべきもので」その結果は「自力次第」であった。これが「中世の世の掟」と記している。だからこそ領主の悪政に対して、「領主が悪政を改めるのを待つのでは無く、異議を申し立て、（徳政等を求めて）領主に立ち向かう行動に出る」という。史料に多く見られる百姓の逃散・欠落も百姓を守り切れない領主に対するこの抗議行動の表れでもあり、戦争の被害から逃れるための行動でもあった。
次の史料は領主への抗議として、百姓が血判して逃散し、領主へ強訴したものとして著名な史料である。

北条家裁許印判状〔牛込文書〕（意訳）・原文『新編埼玉県史』資料編6―九八九

この度、笠原八郎私領の百姓達が血判をして、領主を相手に訴えを起こした。領主の非分について詳しいことを公儀へ申し述べるべきところであるが、それが行われず、一味して逃散を行ったこと、その罪は浅くない。頸を刎ねるべきであるが、この度の取り持ちを行った者が提出した誓詞に、鈴木勘解由の一件が書き加えてあり、鈴木勘解由に罪科を掛け、船戸等は赦すこととする。従前のように郷内へ立ち帰り、太田（氏資）の時のように間違いなく百姓を致すようにせよ。これに異議を申すものがあれば、申し出すよう仰された。以上である。

天正七年己卯六月二十日（朱印・虎印「禄寿応穏」）　評定衆　（石巻）下総守康保（花押）

鳩ケ谷宿百姓舟戸大学助

この戦国後期の段階では、戦国法の整備が戦国大名によって進められており、地下は領主の非分を目安に訴えるべきなのであるが、それをしないで、本来地下がこれまでに獲得してきた領主への徹底した抗議行動とも言うべき逃散という手段を執った事への後北条氏の裁定である。本来なら百姓は打ち首の処、仲人の誓詞に鈴木勘解由の一件が書き添えてあるので、それを認め、（非道を行った）鈴木勘解由を処罰し、百姓は赦免という裁定になっている。天正七年の出来事であるが、後北条氏はすでに、天文十九年において越訴の門戸を開いている（天文十九年四月、戦北―三六五～三七二）。これは、この越訴と引き替えに、「戦国の掟」と評された「自力救済」を戦国大名権力は国の平和を前提として否定し、その紛争解決は税と公事を完納している限りに於いて越訴権を認め、大名のみが行いうる裁判権として特化されていたものであった。

豊臣政権は天正十三年以来、中世の自力救済を禁止した。これらを「豊臣平和令」と藤木久志氏は名付け、豊臣政権の一連の施策を評価している。自力救済が否定され、「惣無事令」は領主間の国郡境目相論を豊臣政権が調停し、領主間の戦争を禁止し、村落間相論も百姓間相論も「喧嘩」として、争いの救済を領主に依存したが、その結果として、戦国時代末に領主は絶対的支配権を新たに付与された。その調定権限である「裁判権」は公権として絶対であったという。これには領主も従わなければならないものであった。北条氏邦が支配下の足軽であった荒川衆の持田四郎左衛門に宛てた掟には、条書末文にも「付、領主非分就申懸者、以目安可申上事」とあって、「領主に不法な行いが見られたら、訴状を書いて訴えるように」と公訴への門戸が開かれていたことを示している。松山領下の本郷宿には、後北条氏が、飛脚役について、松山本郷町人衆からの訴えに答える形で印判状（「就致詫言定之事」）を出し、「飛脚役は、既に（免除と）決定している。そうしていられない時（緊急時）は町人衆に依頼し、改めて申し付ける」と目安に提出された地下の訴訟に対して後北条氏が以上のように裁定し出したものがある。評定衆の署名は無いが、「裁許虎朱印状」に類するものとして認められよう。そして、松山城主に対して奈良梨宿から「公方伝馬を行っており、（当奈良梨を）不入の地にするよう訴え」があり、「奈良梨郷は長らく知行いたしているので、他の郷に代わって、取捨し、不入地に決定したので心配しないように」

と裁定した朱印状もある。

北条氏印判状写〔新編武蔵国風土記稿比企郡十〕(意訳)・原文『新編埼玉県史』資料編6―六八八

訴えされた事について決定した事

一、どのような借銭、借米をしていても、市の日に来た商人にその催促を致すべからず。もしみだりに放っておく者は訴えることとし、その事をしないで荷馬などを取る者は、市が開かれている間、度を超さないようにせよ。

一、濁り酒を売買致す家に出向き、妨害する者は召取り披露すべき事。

一、市の日に少しの買い物を持ってきて、市の所用とし、宿中の下人を使う近頃の出来事は違法な事である。両所(松山宿と□□)で積極的に商売致すことは一向に構わない。

一、宿中よりの陣夫は馬三匹と陣夫三人である。(北条氏の)着陣時のみ申し付ける。

一、飛脚役は、既に(免除と)決定している。そうしていられない時(緊急時)は町人衆に依頼し、改めて申し付ける。

一、塗り物役・炭役の事は宿中の者に限って免除する。

以上、六ケ条

右、押し買いや狼藉はいずれも御法度で、更に訴訟もしてはならない。いずれの(者の)足軽・小者・中間であろう共、構わず申し出させ、法度により捕らえること申し付ける。

元亀二年辛未六月十日(北条氏朱印)

(松山)本郷町人

上田憲直印判状〔折紙〕（意訳）・原文（意訳）・原文『新編埼玉県史』資料編6―一一三四

其の方は郷中の乙名であり、当家中の諸役を免除する。奈良梨は公方伝馬を担当し、不入地であるという訴えがあった。奈良梨郷は長らく知行いたしているので、他の郷に代わって、取捨し、不入地に決定したので心配しないように。ただし、大途の伝馬は間違いなく行うようにいたせ。

天正十一年癸未九月二十一日　（上田）憲直（朱印）

奈良梨

鈴木隼人殿

次の史料は、持田氏に出された北条氏邦の人身売買等禁止令である。この中にも「一次的にも賭け事、博打・博奕をする者があれば目安に書き、鉢形城の秩父門脇に立てる事。付、領主の非分については目安で申し出すこと」という一条が書かれており、これによれば、目安は鉢形城の「秩父門」脇に立てるよう指示されている。また、同様に、荒川衆に対しても「領主が間違っていることあれば、訴状を書き、嶋村近江守へ申し出す事」（6―九二七）、「領主・代官が非分致せばその郷の者と一緒になって目安を書き、（鉢形城）大光寺曲輪へ持参し、大光寺へ渡す事」（6―一三七四）と、訴状提出への道筋を示している史料が認められる。

北条氏邦掟書〔持田文書〕（意訳）・原文『新編埼玉県史』資料編6―一三二八

掟

一、郷中において質取り、喧嘩など堅く禁止。

一、人の売買は郷中全体でしてはならない。若し売買致すなら、その郷中の触口を通じて相違ないところを申し上げてから売買致すべき事。

一、一次的にも賭け事、博打・博奕をする者があれば目安に書き、鉢形城の秩父門脇に立てる事。

付、領主の非分について申し出るのは目安で申し出すこと。

以上

右の三カ条、無視する者は、その郷に決められた連判衆が取り締まり、重罪に処する。

(天正一四年)戌三月十五日(朱印・「翕邦挹福」)

荒川(郷)

持田四郎左衛門

次に、「我が身を守って安寧をもたらしてくれている領主」への軍事奉公がある。これは領主からも当然のこととして求められた。その理由は、松山城主からの松山本郷に出された印判状に「長年、松山宿にいて生活をしてきた事の筋目で有り、この度走り回らずして何も出来ないだろう。」と端的に記される。この様な軍事動員の実態を示す史料は、天正末の豊臣秀吉からの圧力に対して後北条氏が取ったもので、小田原城と岩付城への「人改め令」と評される史料(6―一三八三・一三八五)等が多くある。これは一般人に対する戦闘員としての明らかな軍事動員であり、それに対する回避行動は「後日聞き出し次第厳罰に処す」等と厳罰が加えられた。ここに示される論理は、いつの戦争でも必ず使われ、民衆に犠牲を強いているものである。

北条氏照朱印状写〔『新編武蔵風土記稿』多摩郡九十〕（意訳）・原文『戦国遺文』後北条氏編―一四四四

敵（武田勢）が入間川まで進攻し、□く者一戦となった。そこで当郷の名字を持ち税を納めている者（乙名百姓）は申すに及ばず、男は出家まで、この度は出陣せよ。出陣しない者は合戦に勝ったならば、一族従者まで磔に掛けることとする。そこで、明日十八日に滝山陣で着到改めがある。道具を持ち未明に集まるようにせよ。道具のないものは手ぶらにても参るように致すべし。この出陣に参集しない者は頸を切る事とする。

（元亀元年）午十月十六日（氏照朱印カ）

小山田八ケ郷

一庵（狩野宗庵）

北条氏房朱印状〔道祖土文書〕『戦国遺文』後北条氏編二九六〇

来る十四日に、鍬と箕を持って岩付城の中城へ集合し、奉行が申すように普請に従事致すように。何れの領のものも、男はその郷に一人も残さず、悉く代官が召し連れて参り、五日間普請の従事致すように。城主直々の普請で有り、皆に依頼した。もし、普請に出てこないものがあり、訴えられれば即刻代官職を召し上げ、後日処分する。以上の通りである。

（天正十四年）戌（朱印・「心簡要」）

六月十一日

三保谷郷（の代官）道祖土図書助殿

大野文書（意訳）・原文『新編埼玉県史』資料編6―一三八三

一、当郷においては侍・凡下の区別無く、当国において必要が生じた場合、使用できる者を選び出し、名を記しておくこと。但し三人。

一、この選ばれた者の武器は弓・鑓・鉄砲のどれを選んでも良い。但し、鑓は竹柄でも木柄でも良いが、二間より短い物はだめである。権門の被官として陣役を致さぬ者、あるいは商人・細工職人の類と十五以下七十以上のものを除き記すこと。

一、腰に差すひらひら（小旗）類はいかにも武者らしくするようにすること。

一、立派な者を選び出し、夫丸のような者を選び出したのなら、当郷の小代官がこれを聞き出し次第、いつでも首を切ることとする。

一、この走廻に心がけ、良く働いた者には侍、凡下を問わず望みに任せ恩賞があること。

（後略）

（天正十五年）丁亥七月晦日（朱印・虎印「祿寿応穏」）

本郷小代官

百姓中

上田憲定印判状（船戸文書）（意訳）・原文『新編埼玉県史』資料編6―付六六

どこからか松山領へ、どのような時間に夜討ちを掛けて来ようとも、（その時は）法螺貝を吹き鳴らす様にし、法螺貝が鳴ったら、その場所へ駆け集まり、走り回るようにせよ。夜討ちの衆を討ち果たした者には相応の褒美をする。そして、駆け集まらない者は一族を成敗する。その場所場所毎に責任者を配置しておくので、隠れることは出来ない。弓鑓・鉄炮持っている者はもちろんのこと、武器を持たぬ者は棒を持って、確実に出てくるようにせよ。

（天正十七年）十二月二十一日（上田憲定朱印・「慶宝」）

奈良梨

上田憲定印判状（折紙）〔松村文書〕（意訳）・原文『新編埼玉県史』資料編6―一五一六

この度、世間が不穏になったので、松山城へ籠城し、一心に走り回る事を宿中の者が総て同意したと（岡部）越中守が申してきたが、これは大変喜ばしいことである。長年、松山宿にいて生活をしてきた事の筋目で有り、この度走り回らずして何も出来ないだろう。走り廻りを心掛ける者は、小旗・鉄炮・弓・鑓等あった者を準備して走り回るのは喜ばしいことである。松山城に籠城し、一心に走り回る者は、どのような草刈り以下の者でも、帰城したならば、望みを聞き、必ず引き立てるので、この事は少しの心配もせず、走り回るようにせよ。しかし、走り廻りを申し出た上に、他（敵）へ心を寄せ、引き移るべく考える者は、それを断罪し、小田原へ申し上げ、分国中を尋ねて召し返し、必ず断罪するであろう。町人衆から脇百姓まで心得るように

（天正十八年）寅三月十一日（上田憲定朱印・「慶宝」）（小田原城中の）狩野陣より

本郷町人衆

新宿本宿共に

領主や城主に求められるまでもなく、城に籠もることは、我身や家族の安全を図る上では，安全策と考えられがちであった。領主から籠城を依頼されたが、史料に示される動員の内容の多くは、食料の支給が事前に約束された物でも無い。そして、戦後の恩賞等については、地下人に対してだけでは無く、松山城主上田憲定から家臣の家臣の木呂子丹波守宛ての書状（『東松山市史』資料編２―一〇四三）を見ても、その扱いは同じであったと見られるし、「出陣しない者は合戦に勝ったならば、一族やその従者まで磔に掛けることとする」「この出陣に参集しない者は頸を切る事とする」「駆け集まらない者は一族を成敗する。その場所場所毎に責任者を配置しておくので、隠れることは出来ない。」という文言には、強い強制力を確認せざるを得ない。これは領主の御国の危機を正面に置いた「絶対的支配権」の行使といえるだろう。

城への楯籠もりは、そこが最後の戦場となる以上、城への避難・楯籠もり、戦闘参加は大きな賭でもあった。籠城者は好むと好まざるとに関わらず、攻め方に取っては敵対するものであることに変わりは無い。だからこそ、『甲陽軍鑑』に記されるように、騎西城を上杉謙信が攻め「彼要害を責めくづし、籠りたる女・童まて、三千斗なでぎり」したのであろう。次の史料が桐生仁田山城落城時の様子を具体的に伝えている。

上杉謙信書状写〔太田文書〕（意訳）・原文『新編埼玉県史』資料編６―八三四

先の手紙で連絡したように、内々越山し、すぐに飛脚で申すべきであったが、そなたの側の様子で出会いを見合わせ、後に飛脚によりすぐに返事をした。それ以来、ひき続き放火を行いながら、沼田から（桐生）仁田山（城）・横瀬（の金山城）に向った。城を築いて堅く守っていたが、十三日から攻め懸かり、十五日に攻略、彼の城に楯籠もっていた者一騎一人残らず男女ともに撫で切りにした。その上で仁田山（桐生市）の普請を申し付け、又、沖中（太田市沖之郷中・矢場城カ）に攻め込もうと考えた。少し心配していたところ、手紙を頂き、様子がしっかりと把握できた。決着すれば急度使者を以て申し遣わすで有ろう。また、佐竹義重へも直接書簡を出す。このように心得ておいていただきたい。おって、その方から飛脚にて伝えられた里見への直接の手紙は届いただろうか。それ以後返事が無く心配している。

（天正二年）十月十九日　　（上杉）謙信

（常陸片野城主）太田三楽齊（道誉）殿

一方、城内に楯籠もった人々に対しては先の騎西城攻めに際しても、攻め方の史料である『上杉御年譜』の中では、「城中若干ノ女童ハ皆亡命ヲ助ケ玉ヘバ東西ニ遁レ行」とも記す。天正十八年の岩付城攻めでは「長岡忠興・池田秀政・長谷川秀一連署状写」『東松山市史』資料編2―一〇五三に示されるように「各城において城中の者の助命をせよとの命令を受け、以上の武将に申し伝え、さらに数に入らない者についても、命を助けるべきと仰せられるについて、城々請け取り候。」と攻め方にも城中に籠もった非戦闘員（数に入らない者）を助命したという史料もある。

長岡忠興・池田秀政・長谷川秀一連署状写

（略）そこで先ず良き城より攻め落とすことと仰せられ、木村常陸・浅野弾正・山崎志摩・平岩七之助の武将、都合二万余騎をもって攻め口を分担し（岩付城を）攻めた。去る二十日攻めかかり、そのまま宿まで押し入り、息をもつかせず端城まで攻め取った。数回の戦いがあって、城中本丸から坊主を使者に出し、「役に立つ者すでに皆討死し、城中には町人・百姓・女以下だけである。命をお助けいただきたい」と申すので、町人・百姓・女以下を助命するため攻め衆から検使を出し、町人・百姓・女以下を助命し、城を受け取った（後略）。

この城受け取りに際しての助命に対しても、先に峰岸が示した前田利家の書状は、礼銭が支払われた事を示している。「新田・桐生之城も拙者請取申候、然者御礼銭可上申之由申候条、只今中曖平ニ御座候、自是可申上候事、」とあり、新田金山城・桐生城も拙者が受け取ったが、この時受け取った礼銭を申し上げるべきであるが、今は曖昧になっているので、どのように扱うか申し上げて頂き、ご返事頂きたいと尋ねたのに対して、「御礼銭事、是も利家分別次第可仕事、」と御礼銭のことは前田利家が好きなようにすることという返答がなされている。

最後に、北条氏邦の行動を推し量る面白い史料がある。兄の小田原本城主北条氏政からの書状で、氏邦の措置に対して、氏政がクレームを付けたものである。氏邦には、後北条氏の支城主・西上野進攻への本城主の名代という立場を忘れ、独断専行で措置するきらいがあったのだろうか。その一つは、永禄十二年六月二十九日付のもの（戦北―一四二八）で武田氏を牽制するため、西上野に出陣したときの事である。その全文は第一章第五節に示したが、金鑚御嶽城をめぐっての仕置きに関るもので、次の様に記される。

「（金鑚）御嶽城の仕置きは先の手紙に示したように、まず関係者をなだめ、小田原へ申し入れるべき事では無く、平沢と浄法寺ともに融和させるべく、その人の身になって親切に申されるべきであろう。なおもすべき事は使者をもって申し伝える」と、そこでの平沢政実と浄法寺の間の所領をめぐる相論に対して両者の言い分を十分に聞かず、小田原へ伺いを立てた事への不手際が問題にされている。もう一つは、上杉謙信の家臣であった大石甚三の扱いで、次の様に厳しく咎められている。

北条氏政書状写（意訳）・原文『戦国遺文』後北条氏編二〇六四

一、当方への反逆者について、越後が没落した上は、何分にも当方の処置に従って下知されたように申しつけられるべきであろう。

一、大石甚三の事、その扱いを心得ていないと先に申した。何分にも越後の者であり、北条の扶助する者は北条の下知次第とすべきであるが、その方は自分の勝手次第と心得て措置し、我々の書付も渡さず、勝手に成されていることは不審な事である。全体で五人衆ということであるが、一カ所に置くべきでは無いだろう。この度も自らの知行地へ在郷すると申し出た人について、先に彼の者を召し寄せたが、河田等との争いについて、疑いを問いただすべき事があった。北条高広をはじめ、結局彼らは不忠人であり、おのおのが取り合いをわがままに致し、家中の者まで嫌気を差し、興味を持たなくなって久しい。分別のない咎人を咎のままにさせておくことは、咎さへもいたさない忠信の者に争いのもとを残すことになろう。さじ加減の無い手口と知るべきである。

（天正七年）四月十二日　　（北条）氏政

（北条）安房守（氏邦）殿

参考引用文献一覧

赤見初夫　一九九四「榛名峠城と権現山城及び雨乞山の要害について―城の変遷とその位置をめぐって―」『群馬文化』二三九号、浅倉直美編二〇一〇『北条氏邦と猪俣邦憲』論集戦国大名と国衆3所収
浅倉直美　一九八三「後北条氏と用土新左衛門尉」『戦国史研究』六号
一九八八「第四章　後北条氏の武蔵支配」『新編埼玉県史』通史編2　埼玉県
一九八八「後北条氏の権力構造―鉢形領を中心として―」『中世東国史の研究』東京大学出版会
一九九六「第四章三・四」『上里史』通史編　上里町
一九九七『後北条領国の地域的展開』岩田書院
二〇一〇「解説　乙千代の藤田入婿と鉢形領の成立」『論集戦国大名と国衆2　北条氏邦と武蔵藤田氏』岩田書院
浅倉直美編　二〇一〇『論集戦国大名と国衆3　北条氏邦と猪俣邦憲』岩田書院
新井浩文　二〇〇四「江南町周辺の「領」と領主支配」『江南町史』通史編上巻
新井克彦　二〇一四「新井縫殿助と下影森―「フナミ」の新井家―」『知々夫之国』第参巻第四号
池　享　二〇一二『東国の戦争争乱と織豊権力』動乱の東国史 吉川弘文館
池上裕子　一九七六「戦国大名領国における所領および家臣団編成の展開」『戦国期の権力と社会』東京大学出版会
池上裕子編　二〇〇五『中近世移行期の土豪と村落』岩田書院
稲葉継陽　二〇〇一「中世史における戦争と平和」『展望日本歴史一二　戦国社会』東京堂出版
二〇〇二「第3部　戦国から太平の世へ」『村の戦争と平和』日本の中世12　中央公論新社
入間田宣夫　一九九二『百姓申状と起請文の世界』東京大学出版会

岩槻市　一九八三『岩槻市史』資料編Ⅱ　岩付太田氏関係史料
宇高良哲　一九八八「安保氏の御獄落城と関東管領上杉憲政の越後落―新出資料身延文庫蔵「仁王経科註見聞私」奥書の紹介を中心として」『埼玉県史研究』第二十二号　埼玉県
梅沢太久夫　二〇〇一『秩父・中世吉田町の城01』吉田町教育委員会
二〇〇三『城郭資料集成　中世北武蔵の城』岩田書院
二〇〇五「松山城主上田氏の本領」『検証　比企の城』史跡を活用した体験と学習の拠点形成事業実行委員会
二〇〇五「武蔵松山城主上田氏と松山領」『戦国の城』古志書院
二〇一一『改訂版武蔵松山城主上田氏』戦国動乱二五〇年の軌跡　まつやま書房
二〇一二『関東争奪戦史　松山城合戦』戦国合戦記の虚と実を探る　まつやま書房
二〇一三『戦国の境目』秩父谷の武将と城　まつやま書房
小和田哲男　一九八四「後北条氏の鉢形領と鉢形城」『武蔵野の城館址』名著出版
太田賢一　二〇〇五『町内遺跡Ⅰ武州松山城跡第一次・第二次発掘調査報告書』比企郡吉見町教育委員会
太田市教育委員会編　一九九六『金山城と由良氏』
大村進編著　一九九〇『北本市史』第3巻下　古代・中世資料編　北本市
岡山大学付属図書館蔵『池田家文庫』「除帳・長田八郎左衛門」
小川町　一九九七『小川町史』資料編古代・中世Ⅱ
一九九九『小川町史』資料編古代・中世Ⅰ
勝俣鎮夫一九七九『戦国法成立史論』東京大学出版会
加須市　一九八四『加須市史』資料編Ⅰ

神奈川県　一九七九『神奈川県史』資料編3　古代・中世（3下）
上里町　一九九二『上里町史』資料編
加茂下仁ほか　一九八二『長尾景春と熊倉城』荒川村郷土研究会
　一九九四『秩父に残る戦国期の甲冑について―戦国期の土豪の実像を求めて―』
川越市　一九七五『川越市史』史料編中世Ⅱ
川越市立博物館　二〇〇〇『河越氏と河越館』
騎西町　二〇〇一『騎西町史』考古資料編
岸正尚訳　一九八六『小田原北条記』（上）教育社新書
工藤定雄ほか　一九七七『上杉家御年譜』1謙信公　米沢温故会
黒田基樹　一九九四「用土新左衛門尉と藤田信吉」『戦国史研究』二八号
　一九九五『戦国大名北条氏の領国支配』岩田書院
　一九九六「第四章一・二」『上里町史』通史編上巻　上里町
　二〇〇一『戦国期東国の大名と国衆』岩田書院
　二〇〇四『扇谷上杉氏と太田道灌』岩田書院
　二〇〇五『戦国大名の危機管理』吉川弘文館
　二〇〇九『図説太田道灌』江戸東京を切り開いた悲劇の名将　戎光出版
　二〇一〇「総論　戦国期藤田氏の系譜と動向」『論集戦国大名と国衆2北条氏邦と武蔵藤田氏』岩田書院
　二〇一一『戦国関東の覇権戦争』洋泉社
　二〇一三『北条氏年表―宗瑞・氏綱・氏康・氏政・氏直―』古志書院

黒田基樹・浅倉直美編　二〇一〇『北条氏邦と武蔵藤田氏』岩田書院
栗原一夫　二〇〇七『逸見若狭守の研究』―附鉢形北条被官分限録―
栗原仲道　一九七九「武蔵藤田氏の研究（1）」『埼玉史談』二五巻四号
　一九八二「武蔵藤田氏の研究（3）」『埼玉史談』二八巻二号
群馬県教育委員会　一九八八『群馬県の中世城館跡』
群馬県　一九七八『群馬県史』資料編5　中世1　古文書　記録
　一九八六『群馬県史』資料編7　中世3　編年史料
　一九八九『群馬県史』通史編3　中世
群書類従完成会　一九八六『群書類従』第二二輯
児玉町　一九九二『児玉町史』中世資料編
小林一岳・則竹雄一編　二〇〇四『戦争Ｉ』―中世戦争論の現在―青木書店
埼玉県　一九三四『埼玉県史』第四巻　関東管領時代
　一九八〇ａ『新編埼玉県史』資料編六　中世二　古文書二
　一九八〇ｂ『新編埼玉県史』資料編八　中世四　記録二
　一九八〇ｃ「小田原衆所領役帳」『新編埼玉県史』資料編八付録
　一九八二『新編埼玉県史』資料編五　中世一　古文書一
　一九八八『新編埼玉県史』通史編二　中世
埼玉県教育委員会　一九六八『埼玉の館城跡』
　一九八七『荒川の水運』歴史の道調査報告書第七集

二〇一四『埼玉県史料叢書12』中世新出重要史料二
埼玉県立歴史資料館編　一九八八『埼玉の中世城館跡』埼玉県教育委員会
一九九二『埼玉の中世寺院跡』埼玉県教育委員会
二〇〇五『戦国の城』古志書院
斎藤慎一　二〇〇二a『中世東国の領域と城館』吉川弘文館
二〇〇二b「武田信玄の境界認識」『定本・武田信玄　21世紀の戦国大名論』古志書院
二〇〇五『戦国時代の終焉』中公新書
斎藤富恵　二〇一〇「戦国の西谷」『平成二十一年度秩父市民大学講座　秩父学セミナー専門講座レポート集』秩父市
酒井憲二編著　一九九四『甲陽軍鑑大成』第一巻本文編上　汲古書院
坂戸市　一九八六『坂戸市史』中世史料編
佐藤博信　一九八八「第三章第一節二　享徳の大乱と武蔵」『新編埼玉県史』通史編二中世　埼玉県
二〇〇六『戦国遺文』古河公方編　東京堂出版
佐脇栄智　一九七六『後北条氏の基礎研究』吉川弘文館
史跡を活用した体験と学習の拠点形成事業実行委員会編　二〇〇五『シンポジウム埼玉の戦国時代　検証比企の城』
下山治久・黒田基樹編　一九九五『戦国遺文』6　東京堂出版
下山治久　二〇一〇『戦国時代年表』後北条氏編　東京堂出版
下山治久編　二〇〇〇『戦国遺文』補遺編　東京堂出版
狭山市　一九八二『狭山市史』中世資料編
澤出晃越　一九九一『深谷城跡』深谷市教育委員会

篠崎潔・平田重之　一九八九『皀樹原・檜下遺跡Ⅰ（阿保境の館跡）中世編』皀樹原・檜下遺跡調査会
柴田龍司　一九九一「中世城館の画期―館と城から館城へ―」『中世の城と考古学』新人物往来社
柴辻俊六・黒田基樹編　二〇〇二・二〇〇三『戦国遺文』武田氏編1～4　東京堂出版
上越市史編さん委員会編　二〇〇三『上越市史』別編1　上杉氏文書集一
二〇〇四『上越市史』別編2　上杉氏文書集二
杉山博校訂　一九六九『小田原衆所領役帳』近藤出版社
杉山博・下山治久編　二〇〇八～二〇〇九『戦国遺文』後北条氏編1～5　東京堂出版
鈴木宏美　一九八六「第三編第一章第三節一」『寄居町史』通史編　埼玉県大里郡寄居町教育委員会
高橋義彦　一九七一『越佐史料』巻四　名著出版
竹井英文二〇〇七「戦国前期東国の戦争と城郭―『杉山城問題』によせて―」『千葉史学』第五一号
武井尚　二〇〇四「北条氏邦の文書―乙千代発給文書を中心に―」『鉢形城開城―北条氏邦とその時代―』寄居町教育委員会
武田氏研究会編　二〇一〇『武田氏年表　信虎・信玄・勝頼』古志書院
田代　脩　一九九九「第二編第三章第二節」『小川町の歴史』上　埼玉県比企郡小川町
田中達也　一九九六「近世大宮町の形成過程」『歴史地理学調査報告書』第七号　筑波大学人文社会科学研究科
秩父地区文化財保護協会　二〇〇一『中世の秩父』資料集
千代田恵汎　一九八〇a「鉢形北条氏の権力構造（上）」『埼玉地方史』第8号
一九八〇b「鉢形北条氏の権力構造（下）」『埼玉地方史』第9号
二〇一〇『北条氏邦と猪俣憲邦』戦国大名と国衆3に再録　岩田書院
冨田勝治　一九九二『羽生城』―上杉謙信の属城―

萩原龍夫校注　一九六六『北条史料集』人物往来社
花ケ崎盛明　一九八五『上杉謙信と春日山城』
東松山市　一九八一『東松山市史』資料編第1巻
　一九八二『東松山市史』資料編第2巻
　一九八五『東松山市の歴史』上
比企地区文化財担当者研究協議会　一九九四『比企郡における埋蔵文化財の成果と概要』
平岡　豊　一九八四「猪俣能登守について―沼田城主としての活躍―」『國學院雑誌』八五巻一〇号
　二〇一〇『北条氏邦と猪俣憲邦』戦国大名と国衆3に再録　岩田書院
平田重之　一九九九「大里地域の中世遺跡」『埼玉の文化財第四十号』埼玉県文化財保護協会
福島幸八　一九六八『吉田家文書の調査』小鹿野町教育委員会
藤岡市　一九九三『藤岡市史』資料編　原始・古代・中世
藤木久志　一九七四『戦国社会史論』東京大学出版会
　一九八五「第五章第二節」『東松山市の歴史』上　東松山市　四五〇～四五四頁
　一九八七『戦国の作法』平凡社
　一九九五『戦国史を見る目』校倉書房
　一九九五『雑兵たちの戦場』朝日新聞社
　一九九七『戦国の村を行く』朝日選書五七九
　一九九七『村と領主の戦国世界』東京大学出版会
真島玄正　一九七九「戦国武将藤田氏の研究（1）」『埼玉史談』二六巻二号

二〇一〇『北条氏邦と猪俣憲邦』戦国大名と国衆3に再録　岩田書院
御獄城跡調査研究会　一九九五『御獄城跡研究会報告書』埼玉県児玉郡神川町教育委員会
山梨県　一九九八『山梨県史』資料編4中世1　県内文書
二〇〇一『山梨県史』資料編6中世3上　県内記録
二〇〇二『山梨県史』資料編6中世3下　県外記録
二〇〇五『山梨県史』資料編5中世2上　県外文書
山崎　一　一九七九『群馬県古城塁址の研究』補遺篇下巻　群馬県文化事業振興会
一九八四「山内上杉氏の城塁遺構の考察」『武蔵野の城館址』名著出版
一九八八「第二章二上野における中世城館の特色」『群馬県の中世城館跡』群馬県教育委員会
寄居町　一九八六『寄居町史』通史編
寄居町教育委員会　一九九八『史跡鉢形城跡一九九八—平成九年度発掘調査概要報告』
二〇〇〇『史跡鉢形城跡二〇〇〇—平成一〇年度発掘調査概要報告』
二〇〇六『史跡　鉢形城跡』第一期保存整備事業発掘調査報告書・第一期保存整備事業整備報告書
寄居町鉢形城歴史館　二〇〇四『鉢形城開城』
二〇〇九『北条安房守と真田安房守』
若松良一　二〇〇一『箱石遺跡Ⅱ』埼玉県埋蔵文化財調査事業団調査報告書　第二六七号

おわりに

私が、戦国史研究に没頭するようになって久しいが、その契機は埼玉県立歴史資料館の立ち上げを担当した事と、藤木久志先生に接することが出来た東松山市史編纂事業に参画させていただいた事にある。

藤木久志先生は、地道な資料収集を通じて得られた史料を駆使し、精緻で解りやすい文章で一九九五年『雑兵達の戦場』を著わした。中世の戦場では、「村も町も自らの力で生命財産を守る、たくましい試みを重ねていた。ふつう権力の象徴とされる領主や大名の城も、いざという時、領域の民衆の避難所になったし、城から遠い村々は、勝手知った近くの山に、山小屋・山城など自前の避難所をもった。境目の村は、両軍に年貢を半分ずつ納めて中立を確保し、あるいは敵軍に大金を払って村の安全を買った。村自身もふだんから武装し、敗残の落人と見れば、村をあげて襲いかかり掠奪もした。戦火を免れ、村や町を守るために、戦国の世は実に多様な自力の習俗を作りあげていた。」と記した。そして、一九九七年に戦国史を村人の視点で描いた『戦国の村を行く』を著した。私はこの二つの著書から受けた強烈な感銘は今も忘れることは無い。

「たえまなく世を襲う天地異変も大飢饉も戦争も、領主に徳がないから天の神々の怒りを招いたのだと真剣に考え、領主に公然とその償いと世直しを求めた。もしも領主がつとめを果たさなければ、実力（強訴・一揆・打ちこわし）で異議を申し立て、耕地を捨てる（逃散・上表）等の行動に出た。それは（徳政）黙っていてもやってくるものではなく、要求すべきもので」「自力次第であった。」これが「中世の世の掟」と規定された。「自力救済が戦国の掟」なのだといいきった「戦国法」と位置づけられた戦国史研究第一人者の先鋭的で、しかも戦略的な研究を評価できる能力は持ち合わせていないものの、知られることの少なかった戦国時代を学んで、一人の地域研究者として考えることは多い。

戦争は、それが中世であろうと、現在のものであっても、人々の生活や生命までも破壊し尽くしてしまうことに変わりは無い。しかし、戦争の行為そのものは、国家の安寧という大義のもとに正当化され、その行為に国民が荷担させられてきたことは歴史に学んでいる。最近の傾向として、子供から大人までを楽しませ、のめり込ませているものに、携帯端末などによる多くのゲームがある。この中で人々を魅了してやまないゲームに戦いをテーマとするものもある。ゲームを通じていろいろなパーツを取得し、更に戦いを複雑有利に展開する。戦いの先が見えない自分で創るゲーム展開にわくわくしている。一方では、戦国史上の出来事に工夫を加え、史跡等を活用して、地域振興の手段として観光資源化しているのも数多い。いろいろなメディアの上で表現される戦国史上の出来事は、好むと好まざるとに関わらず、ドラマティックに描かれる。ゲームの世界と同じで、我々の体験し得ない古い過去の出来事に触れられることで、人々の中に潜む冒険心を覚醒させ、楽しませているのも現実である。

しかし、戦国史などをテーマに描かれるものは、それが歴史上の一コマであり、そこには戦争という現実があった事を忘れてはならないだろう。今日でも世界各地で戦争が多発していることが毎日のように報じられている。人間の尊厳を奪い取ってしまう、多くの悲劇が世界各地で起きており、連日のように報道されている。戦争や、武力を伴う民族紛争などが引き起こす悲劇は、人間の殺害はもとより、女性や子供の拉致､人身売買､性的奴隷化､子供の兵士化など枚挙にいとまない。戦争は総てを破壊し､人々の尊厳をも奪い尽くし、本能をむき出しにして、人としての理性を失わせてしまうが、それが自己の目の前に現実として起らない限り、多くの人々がゲームの上に重ねてしまう事は無いだろうか。

太平洋戦争終戦の十五日前に生まれた筆者は、戦後の食糧難と生活苦という中学時代までの体験を、僅かな記憶の中に残しているが、本当の戦争の恐ろしさを知らない。戦国史研究を通じて戦争という現実を学んでいるが、今、戦後七〇年という長い平和の時代に生きる人々の中から戦争という悲劇が風化し、心の中から消え去ってしまわないよう祈り、真の「天下泰平」の世がこの地球上に訪れることを願わずにはいられない。

今、私は、地域の人間が、地域に残された史料をつぶさに取り上げ、土地勘を活かしたフィールド研究を徹底して行う「地域人による地域研究」に専念している。しかし、各所において深化できていない部分も数多くあり、更に深化させる必要性を感じている。資料整理を通じて収集した膨大な史料や情報を、少しでも公開したいと、求められままに、講演や講座に協力しているが、この中で得られた知見を多くの方々に利用していただき、切磋琢磨しながら、互いに更に深く追求して、地域の歴史をより具体的に表現すると共に、歴史が教える教訓を学び、私たちの生活を高めるために役立てて行くのが良いのではないかと考えている。

今年は、永禄七年迄と理解される北条氏邦の鉢形城入城から四五〇年の節目の年に当たる。この小著が北条氏邦の鉢形領支配を考える一助に成ればありがたい。

二〇一五年四月一日　古希の歳を迎えて

梅沢太久夫

和暦	月日	出来事	資料出典	頁
天正 18 1590		豊臣秀吉、真田昌幸に対し、箕輪城請け取り方等の指示を出すと共に、女童の拉致・売買などを禁止させる。	「豊臣秀吉朱印状」戦北－ 3624	244
	4下	松山城落城。	『新編埼玉県史』通史編2	
	5.20	岩付城、討死千人余を出して落城。	同前	
	5.27	長岡忠興等北条氏直に連署城を出し、岩付城主の奥方などの人質を赦免し、小田原に送る等を伝える。	「長岡忠興・池田秀政・長谷川秀一連署状写」2 ― 1053	138 278
	5.29	豊臣秀吉、鉢形城へ進軍、包囲するよう命ず。	「豊臣秀吉朱印状」6 ― 1559	
	6.14	鉢形城落城。	「豊臣秀吉朱印状」埼史－ 929	
	6.23	八王子城落城。	同前	
	7.3	忍城水攻め要の土堤普請完了。	「直江兼続書状」埼史 12 ― 938	
	7.6	小田原城落城。	『家忠日記』等	
天正 19 1591	10.26	北条氏邦、前田利家から千俵を与えられる。	「前田利家領地目録写」	140
慶長2 1597	8.8	北条氏邦没す。	「北条氏邦夫妻宝篋印塔」実測図	141

註1　この年表は『新編埼玉県史』通史編2、資料編5・6・8・9、『東松山市史』資料編2、『戦国遺文』後北条氏編・武田氏編・古河公方編、『戦国史年表』後北条氏編、『北条氏年表』『武田氏年表』『上杉氏年表』等を参考にして作成した。出典と年代観が異なる史料もあるが、改めて年代比定を行った結果である。

註2「出典」欄の数字は、原則として『新編埼玉県史』の巻数（2は通史編、5～8は資料編）を示し、番号は掲載文書番号を示す。『東松山市史』資料編2は市史2、番号は史料番号を示す。『戦国遺文』後北条氏編は戦北、武田氏編は戦武、古河公方編は戦古と略称し、そのほか小田原市史原始古代中世Ⅰ→小1、静岡県史資料編8→静、千葉県の歴史中世4→千4、新潟県史資料編5→新、上越市史別編1→上、北区史史料編中世1→北、『神奈川県史』資料編3下→神、群馬県史資料編7→群7、埼玉県史料叢書12→埼史と略称で記入した。

註3　本表中では後北条氏あるいは小田原北条氏と呼び習わされる戦国大名北条氏については北条氏と呼称した。

和暦	月日	出来事	資料出典	頁
天正 17 1589	11.21	豊臣秀吉、真田昌幸に猪俣範直が名胡桃城に攻撃をし、物主（鈴木主水）を討ち果たし奪取に対して、成敗することなどを伝える。	「豊臣秀吉朱印状」6 — 1485	127
	11.24	豊臣秀吉、北条氏へ宣戦布告する。沼田領国分けの事あり。	「豊臣秀吉朱印状」6 — 1486	128
	11.28	猪俣邦憲、吉田真重に追加の 200 貫文の着到を定める。	「猪俣憲邦判物写」6 — 1006	133
	12. 7	北条氏直は、5日に書簡を送られ、驚いて羽柴秀吉の側近富田・津田両者に氏直の上洛の遅れについて四ヶ条の条書を出す。	「北条氏直条書写」戦北 — 3563	130
	12. 9	北条氏直、徳川家康に名胡桃城奪取は北条方からの乗っ取りでは無い事を伝え、宣戦布告に驚き、取りなしを依頼する。	「北条氏直書状写」6 — 1492	132
	12.13	徳川家康に羽柴秀吉からの陣触が届く。	『家忠日記』小 1 — 834 頁	
	12.21	上田憲定、奈良梨郷へ印判状をだし、松山領への攻撃があったときの対処法を指示する。	「上田憲定印判状」6 —付 66	135 276
天正 18 1590	1.16	北条氏政、猪俣能登守に敵に備え、自身も鍬を持って普請に従事するよう指示する。	「北条氏政書状」埼史 12 — 894	
	2. 2	徳川家康 5 日、上杉景勝は 10 日、前田利家は 20 日に関東へ出発	「」静 8 — 4 — 2328	
	2.12	北条氏邦、大浜弥八郎に贄川の内、22 貫文宛行。	「北条氏邦朱印状写」6 — 1507	214
	2.14	上田掃部助、戸森郷百姓深谷兵庫が年貢未納で欠落し、一本木宿にいるのを帰村させる。	「北条家朱印状」戦北 — 3650	
	2.20	上田憲定、小田原籠城につき、木呂子丹波守等に松山城中の後事を託す。	「上田憲定印判状写」市史 2 — 1043	265
	2.28	上田憲定、犯科人・負債ある者にも参陣を促し、扶持・褒美・取立てなどを約す。松山城代上田河内守。	「上田憲定制札」6 — 1514	266
	3. 1	豊臣秀吉、関東出陣。	「蓮成院記録」小 1 — 768	
	3. 9	北条氏政、猪俣邦憲に豊臣秀吉は 15 日頃着陣予定、韮山・山中・足柄城の普請は怠りない等を知らせる。	「北条氏政書状」戦北 — 3675	136
	3.11	上田憲定、小田原陣中から松山本宿・新宿町人衆に宿中の者総ての松山籠城を呼び掛ける。	「上田憲定印判状」6 — 1516	135 266 276
	3.16	北条氏邦、大浜弥八郎に欠落百姓の召し還しを命じる。	「北条氏邦印判状写」6 — 1517	215 260
	3.28	山中城攻略。	「豊臣秀吉朱印状写」小 1 — 791	
	4.20	松井田城落城。これに先立ち、氏邦は 11 日、敵が松井田の上之山に陣取り、攻撃したと伝える。	『新編埼玉県史』通史編 2 『越佐史料』④	137
	4.26	北条氏直、木呂子丹波守・新左衛門父子に本意の後は駿河・上野で 1 箇所の知行を約す。	「北条氏直感状写」市史 2 — 1052	138
	4.29	北条氏直は上田掃部助・同河内守へ松山城・小田原城籠城籠城の忠節を認め本意の後は駿河・甲斐で一箇所の知行を約す。	「北条氏直判物写」埼史 12 — 912	

和暦	月日	出来事	資料出典	頁
天正16 1588	5.21	北条家北条氏邦に権現山城掟５カ条を発給。	「北条家朱印状写」6―1434	
	⑤23	沼田城の真田氏が権現山城を攻めるが、撃退される。	戦北－3331	
	6．7	北条氏邦、秩父孫二郎と同心衆に北条氏規上洛の分銭を知行役と扶持役の分限に従い半役の供出を命じる。	「北条氏邦印判状写」6―1435	263
	7.28	北条氏邦、吉田真重に渋川市の岩井堂山城の守備を申し付ける。深谷衆にも援軍依頼、20日間は戦闘態勢を取るよう申し渡す。	「北条氏邦書状写」6―1706	
	8.18	秩父孫次郎、北条氏邦奉行人として登場。	「城立寺禁制」6―1441	
	9．4	北条氏、沼田城を攻める。北爪新八郎の高名。	「北条氏邦感状」6―1445	
	10.13	北条氏邦、吉田真重に書を送り、信濃より500人程の忍者、権現山城侵入をもくろむとの情報を告げ、用心を厳命する。	「北条氏邦書状写」6―1170	125
	10.13	権現山城の軍備と吉田真重軍備の大要を記す。	「権現山城物覚写」6―1448	212
天正17 1589	1．3	北条氏邦、20人の飛脚と鐘打に屋敷を安堵し、花園山と共に管理を厳密にするよう命じる。	「北条氏邦印判状写」6―1452	
	2.20	北条氏直、氏邦に足利城の普請（破却）を無事にすめている事を伝える。	『戦国遺文』北－3427	
	2	徳川氏との国分け協定の問題で、北条氏直は板部岡融斎を秀吉の元へ派遣。秀吉の裁定が行われた。	「豊臣秀吉条書」群7―3356、6－1486	125
	3.11	石田三成、宇都宮国綱に氏直が足利に侵攻した事の調停を豊臣秀吉が行う等を伝える。	「石田三成書状写」小1－723	
	6．5	北条氏直から羽柴秀吉の家臣妙音院（富田知信）と一？軒（津田勝信）に氏直父子の内1人を上洛させるように行ってきたが、氏政の上洛を決めたものの、12月上旬に出発と伝える。	「北条氏直書状写」戦北－3460	
	6.23	羽柴方から氏政の上洛催促があったが、氏政の上洛は12月になると和田昌繁に伝える。	「北条家朱印状」戦北－3465	
	7.14	北条氏政、沼田城受取りについて、氏邦に対応を指示。	「北条氏政書状」戦北－3472	126
	7.21	北条氏直、豊臣秀吉の裁定で沼田城を真田昌幸から受け取る。	『家忠日記』	
	9．1	猪俣邦憲、吉田和泉守に330貫文の地の年貢催促	「猪俣邦憲判物写」6―449	
	9.25	北条氏直、足利城主長尾顕長に国峰城主小幡が氏邦の命に従わない場合、氏邦が退治に出陣するので、参陣を要請。	「北条氏直書状写」6―1477	
	11．5	北条氏直、猪俣邦憲に沼田は境目の城であり、昼夜を問わず油断無く走り廻る事が大切等と伝え、大筒2挺と1種1荷を送る。	「北条氏直書状」戦北－3537	

和暦	月日	出来事	資料出典	頁
天正 15 1587	2．6	北条氏房、道祖土満兼に小田原城普請人足３人を賦課する。	「太田氏房印判状写」6－1359	
	2.28	豊臣秀吉、真田昌幸に矢留（合戦停止）を命じる。	「豊臣秀吉書状」戦北－3465	
	5．3	松井田城普請について後閑氏へ人足 50 人申しつけるよう垪和伯耆守康忠へ朱印状を出す。	「北条家朱印状」戦北－3088	120
	5．8	箕輪城普請。氏邦は宇津木下総守に人足５人申しつける。	「北条氏邦書状」戦北－3095	
	5.21	徳川家康、北条氏政・氏直父子に豊臣秀吉への従臣の為、入洛するよう促す。	「徳川家康起請文」戦北－4534	119
	6.10	北条氏邦、深谷市荒川の持田四郎左衛門・治部左衛門に印判状を出し、荒川衆の棟別銭を免除し、扶持を与え直臣であり、武具を用意するよう命じる。	「北条氏邦印判状」6－1374	121 227
	7.30	北条家、川越市大袋と大井等の小代官・百姓中に郷中から戦闘要員を選ばせ、道具を用意致し、その交名を提出させる。	「北条家定書」6－1383、1385	122 123 275
	9.10	上田憲定、比企左馬助（則員）に印判状を発する。	上田憲定印判状写」6－1392	
	9.20	猪俣邦憲、飯塚和泉守に領地内より５貫文を与え、境目所用の時は多野郡谷中の野伏を招集する触口を等を申し付ける。	「猪俣邦憲判物」6－1394	124
	11．2	北条氏照、金子左京亮に久下郷検地増分は小山衆の給分の旨を告げる。給田の増分召し上げは国法なりという。	「北条氏照印判状」6－1404	
	12.11	北条氏直、赤堀又太郎に阿曽砦への在番を命じる。	「北条氏直書状」群７－3500	
	12.24	太田氏房、道祖土図書助と内山弥右衛門に来年 50 日の出陣に備え、妻子の岩付城大構の入城を 12 月 18 日までとする。	「太田氏房印判状」6－1409・1410	
	12.27	猪俣邦憲、榛名峠城法度を出す。	「榛名峠城法度」6－1413	207
天正 16 1588	1．5	太田氏房、道祖土図書助に岩付城領分八林の兵粮を 30 日までに大構の内に運び込む事を命じる。	「太田氏房印判状」6－1417・1418	
	1．6	太田氏房、下井草比企分、角泉立川分に岩付城外構普請のため人夫３人分出役を命じる。	「太田氏房印判状写」6－1419	
	3.29	北条寺邦、沓掛郷に対して、出陣中に付足軽を含め、郷人の延宝への泊まり、他郷の人の連れ込みを禁止、畑の管理を徹底する事命じる。	「北条氏邦印判状写」 埼史－464	234
	4.27	猪俣邦憲、名胡桃に近い権現山城取り立て。	「北条氏政書状」戦北－3446	209
	5．5	太田氏房、道祖土図書助他の家臣７人と同心合わせて 22 人に小田原番所へ出役を命ず。	「太田氏房印判状」6－1428	
	5．7	猪俣邦憲、吉田真重に権現山城在城を申し付け、父旧領小嶋郷百貫文を安堵、黛郷に 150 貫文を宛行。更に本意の上は名胡桃に 300 貫文を宛行うという。	「猪俣邦憲判物写」6－1431	124 209

和暦	月日	出来事	資料出典	頁
天正 13 1585	4	北条氏直、皆川攻め開始。閏８月再度攻撃。	〔斎藤慎一 2005〕	
	7.11	羽柴秀吉、関白となる。	2-675 頁	
	8．1	羽柴秀吉、太田三楽齊道誉に返書を出し、来年３月富士山見物を兼ねて、東国の仕置きを行うと伝える。	「羽柴秀吉書状」６－1306	
	8.24	真田勢、赤城村津久田へ出陣、後北条勢と戦い敗退	「北条氏政判物写」群７－3388	
	9．8	徳川勢、真田と対陣。北条氏直、沼田城を攻める。沼田城下を打ち散らす。	「北条氏直書状」群７－3387	
	9.28	沼田宿城上戸張で合戦。高名を上げた矢野兵部右衛門に書状を出し、御陣で猪俣邦憲が披露し、お褒めの言葉があった。おって感状が出される事を伝える。	「北条氏邦書状写」戦北－2866	
	10.2	羽柴秀吉、島津義久に「天下静謐令」を出す。	『旧記雑録』後編２巻 91	114
	10.29	北条氏直、徳川と豊臣秀吉が合戦に成れば援軍を出すと伝える。	「北条氏直書状写」戦北－2876	113
天正 14 1586	1.10	北条家戌年大普請、入間郡本郷百姓中夫３人の小田原参集を命ず。	「北条家印判状」６－1318	
	3.10	北条氏邦、阿熊の志路屋氏に育林と管理、欠落者の拘引を命じる	「北条氏邦印判状写」６－1324	204 259
	3.13	北条氏邦、秩父孫次郎と同心衆に鉢形城秩父曲輪 174 間の庭掃除分担を定める。	「北条氏邦掟書」６－1327	120
	3.15	北条氏邦、持田四郎左衛門に人身売買等の禁止の掟書をだす。	「北条氏邦掟書」６－1328	254 273
	4.19	北条氏直、猪俣邦憲が沼田城に向い、砦を築城したが、そこで活躍した小山田将監に書状を出す、	「北条氏直書状写」戦北－2949	
	5.25	北条氏照・氏邦・氏規を大将に沼田城を攻め、大敗して撤退。	『戦国史年表』後北条氏編	
	6．1	北条氏直、下野皆川城攻略、皆川広照を降伏させる。宇都宮国綱の多気山城を裸城にする。	「北条氏照書状写」埼史－789	
	6.11	北条氏房、三保谷郷の道祖土満兼に岩付城普請役として同郷の人足を悉く集め中城での普請工事に五日間従事させる。	「太田氏房印判状」６－1337	274
	10.18	北条氏邦、吉田町の阿熊の篠蔵百姓與二郎に助左衛門等３人は譜代の者では無いと裁定。	「北条氏邦印判状写」６－1346	262
	この頃	豊臣秀吉、関東・奥惣無事令を発す。	『戦国史年表』後北条氏編	
	11．4	北条家は秀吉との合戦になった場合は北条氏邦がとるべき鉢形城主としての定書３カ条を示す。	「北条家印判状」６－1349	116 206
	11．4	羽柴秀吉、上杉景勝へ徳川家康が帰順したことなどを伝える。	「羽柴秀吉判物」群７－3450	115
	11.15	徳川家康、「関東総無事令」の事を北条氏に伝える。	「徳川家康書状」群７－3452	117
	12.30	北条氏邦、糟尾伊与に阿那志から関野帯刀領地へ欠落の２人を召し返す事を命じる。	「北条氏邦印判状写」６－1354	260

和暦	月日	出来事	資料出典	頁
天正 10 1582	10. 28	徳川と後北条の同盟成立。	「徳川家康書状写」6 − 1175	
	10.25	同日、森下で合戦、荒木主税助の高名を賞す。	「北条氏邦感状」戦北 − 2469	
	11. 5	北条氏直、大道寺政繁を小諸城代に宛て上野衆に番衆を命じる。	「北条家朱印状」戦北 − 2441	
	12. 9	北条家、奈良梨に7ケ条の伝馬掟を下す。3ケ年は1日に3疋、出馬の時は10疋。	「北条家伝馬掟」6 — 1179	
	12.24	北条氏邦、名胡桃城における忠信を期待して新木河内守らに19人と他204人に糸井・森下等を取り、扶持にするよう申し渡し、中山を攻略後、即、倉内も攻めると伝える。	北条氏邦印判状写」6 — 1095『戦国遺文』後北条氏編は巳を間違いとし天正十年に比定	109
天正 11 1583	1.13	甘棠院で足利義氏の葬儀が行われる。	『戦国史年表』後北条氏編	
	3. 2	北条氏邦、大戸城取り立て	「北条氏政書状写」戦北 − 3096	110
	4.10	北条氏邦、沼田城攻略近き事を伝える。	「北条氏邦印判状」6 − 1219	
	6.4	北条氏邦、板鼻宿町人衆に宿掟を発す。	「北条氏邦印判状」6 − 1224	233
	6.11	徳川家康、督姫の輿入れを7月として通知。また沼田・吾妻を北条に渡すとの連絡に氏政が謝意を伝える。	「北条氏政書状写」戦北 − 2547	110
	6	太田資正・梶原政景・佐竹義重・結城晴朝などの反北条連合が羽柴秀吉と好を通ず。	「羽柴秀吉書状写」6 − 1230	
	9.21	奈良梨は公方伝馬に走り回りに付、諸役免除と伝える。	「上田憲直印判状」6 — 1234	272
	9.23	北条氏邦、吉田政重に退転百姓で小島台へ帰住のものには10年間諸役免除し荒地を開発させ、田畑は知行地として宛行と約す。	「北条氏邦印判状写」6 — 1235	205
天正 12 1584	2. 8	太田氏房、井草郷細谷三河守分と八林郷道祖土図書分の百姓中に三田郷の堤防普請のため10日間の出役を命ず。朝は日の出から夕は日の入りまで、1日遅れれば5日加算が惣国の法という。	「太田氏房印判状写」6 — 1241・1242	
	2.16	上野の大戸城普請、松井田衆の本領分人足延べ90人申付ける。	「北条家朱印状」戦北 − 2630	
	3.23	氏邦、只沢の百性衆に荒れ地開発次第領地とし、地下人を集め開発するよう申し渡す。	「北条氏邦印判状」戦北 2660	
	3.28	上田憲定、下野足利攻め等に出陣。	〔斎藤慎一 2005〕	
	4.22	北条氏直、栃木小山表で合戦。	「北条氏直感状写」戦北 − 2674	
	7.13	由良氏の五覧田城を攻略。	「北条氏直感状」戦北 − 2689	
	12	金山城・館林城陥落。北条氏直、館林に制札を掲げる。	「北条家禁制」戦北 2761 他	
天正 13 1585	1. 4	北条氏照、金山・館林両城を攻略。	「北条氏照書状」戦北 − 2762	
	1.14	足利・桐生城主長尾顕長に河東在陣中の赤岩酒巻間の渡舟往還禁止、舟橋1箇所の設置をを命じる。	「北条家朱印状」戦北 − 2768	

和暦	月日	出来事	資料出典	頁
天正 10 1582	6.16	長井政実、飯塚氏に阿久原・渡瀬・その他半手の者の北谷片切への近づきを禁止し、北谷の者に鑓・弓を用意することを命じる。	「長井政実判物」6 — 1106	256
	6.18	金窪合戦。北条氏邦、滝川一益と戦う。氏直本庄城に入る。滝川勢勝利、首六百余討取る。	「某書状写」6 — 1133 『石川忠総留書』8 — 499 頁	96
	6.19	再び神流川合戦、滝川勢敗走。		
	6.22	北条氏邦、大戸に対して禁制を発し、百姓達に還住を命じる	「北条家禁制」埼史 — 628	
	6.24	北条氏直、神流川合戦で大勝利滝川勢 3 千人討取りと伝える。	「北条氏政書状写」戦北 — 2359	
	6	北条氏直、沼田城攻略。	「太田道誉書状写」6 — 1124	
	7. 1	北条氏は小諸進軍、徳川氏は甲府を越え北条陣近くに在陣、上杉氏は川中島に張陣。	千四 — 五三五頁	
	7. 3	徳川家康、甲斐に進攻。	『戦国史年表』後北条氏編	
	7.12	北条氏直、信濃の海野に進攻。		
	8.10	逸見蔵人の子、与八郎は法度に背き知行預かり処分。	「北条氏邦書状写」6 — 1708	196
	8.12	北条氏忠甲斐都留に進攻、黒駒で徳川勢と合戦大敗し、氏直救出計画が頓挫。	『家忠日記』	
	8.16	上田長則、本郷宿町人衆に山ノ根そのほかの者が他郷の市へ諸色を出荷することを禁止。荷物と馬を押さえるだけでなく打ち殺して良いと伝える。	「上田長則印判状」6 — 1157	
	8 .16	上田長則、本郷宿町人衆に山ノ根そのほかの者が他郷の市へ諸色を出荷することを禁止。荷物と馬を押さえるだけでなく打ち殺して良いと伝える。	「上田長則印判状」6 — 1157	
	8. 17	北条氏直は若神子で新府城に布陣した徳川家康勢と対陣。ここで勝利しなければ、当方滅亡しかない。5から7日の内に甲州へ討ち入る。今は甲府へ 30 里の内にいて、氏政が出陣したので敵の敗北は疑いない等と原胤栄に伝える。	「北条氏政書状」戦北 — 2395	106
	8. 21	北条氏邦、山崎弥三郎の阿形岩の戦功を賞し、野上用土分など 21 貫 350 文の地を宛行。	「北条氏邦印判状写」6 — 1158	105
	8. 22	北条氏直、山本与太郎・河田新四郎に甲州北谷表戦功を賞す。	「北条氏直感状」6 — 1159・1160	105
	9. 19	北条氏邦、岩田玄蕃に瀧上河端屋敷・金尾山養父岩田彦次郎屋敷跡を安堵。	「北条氏邦判物」6 — 1164	
	10. 11	北条氏政、氏邦に返事を出し、徳川との戦いは当家の存亡を掛けた戦いといい、真田との事は重要で名利をなげうってでも走り廻ることなどを油断無きよう苦言を呈する。	「北条氏政書状写」戦北 — 2430	106
	10.12	北条氏直、逸見氏に越河 3 日間の出陣で帰国された事尤もという。	「北条氏直書状写」戦北 — 3965	196
	10. 25	真田逆心と伝え、猪俣邦憲を信州境内山城に移らせ防備させる。	「北条家朱印状」戦 北 — 2436・2438	

和暦	月日	出来事	資料出典	頁
天正8 1580	6.11	小幡信真、黒澤大学助・に黒澤新八郎に一族で談合し日尾城の乗っ取りをすれば小鹿野近辺土地をを望み通り与え、秩父郡が本意になればこのほかにも与えると約す。	「小幡信真判物写」群7－3019・3022	94 192 193
	6.30	武田勝頼は沼田城の藤田信吉に沼田城引き渡しへの恩賞として利根川東岸300貫文の地を与える。	「武田勝頼判物」群7－3028	88
	7．1	武田勢、名胡桃城を攻略、小川城の小川可遊斎も武田に従属	「武田家定書」群7－3030	89
	8.17	真田昌幸、沼田城将の用土新左衛門に武田への服属を勧める。	「真田昌幸書状写」埼史12－571	90
	10.12	武田勝頼9月20日に出陣。新田・太田宿・館林などを放火攻略、北条氏政後詰に本庄に出陣、勝頼は再び利根川を越えたが、氏政は退散したので、甲府に帰陣と景勝に伝う。	「武田勝頼書状」6—1050	
	10.14	13日夜中に敵襲があったが、外郭に楯籠る敵に対して奔走し活躍をした事を賞し、改めて女淵衆引き立てを約す。	「北条氏邦印判状」戦北－2432	
	12．1	北条氏邦、商人長谷部備前守に栗崎・五十子・仁手・今井・宮古嶋・金窪を結ぶ利根川両岸・神流川東岸内の塩止を命じる。	「北条氏邦印判状」6—1052	
	12．9	武田勝頼、倉内本意に付藤田信吉に沼田等総てを宛行。	「武田勝頼定書写」群7－3045	93
天正9 1581	3.17	小幡信真、小幡昌高に山中は秩父との境目であり、昼夜油断無く何れの被官なり共区別無く、手配りし八幡にいる敵に備えるよう下知する。	「小幡信真判物写」埼史12－587	
	3.18	北条氏邦、阿熊山中の四郎三郎を召し返し、被官とし、元の主人や代官でも口出しを禁止し、時期を見て扶持する事、山中にいる時は黒澤上野守の指示を受ける事を命ず。	「北条氏邦印判状写」6—1063	203
	7．8	北条氏政、岩付衆の道祖土図書助・内山弥右衛門尉・金子越前守・金子中務丞・鈴木雅楽助の着到を改訂する。	「北条氏政印判状」6—1076～1080	
天正10 1582	2.20	北条氏政は氏邦に書簡を送り、信州表の様子が把握出来たので、多波川（多摩川）までの諸軍の参陣を求め、そのうち考えて、西上州か甲州表か、それとも駿河方面かを決定するので急いで準備するよう伝える。	「北条氏政書状写」6—1096～1103、1108	98 ～ 101
	2.25	北条氏邦、此の度の出陣に際して秩父孫二郎以下同心衆に軍役着到を指示する。139人の一騎合衆の員数と武具を指定する。	「北条氏邦印判状写」6—1109	198
	3.12	武田勝頼が自害（11日）と伝える。武田氏滅亡。	「北条氏邦書状」6－1113	95
	3.23	織田信長、滝川一益に上野国を与える。		
	4．6	箕輪城に滝川一益が入り、由良国繁、那波・厩橋・深谷・鉢形の面々が一益に従属する。	「倉賀野家吉書状写」戦北－4491	103
	5	小田原城大普請。滝川一益、厩橋在城。	「北条氏邦書状」6—1122	102

和暦	月日	出来事	資料出典	頁
天正6 1578	7. 1	北条氏邦、津久井五郎太郎の寄居町六具（供）の高名を賞す。	「北条氏邦印判状」6—959	
	7. 6	沼田城攻略のため、北条勢5千余騎派遣と長尾憲景に伝える。	「北条氏政書状」戦北－2006	
	7.17	沼田城落城。北条氏の軍勢が本城へ入城。	「北条氏政書状」戦北－2009	
	10.10	上杉景虎は北条氏邦や北条輔広の来援を感謝する。	「上杉景虎書状写」6—964	
	12.9	北条氏政、沼田城の河田重親に沼田城代を保証し、来春、景虎の救援に越後へ出馬と伝える。	「北条氏政書状写」戦北－2034	86
天正7 1579	3.24	上杉景虎、越後鮫ヶ尾城で自害。	『戦国史年表』後北条氏編	
	4.12	北条氏政が北条氏邦に上杉景虎の没落後の処置に対して諫める。	「北条氏政書状写」戦北－2064	280
	4.29	天正6年の岩付城大普請の未進分出役を命ず。	「北条家印判状写」6—983	
	6.20	鳩ヶ谷宿の百性が血判して逃散したことについて、北条氏は領主の非を認め、逃散の罪を許し帰村して働くよう命じる	「後北条氏裁許朱印状」6—989	269
	7.17	北条氏政、沼田城を落とし、手勢を入れる。	「北条氏政書状写」6－992	
	8.20	武田勝頼、上杉景勝と再び同盟。	戦武－3154	
	9.19	徳川家康、上杉景勝と断交し浜松城を出陣し、駿河城に入る。	『戦国史年表』後北条氏編	
	11. 3	北条氏直、逸見右馬助の長の在陣（沼田カ）の労苦を賞し、3種1荷を差し上げ、北条氏規から伝えさせる。	北条氏直書状写」戦北3969	
	11.22	武田勝頼、小林松隣斎に贄川の向、田野・日野・戸沼・陣原、影森の向、下影森200貫文を本意の上はと条件をつけ宛行。	『藤岡市史』資料編原始・古代・中世851頁	191
	12.28	宮古嶋衆と倉賀野衆の合戦。吉田真重2人討ち取りの高名。	「北条氏政感状」戦北－2129	
天正8 1580	1. 1	北条氏邦、吉田真重と同心衆にこの度の合戦大切に付、北条家法度の如く軍役を調えることなどを命じる。	「北条（氏邦）印判状写」6—1012	
	1	真田昌幸は名胡桃城に入り、沼田城を攻める。	『戦国史年表』後北条氏編	
	2.17	金鑽御嶽城主長井政実、倉林越後守に児玉金屋・塩谷など40貫文の地を宛行。	「長井政実判物写」6—1016	
	2	金山城主由良国繁、館林城主長尾顕長、武田氏と同盟する。	「北条氏政書状写」戦北－2141	
	3. 6	北条氏邦、金井源左衛門に無足のため、広木御領所内と西上野で14貫文宛行。馬上の軍役を定める。	「北条氏邦印判状写」6—1024	
	3.22	北条氏邦、山口下総守と衆中・山川・三五郎にあて番衆各10人の参集を命じる。	「北条氏邦印判状」6—1027	
	6.23	真田昌幸、沼田城受け取り後の備え等について在城衆に指示。	「真田昌幸条書写」群7－3015	91

和暦	月日	出来事	資料出典	頁
天正 4 1576	6.23	北条氏政は川島町井草の百姓中に関宿城の大普請役を命じる。	「北条家印判状写」6―876	
	9.24	上田長則、松山本郷町人に町定五ケ条を出す。	「上田長則定書写」6―883	
	10.21	北条氏邦、持田四郎左衛門他９人の軍役要領を定める。	「北条氏邦印判状」6―885	183 225
	11.19	北条氏邦、中四郎兵衛に寄居町飯塚の原、田畑開発を命じる。天正５年より７年間諸役不入とする。	「北条氏邦印判状」6―886	
	11.20	北条氏邦、新井新二郎の普請人夫役３人を定める。出役は春５日、秋５日の年 10 日とする。	「北条氏邦印判状写」6―887	
天正 5 1577	3.28	梶原政景、上杉氏９人衆に新田攻めが手詰り状態、北条は伊勢崎に築城など伝える。	「梶原政景書状写」6―903	85
	5.19	北条氏は新田へ鉄炮衆を派遣。	「北条家朱印状写」戦北― 1911	
	7. 5	北条氏は関宿両宿（網代宿・台宿）町人衆に五日の内に総ての者が弓鑓を持ち、弓やりを持たない者は鎌を持って参陣を命じる。	「北条家印判状写」6―918	84
	7.11	結城晴朝、宇都宮国綱に書を送り、北条氏の関宿着陣、舟橋架橋を伝え、警戒するよう伝える。	「結城晴朝書状写」6―914	
	7.13	北条氏は結城晴朝攻略に際して、岩付諸奉行の出陣要領をさだめる。	「北条家印判状」6―915	235
	8.10	北条氏政、遠山甲斐守（政景）に舟橋費用 30 貫文を受け取らせ昨年の如く舟橋構築を命ず。	「北条家朱印状」戦北― 1934	
	8.20	北条氏邦、荒川衆の軍役奉仕要領・武具等を定める。	「北条氏邦印判状」6―927	184
	8.26	北条氏邦、内田縫殿助に阿佐美村に６貫文の地を宛行。	「北条氏邦印判状写」6―928	
	10. 9	北条氏邦、吉橋和泉守と弟高柳因幡守に村岡河内守分を宛行。	「北条氏邦印判状写」6―931	
	12.23	梶原政景、織田信長に上洛の祝いを延べ、関東の情勢を伝え合力を約す。太田道誉も 28 日同様の書簡を出す。	「梶原政景書状写」6―938 「太田道誉書状写」6―939	85
天正 6 1578	1.19	結城氏の求めにより、上杉謙信は関東への出陣の陣触を出す。	「上杉謙信書状」上― 1374	
	3.13	上杉謙信没す。（不識院殿真光謙信、49 歳）	「上杉景勝書状写」6―948	
	6. 1	武田勝頼、北条氏邦に敵の様子の知らせに感謝し、氏政は去る 26 日に河越城に着陣したのかどうか、当方も氏政の指示通り４日には出陣等を伝える。	「武田勝頼書状」6―956	86
	6	越甲同盟が結ばれ、武田氏が東上野まで領有。	群馬県史通史編 641 頁	
	6.11	北条氏政は河田重親に北条氏側に味方をしたことで上田の庄に出陣出来たので、沼田城は落城するだろう。景虎の本意が明白。所領の事は氏政に任せていただくこと、その他、望みの事は相談に乗る等と伝える。	「北条氏政書状」6―957	86

和暦	月日	出来事	資料出典	頁
天正 2 1574	4.16	上杉謙信、菅原為繁に利根川減水により北条氏政の本庄・本田への移陣、自身は赤岩城への向城として今村を取り立て対陣を告げ羽生救援の困難を伝える	「上杉謙信書状」6－806	78
	4	北条氏繁、羽生出陣、花崎城自落。	「北条氏繁書状」戦北－1702	79
	5．2	北条氏繁、関宿城近くに進軍、作毛刈り取り、明日は利根川を渡河、小山城に入り宇都宮表進軍予定という。	「北条氏繁書状」戦北－1702	79
	5.13	北条氏邦、吉田和泉守・新左衛門父子に猪俣他四箇所を宛行。軍備えについて具体的に指示。	「北条氏邦判物」6－1701	223
	5.24	上杉謙信、菅原為繁に帰国を告げ、来たる越山まで堪え忍ぶことを依頼す。	「上杉謙信書状写」6－811	
	8.15	北条氏政・氏照、厩橋へ出陣。	「北条氏照書状」埼史－441	
	9．3	北条氏照、品川郷から欠落している者の人返しを命じ、これは国法という。	「北条氏照判物」埼史－445	261
	10.19	上杉謙信、仁田山城攻略、残らずなで切りにし、普請を行い沖中城に向かう。	「上杉謙信書状」6－834	80 277
	11．4	北条氏政、関宿城を攻める。	「北条道感」戦北－1733	
	11.22	上杉謙信、足利・新田・館林を焼き払った後、22日左井名沼（越名沼）に着陣。那須資胤に早々の出陣を求める。	「上杉謙信書状」6－838	81
	⑪18	上杉謙信敗北、羽生自落、関宿城開城。	「北条氏政書状」6－848	83
	⑪20	上杉謙信、鉢形・松山・忍・深谷城下等を焼き払うと伝える。騎西城・菖蒲城・岩付など放火、上杉謙信、羽生城を破却して厩橋城に19日帰陣。	「上杉謙信書状写」6－849	82
	12.16	簗田持助、関宿城を北条氏政に渡す。足利義氏赦免する。	「北条氏政条書写」6－854	
天正3 1575	2.14	北条氏邦、金鑽寺に寺領5貫文安堵。	「北条氏邦印判状」6－856	
	3．2	北条氏邦、四方田土佐守に野上金井分15貫文宛行。同地は散田のため百姓おらず、百姓を集め開墾させ、諸役免除する。	「北条氏邦印判状写」6－860	
	8．8	北条氏邦、吉田真重・足軽衆に留守中に陣触が発せられたら郷中の足軽や地下人等を悉く出陣させ黒澤篠蔵に任せること、下知に従わない者がいたら真重の落ち度とすると申し渡す。	「北条氏邦印判状写」6－1023	
天正4 1576	2	河越城普請。	「大道寺政繁書状」6－871	
	5.30	上杉謙信、直江景綱に赤石・新田・足利に進攻。田畑を荒らす。また、桐生領から足利領へかかる用水を破壊。29日に桐生広沢に引き返し、30日桐生の田畑を荒らした。明後日までに帰国と伝える。	「上杉謙信書状」上－1290	
	6.13	北条氏邦、出浦左馬助・山口雅楽助に七ヶ条の軍法を出す。	「北条氏邦印判状」6－874・875	224 226

和暦	月日	出来事	資料出典	頁
元亀4 1573	3．1	北条氏邦、町田雅楽助に寄居町小園に20貫文宛行。	「北条氏邦印判状」6－757	
天正元	3.20	北条氏邦、長谷部肥前守と田中の百姓に、逃散百姓を糺明し、連れ戻すよう命じる	「北条寺邦印判状写」6－761	259
	4.10	北条氏邦、逸見平右衛門にあて印判状を発給し、新舟新五郎の不勤仕で知行召し上げ、斎藤右馬亮に与えると伝える。	「北条氏邦印判状」6－764	182
	4.12	武田信玄信濃で没す。（機山玄公大居士、五二歳）	『戦国史年表』後北条氏編	
	7.27	北条氏照、関宿城攻略、かせ者等内応夜戦、	「簗田持助書状写」6－773	
	8．9	北条氏政、関宿城から出馬し、羽生市小松に在陣。	「小山孝哲書状写」千4－88-1	
	10.23	北条氏邦、鐘打中・鐘阿弥を鉢形領の鐘打に任命し、飛脚役は月に五度宛と定め、是を勤めれば末野に屋敷分を与える。	「北条氏邦印判状写」6－No775	
	11.20	武田勝頼、長井豊前守（政実）に知行五千貫余の替え地について総てを宛行なかったので検使を遣わし，料所を改め旧領に不足無く宛行うことを約束する。	「武田勝頼判物」戦武－2215	76
	12.25	上杉謙信、正月雪が止み次第越山を伝え、羽生城主木戸伊豆守などに金2百両を送る。	「上杉謙信書状」6－785	74
天正2 1574	1．3	北条氏邦、町田某に土佐守の受領名、町田某に雅楽助の官途を与える。	「北条氏邦印判状」6－786,787	
		北条氏邦、吉田真重に新左衛門尉の官途を与える。	「北条氏邦印判状写」6－788	
	2.10	北条氏邦、上吉田代官・百姓中に谷中の百姓の欠落者の捕縛を命ず。	「北条氏邦印判状写」6－793	259
	2.16	北条氏繁、鷲宮神社神主に書を送り、深谷城を攻略したが、羽生城に進攻、氏繁は今日前木まで進軍、明日は鷲宮口から羽生に進攻するので、道案内を依頼、羽生と鷲宮の境を確認したいなどと伝える。	「北条氏繁書状写」6－756	75
	3.13	上杉謙信、越山し羽生城主木戸伊豆守などに上野の戦況などを告げる。善城・山上城・女淵城・深沢城攻略、御覧田城は破却、続いて羽生進攻。	「上杉謙信書状」6－798	
	3.20	北条氏邦、逸見与八郎に兵粮・衣装・馬・武具等の支度要領を発す。	「北条氏邦印判状」6－800	222
	3.27	上杉謙信、桐生陣払い、羽生口出陣。北条氏政は富岡重朝に小泉城堅固の防戦を命じ、出陣を告げる。	「北条氏政書状写」6－801	
	4．4	上杉謙信、羽生城の木戸伊豆守などに羽生筋への進軍を伝え、舟を多く集めるよう指示する。	「上杉謙信書状写」6－804	
	4.13	上杉謙信、大輪陣より羽生城3将に利根川の増水で渡河できず、兵粮弾薬の輸送失敗、救援の困難を伝える。	「上杉謙信書状」6－805	77

和暦	月日	出来事	資料出典	頁
元亀 2 1571	12. 3	武田信玄、武蔵に入り北条氏邦と戦う。氏邦、新井新二郎・高岸対馬守・栗原宮内左衛門尉の郡内における戦功を賞す。	「北条氏邦感状」6－709・710・711	179
	12	再び、甲相一和。	「北条氏政条目」6－719	
元亀3 1572	1．9	北条家、岩付衆の着到を改訂する。宮城氏は284貫400文・36人、道祖土氏は25貫文・3人、鈴木雅楽助は8貫150文・2人。	「北条家印判状」6－715～717	
	1.15	北条氏政、由良成繁父子に条目五ヶ条を示す。その中に甲相一和のこと、国分けの事などを記す。	「北条氏政条目」6－719	64
	①4	上杉謙信、山川讃岐守晴重に石倉城波却等を伝える。	「上杉謙信書状」6－720	67
	①6	上杉謙信、上杉憲盛の倉賀野筋勝利を賞す。	「上杉謙信書状」6－722	
	2.27	北条氏邦、町田雅楽助に白岩分9貫文宛行。深谷本意の上は存分に扶持すると伝える。	「北条氏邦印判状写」6－726	
	3.20	武田信玄、甲相一和により厩橋の越後勢、河西に築城の旨を告げ、必ず出馬し戦うと告げ準備を命じる。	「武田信玄書状」6－732	69
	4.16	上杉謙信は、北条高広の里見佐竹との連絡役について労をねぎらい、上杉と武田の和議について現状を伝える。	「上杉謙信書状」上－1094	69
	6.11	北条氏邦、吉田新十郎に本給と父政重分合計20貫文を宛行。	「北条氏邦印判状」6－1022	174
	7.26	北条氏邦、斎藤八右衛門に間々田分・黒澤新右衛門分6貫800文を宛行、定峯谷間々田分6貫170文増給。合計19貫90文。若林杢助分代官を命じる。	「北条氏邦印判状」6－738・739・740	
	8.18	北条氏政、羽生出陣。	「上杉謙信書状写」6－744	70
	8.22	上杉謙信は越中の陣中より羽生城の木戸忠朝・重朝父子と城将菅原為繁に越山に備え準備を命じる。	「上杉謙信書状写」6－745	
	8.28	北条氏照は成田氏長の羽生城攻略の功を賞し、深谷城主上杉憲盛の23日帰陣を伝える。	「北条氏照書状」6－746	
	10.25	北条氏政、深谷攻めのため鉢形衆が29日に出陣と由良国繁父子に伝え利根川端に出陣するよう要請する。	「北条氏政書状」戦北－3872	71
	11. 8	由良成繁、館林城の長尾顕長に深谷城攻略は明日、羽生城の調議も近く、金鑽御嶽城を北条氏受け取りと伝える。	「由良成繁書状」『上里町史』458頁	
	12. 8	北条氏政、7日に栗橋城攻略。直ちに同城の普請を行い、3日の内に完成、深谷城と羽生城に対する砦は築城終わったと由良成繁に伝える。	「北条氏政書状」戦北－4914	71
	12.29	北条氏政が皆川氏の後詰めに出陣し、佐竹氏らとの上三川町多功原合戦で大敗し、単騎で岩付城に逃げ込むと伝える。	「上杉謙信書状」6－758	73

和暦	月日	出来事	資料出典	頁
永禄 13 1570 元亀元	8.10	北条氏邦、武田領本庄市高柳長泉寺に制札を掲げる。寺中門前と末寺小平の広斎寺での殺生・竹木伐採を禁止、不入地として寄進。	「北条氏邦制札」 6 — 662	
	10.16	武田勢が入間川まで出陣、防戦し、決着する。氏照は小山田八ケ村の武将から出家まで参陣を命じる。	「北条氏照朱印状写」戦北－1444	274
	10.27	武田信玄、榎下憲康に比企郡山田郷 200 貫文宛行を約す。	「武田信玄書状」埼史－ 953	
	12. 3	上杉輝虎、謙信と名乗る。	「上杉謙信願書」上－ 953	
	12.11	北条氏邦、小前田衆中の馬上五騎、徒衆 5 人の足軽を確認、小前田を不入とする。	「北条氏邦印判状」 6 — 668	
元 亀 2 1571	1.24	北条氏政、羽生城進攻。	「武田信玄書状」戦武－ 1644	
	2.27	石間谷の合戦。	「北条氏邦印判状」 6 — 681	
	4．7	北条氏邦、高岸対馬守に石間谷の合戦の高名により諸役免除	「北条氏邦印判状」 6 — 681	178 219
		同、山口上総守に子息総五郎の討死の高名を認め麻生村など三ケ村を与える。	「北条氏邦印判状」 6 — 680	173
	5.16	北条氏邦、小前田衆 11 人に小前田を与え、諸役を免除し、御普請免除、徒衆 6 人が早く馬上衆になるよう伝える。	「北条氏邦印判状」 6 — 685	179
	6．3	北条氏康は金子大蔵少輔（家長）・新五郎 (充忠）に本領 51 貫文、新恩分 150 貫文宛行を約す。	「北条氏康判物写」 6 — 704	
	6.10	北条家、松山本郷町人に市規定六カ条を発給する。	「北条家印判状写」 6 － 688	271
	6.12	武田信玄、甘棠院に高札を出す。	「武田家高札」 6 — 689	
	7.27	北条氏邦、山口氏と上吉田一騎衆に日尾城参集の功により感状を与える。	「北条氏邦感状」戦北－1496	61 178
	9.15	武田信玄・北条氏政榛沢の戦い。氏政、吉田政重に戦功を賞す	「北条氏政感状」 6 — 695	
	9.26	武田信玄、深谷・寄居町藤田侵攻。	「武田信玄書状写」戦武－ 1740	62
	9.27	武田信玄、秩父侵攻、苅田を行う。		62
	10.1	武田家、阿熊に禁制発す。	「武田家高札写」 6 — 697	62
	10. 3	北条氏康没。（大聖寺殿東陽宗岱大居士・五七歳）	『戦国史年表』後北条氏編	
	10.12	武田信玄、藤田・秩父・深谷領耕作薙ぎ捨て。利根川が深く越えられず、漆原に在陣し、厩橋領放火。越後勢が出陣したら容赦なく越後へ出馬。	「武田信玄朱印状写」 戦武－ 1743	62 253
	10.19	武田信玄、秩父在陣（～ 26 日まで）、人民断絶と記す。	「武田信玄書状」 6 － 601	63 253
	11.10	上杉謙信は厩橋城の北条高広に撤退を伝える。	「上杉謙信書状」 6 — 707	66

和暦	月日	出来事	資料出典	頁
永禄 12 1569	9.23	北条氏邦、斎藤三郎右衛門・高岸三郎左衛門に、武田勢郡内侵入時、野伏等を集め走り回った高名を認め褒美すると約す。	「北条氏邦判物」6―1713	218
	9.28	武田の大軍が小田原城に来襲、酒匂に着陣。	「」戦北－1320 他 「北条氏政書状」6―596	
	10.1	武田軍小田原城蓮池門を攻め城下に放火。		
	10.6	三増峠合戦。武田信玄、滝山城・小田原城を攻める。	「北条氏照書状」6―600	
	10. 8	北条氏康、信玄が上州を経て小田原まで出陣してきたので退路を断つため、三増峠まで進軍したが、1日遅れで取り逃がした。これは上杉勢の加勢がなかったからと謙信をなじる。	「北条氏康書状」6―597	
	10.28	上杉輝虎、梶原政景に来月 10 日までには倉内出陣、岩付城・松山城の仕置きをし、後に太田父子を岩付城に帰城させる等と伝える。	「上杉輝虎書状」6―602	57
	11.20	北条氏政は滝山城・津久井城普請を申し付け帰陣。	「足利義氏書状写」戦古－930	
		上杉輝虎、梶原源太に倉内着城を伝え、出陣を催促。	「上杉輝虎書状」6―605	58
	11.29	上杉謙信の倉内着陣の祝の品を黒澤右馬助を代官として届ける。	「北条氏邦書状写」6―612	181
	12.22	北条氏邦、遠山康光に 20 日に鉢形城を立ち、21 日に小田原城到着、25 日に鉢形城に帰ると伝える。	「北条氏邦書状写」6―617	
永禄 13 1570	2. 1	武田信玄、常陸柿岡城の梶原政景に昨冬駿河富士郡に出陣し後北条方の城を数カ所落城させた。政景が岩付城帰城を果たすには今春から岩付城内への根回し必要と伝える。	「武田信玄書状写」6―625	
	2.18	北条氏康・氏政は連署して起請文を上杉輝虎に送る。岩付城を太田道誉に渡す、梶原源太を小田原に差し越す、氏秀は柿崎景家か治家の小田原着城後西上野で渡す等を盟約する。	「北条氏康・氏政連署起請文」6―631	
	2.28	武田家、小鹿野高源院に禁制を発す。	「武田家制札」6―634	250
	3. 9	上杉輝虎、大石右衛門（尉芳綱）に書を送り、太田道誉が内密の書を佐竹の国衆に披露し、写しを由良成繁と河田重親にも送っている事に不信感を表明。資正を見限ったという。	「上杉輝虎書状写」6―639	
元亀元	5. 5	木部村寄居に氏邦は一円不入の屋敷を設ける。	「北条氏邦印判状」6―654	
	5. 5	北条氏邦、出浦式部に日尾城での忠節を賞し、講和の後には隠居分一箇所の知行を約す。	「北条氏邦朱印状」戦北－3731	178
	6. 5	武田信玄、御嶽城攻略。即、城普請を行い兵数千人置く。関東に出陣することについて味方に異議無く、太田資正の調略を依頼する。	「武田信玄書状」6―574	59
	6.28	金鑽御嶽城主長井政実は金鑽御嶽城本意につき金鑽薬師に植竹村に３貫文の地寄進。	「平沢政実判物」6―659	60 177

和暦	月日	出来事	資料出典	頁
永禄 12 1569	2.20	武田信玄、鉢形城攻撃。	「北条氏邦印判状」6 ― 593	
	2.24	武田勢、児玉筋へ進攻、氏邦が撃破し榛沢郡内で武田勢多数を討ち取る。	「北条氏康書状写」6 ― 700 『甲陽軍鑑』巻八下	46 46
	2.26	北条氏邦、井上雅楽助・四方田源左衛門の興津城での高名を認め感状を与える。	「北条氏邦感状」6 ― 534・535	
	2.29	上杉輝虎、太田道誉に北条氏康との和議には応じない旨伝える。	「上杉輝虎書状写」6 ― 538	
	3.14	北条氏邦、薩埵山出陣。	「北条氏政書状」6 ― 544	
	4.24	北条氏康・氏政、松山は上田の本領と主張。	「北条氏康・氏政連署状」6 ― 555	
	5．5	武田信玄、太田資正父子を武田方に誘引するよう太田氏の家臣・太田宮内少輔に要請。	「武田信玄書状写」6 ― 560	
	5.17	武田氏は高山彦兵衛（定重・上野衆）・浅利右馬助（信種・箕輪城）と相談、武上国境に築城と在城を命ずる。	「武田家印判状」6 ― 563	52
	⑤ 7	北条氏照、上杉輝虎に山王山砦を破却し関宿攻め撤退を伝える。	「北条氏照書状」6 ― 567	
	⑤ 16	武田信玄、武州筋遮断のため、浅利右馬助を箕輪城に派遣。	「武田信玄印判状」6 ― 569	
	6	越相一和。	「北条氏照書状写」6 ― 576	
	6.29	武田軍、大滝口・日尾に侵攻。氏康は信玄出陣は虚説と氏邦に伝える。金鑽御嶽城の仕置きに対する平沢と浄法寺の融和に配意するよう求めている。	「北条氏康書状」戦北 ― 1428	47 175 280
	7．1	平沢政実、人質を鉢形城に入れる。鉢形勢が金鑽御嶽城に入る。	「北条氏康書状」6 ― 577	49 175
	7．7	北条氏邦、山口総五郎に館沢筋の高名を賞し、上吉田村を与える。	「北条氏邦感状」6 ― 580	173
	7.11	武田信玄、武蔵に入り、北条氏邦と秩父三山谷に戦う。	「北条氏邦感状」6 ― 581	
		北条氏邦、多比良将監等に三山での高名に感状を与える。	「北条氏邦感状」6 ― 581 ～ 583	
	7.15	深谷城主上杉憲盛、上杉輝虎への帰属の意を伝える。	「上杉憲盛書状」6 ― 586	
	8.5	北条氏政、松山は上田の本地本領と再び主張。	「北条氏政書状」6 ― 589	56
	8.26	北条氏政、越相一和後の上杉輝虎の態度をなじり、由良父子に烏川以南の氏邦領を除く上野一国を与えることを約す。	「北条氏政書状写」6 ― 592	55
	9．1	北条氏邦、吉橋大膳亮に 2 月の鉢形城合戦時の高名を認め長浜・大塚内にて 20 貫文之地を宛行。	「北条氏邦印判状写」6 ― 593	
	9．9	武田信玄、金鑽御嶽城を攻める。	「北条氏邦書状」6 ― 594	56
	9.10	武田信玄、鉢形城の外曲輪を攻める。大激戦。	「同前」6 ― 594	57
	9.22	北条氏邦、逸見蔵人佐に末野 1 貫 170 文を増給する。	「北条氏邦印判状」6 ― 595	

和暦	月日	出来事	資料出典	頁
永禄 9 1566	11.10	上杉輝虎、富岡重朝に八日大胡着陣を伝え、北条勢が在陣しているので、北は藤岡市高山から深谷まで放火、小荷駄を多く略奪し本陣に帰ったこと。今後、金山・由良攻めに進軍。	「上杉輝虎書状写」上－538	
永禄 10 1567	1.26	佐野在陣中の上杉輝虎は梶原政景に父共々佐野着陣を要請。	「上杉輝虎書状」6－486	
	1.28	上杉輝虎、佐竹義重に武田・北条氏の手切れ近いと伝える。	「上杉輝虎書状」上－547	
	4	上杉輝虎、沼田城将に厩橋城の北条高広を攻撃するよう指示。	「上杉輝虎書状」上－554	
	8. 7	山中衆の黒澤駿河守など国峯城主小幡信真に起請文を出す。	「土屋重綱等連署起請文」『山梨県史』5－1412	
	10. 6	厩橋城の上杉輝虎を北条氏康・武田信玄が攻める。宿を焼き払い門前まで攻め入る。	『甲陽軍鑑』巻 11	
	10.25	輝虎、厩橋・新田・足利通過。27 日佐野城取りつめ在陣。	「上杉輝虎書状写」6－508	
	11. 1	北条氏邦、大森越前守・長谷部兵庫助に小前田を永禄 11 年から 6 年間荒野とし、諸役免除として開発させる。	「北条氏邦印判状」6－503	166
永禄 11 1568	2.17	平沢政実、倉林越後守に金屋・塩谷の手領 15 貫文の他藤岡・鬼石、上川鳥方・安保に 23 貫文の地宛行。	「長井政実宛行状」『藤岡市史』	
	3. 3	北条氏邦、糟尾伊予に金屋の内に 3 貫文と屋敷 1 間を宛行。	「北条氏邦印判状写」6－514	
	6.29	北条氏邦、井上雅楽助に 2 貫 200 文宛行。	「北条氏邦印判状」6－517	
	6.30	北条氏邦、小園の白岩惣次郎分の検地を実施。	「白岩惣次郎検地書出写」6－518	
	10.17	関宿城の簗田晴助が上杉輝虎に味方し、北条氏は向城として山王山砦（五霞町）・不動山砦を築く。（第 2 次関宿合戦）	「北条氏政書状写」戦北－1101	
	10.23	北条氏邦、井上孫七郎に兵粮の他所運搬を禁止、見つけた者は磔にすること。監視小屋を金尾・風布・鉢形・西之入に定める。	「北条氏邦印判状」6－520	
	12	この頃、甲相同盟破綻。信玄駿河へ侵攻（13 日）。		
	12. 6	北条氏邦、定峰谷の炭焼中と触口斎藤八衛門尉に諸役免除と関津料木口を免許。	「北条氏邦印判状」6－522	
	12. 9	北条氏邦、山口二郎五郎に末野に検地増分を宛行。	「北条氏邦印判状」6－523	165
	12.17	北条氏政、岩付城の防備の事、小金城の高城胤辰を河越大橋宿に移し、太田四郎兵衛（遠山衆）を岩付城の本丸・2 の丸の守将に任命する等を指示。	「北条氏政判物」戦北－1356	
	12.23	北条氏邦、駿河へ出陣。	「由良成繁書状写」6－526	
永禄 12 1569	1.16	山王山砦の北条氏照勢、小田原に撤退。	千 4－486 頁	
	2	甲相同盟破綻がつげられる。	「北条氏康書状写」6－530	

和暦	月日	出来事	資料出典	頁
永禄 8 1565	3. 2	北条氏康、関宿城を攻め、宿内外焼き払う。	『長楽寺永禄日記』 8 — 647	43
	3. 4	北条軍関宿撤退。	『長楽寺永禄日記』8 — 647	43
	3. 6	北条氏政、再び関宿に入る。	同上	43
	3.17	成田勢進攻し、深谷にて鐘・法螺貝激しく鳴る。	同上	43
	3.23	北条氏康、布施田山城守に大里郡内に 500 貫文宛行、深谷合戦の戦功を賞す。	「北条氏康判物写」 6 — 433	
	4. 1	金鑽御嶽城主平沢政実、黒澤玄蕃允に渡瀬・児玉等の地五貫二百文宛行。	「長井政実書状」 6 — 434	
	5	忍城主成田氏長、藤田甘粕の商人長谷部源三郎は忍領の足軽と証す。	「成田氏長判物」 6 — 439	167
	5.7	太田資正、岩付奪回のため攻めるも破れ、成田氏の許へ退く。	『長楽寺永禄日記』 8 — 649	43
	5. 8	太田資正、渋江まで攻入るも内応者が出て栗橋へ退く。	同上	43
	5.17	関宿への陣触れ有り。	同上	43
	7.16	上杉輝虎、三戸駿河守に太田道誉と岩付城奪回を心懸けるよう命ず。	「上杉輝虎書状」 6 — 447	
	8.16	平沢政実、黒澤源三に五明兵庫屋敷など 30 貫 5 百文の地宛行	「長井政実判物」 6 — 448	
	8.17	藤田新太郎方、鉢形関山にて深谷上杉と談合する。	『長楽寺永禄日記』 8 — 652	36 48
	8.24	関宿より北条軍撤退。北条氏康、鉢形へ寄陣。金鑽御嶽城へ進軍。市田・忍等攻め、成田・北河原を焼く。	『長楽寺永禄日記』8 — 653 頁～ 655 頁	43
	9.27	成田より鉄炮の音聞こえると記される。	同上	44
永禄 9 1566	1	上杉輝虎、小田城攻略。この時の参陣衆に成田 200 騎・廣田 50 騎・木戸 50 騎・太田 100 騎など見ゆ。	「上杉輝虎陣立覚書写」 6 — 481	
	2.16	上杉輝虎、小田城攻略	『越佐史料』巻 4 — 553 頁	246
	5. 5	氏邦、山口二郎五郎に末野少林寺門前に 1 貫 300 文の領地宛行。	「北条氏邦印判状」 6 — 459	165
	6.28	太田道誉は常陸片野城主、梶原政景は常陸柿岡城主。	「佐竹義重書状写」 6 — 462	
	⑧2	氏邦、斎藤八衛門尉に広木に知行宛行。	「北条氏邦印判状」 6 — 464	
	9.26	氏邦、逸見蔵人・四方田源左衛門尉・大濱式部に広木五カ村の竹藪を検分。	「北条氏邦印判状」 6 — 469	
	9.29	箕輪城落城、西上野は武田氏支配に入る。	『群馬県史』通史編 621 頁	
	10.25	武田信玄、新田・足利を焼く。この時五料（玉村）・二本木（板倉町カ）・葛和田（妻沼）を渡河する。	『甲陽軍鑑』巻 11	

和暦	月日	出来事	資料出典	頁
永禄6 1563	⑫	武田・北条両軍は東上野から撤退し、北条氏康、松山城在城。	「上杉輝虎書状写」6－392	37
永禄7 1564	1.1	江戸城太田康資が北条氏から離反、里見氏が葛西城を攻囲。	「北条氏康書状写」6－394	39
	1.4	北条氏康、伊豆衆の秩父氏や西原氏に房州勢が市川に在陣したので腰兵粮・乗馬にて江戸城へ至急参陣を命ず。	「北条氏康書状」6－395	
	1.7	国府台合戦。北条氏康父子は里見義弘・太田資正等と戦う。	『鎌倉九代後記』8－312頁 『戦国史年表』後北条氏編	
	1.8	北条氏勝利し、下総国葛西領・香取郡を領有す。（江戸太田氏の江戸城接収、江戸太田氏没落）		
	5.17	武田信玄、鎌原重春に敵地の麦作刈り取り、倉賀野等の苗代薙ぎ払い、本庄久々宇等放火と伝える。	「武田信玄書状写」6－401	
	5.23	北条氏照、三田治部少輔・師岡秀光に岩付境目の大切な清戸番所在番に関する清戸三番衆法度を定める。	「北条氏照印判状」6－402	
	6.18	北条氏邦、斎藤八右衛門に三沢20貫文之不足分として公方綿4抱などを1回免除。	「北条氏邦印判状」6－405	33
		同、児玉の久米大膳亮に過所を与え、氏邦知行分の諸役を免除の朱印状を出す。（氏邦朱印状初見）	「北条氏邦印判状」6－406	
	7.23	北条氏政、氏資の内応により宇都宮出陣中の太田資正を岩付城から追放。子・氏資を城主。	「藤原（上杉）景虎書状写」6－409	
	7.29	北条氏邦、猪俣左衛門尉・用土新六郎・黒澤右馬助・逸見左馬亮に8月10日迄に江戸城着城を命ず。	「北条氏邦書状写」6－1707	34
	8.4	上杉輝虎、将軍家からの和睦せよとの御内書にたいして、図らずも管領職を受けざるを得なかったこと等を述べる。	「上杉景虎書状写」6－409	40
	9.6	北条氏康が不意に関宿城を攻めたが、簗田晴助が防戦氏康撤退、成田筋に進軍、行田市清水に在陣。	「長尾景長書状」千4－882頁	
	10.19	北条氏照、長田・分田金の名主百性に他所へ逃散した百性がおり支給検め、所在の確認を命じる。	「北条氏輝印判状」6－416	268
	11.27	太田道誉、沼田城将河田長親に上杉輝虎からの黄金百両の礼を述べ、自身の引退。梶原政景の引き立てを依頼す。	「太田道誉書状」6－419	
永禄8 1565	1.7	北条氏邦、用土新六郎に吉田天徳寺門前から出す舟役一艘免除。	「北条氏邦印判状」6－423	
	1.15	北条氏邦、野上足軽衆に西之入小屋の番を命じる。	「北条氏邦印判状」6－425	36
	2.24	北条氏邦、出浦左馬助に阿左美の内10貫文宛行	「北条氏邦印判状」6－896	166
	2	深谷合戦	「北条氏康判物写」6－433	

和暦	月日	出来事	資料出典	頁
永禄5 1562	4カ	「武州ノ大ガラン岩殿ヲ始トシテ大加ラン悉クハウ火」	「松橋血脈裏文書」2－別25	252
	4.17	秩父左衛門尉も其の地（鉢形城）の番や普請に携わり、折々御嶽筋へ見回りをし、稼ぐこと用土新左衛門から申してきているので忠節を認め扶持すると伝える。	「乙千代書状写」6－339・356	27 148 163
	5	武田信玄、本庄久々宇放火。	戦武－7785	
	8．4	乙千代は用土新左衛門に金鑽御嶽城への対応を指示し、木部の旧領安堵する。	「乙千代書状写」6－357	27 155
	8.12	南図書助は奉行人として、出浦小四郎に去年以来の日尾での高名を認め、末野他に八貫文の知行を宛行の書状を出す。	「北条氏判物」戦北－775	29 159
	9.18	武田信玄、宇都宮廣綱に箕輪・総社・倉賀野の郷村を撃破し、作毛刈り取り、10月下旬今川・北条と申し合わせ利根川を越えると伝える。	「武田信玄書状写」6－352	
	10	北条氏康、松山城を攻める。	「上杉輝虎書状」6－372	
	10.10	乙千代、逸見蔵人に寄居町飯塚、秩父市贄川に6貫300文宛行。	「乙千代判物」6－354	29 158
	11.11	武田信玄の援軍着陣。北条氏康・武田信玄は松山城を攻める。	「上杉輝虎書状」6－372、	
	12.16	上杉輝虎、今16日倉内着陣、松山城は攻囲されているが堅固な守備に目出度いという。倉内着陣を味方へ伝えるよう北条高広に申し渡す。	「上杉輝虎書状写」6－366	
永禄6 1563	2.4	岩付太田方の松山城、北条・武田軍に敗れ落城。憲勝城を明け渡す。氏康、上田又次郎に松山城を元のごとく守らす。	『鎌倉九代後記』8－311頁 「北条氏康書状写」6－369	
	2．6	上杉輝虎、救援の為石戸に至る。帰途騎西城攻略。	「上杉輝虎書状」6－372	251
	2.26	北条氏康・氏政父子が用土新左衛門尉に一乱以来の功績を認め、旧領を安堵し、長浜郷など3箇所を宛行う。	「北条氏康・氏政連署状写」6－370	31 156
	5.10	北条氏康・氏政父子は武田信玄と申し合わせのとおり、安保晴泰・泰通に上野・足利領内で27の郷村等を宛行。	「北条氏康・氏政連署判物」6－375	
	12.9	用土新左衛門は高岸氏に対して課せられた小屋役に対して、訴えて沙汰を待つよう指示する。	「用土新左衛門書状」6－付62	32
	12.28	北条氏の軍勢が中山を攻める。	「依田信蕃書状」群7－2213	
	⑫5	武田・北条両軍が東上野に進攻。金山城を攻める。上杉勢は後詰めをするので、太田資正・成田氏長を羽生城に移すよう伝え、富岡主税助（重朝）に両氏への協力要請す。	「上杉輝虎書状」上－371	
	⑫10	北条氏照、結城親朝に関宿城を守り、上杉勢が利根川を越えれば上野新田口に出陣と伝える。	「北条氏照書状」6－390	

和暦	月日	出来事	資料出典	頁
永禄 4 1561	③ 16	鎌倉八幡宮参拝、上杉を襲名関東管領に就く。上杉政虎名のる。	「上杉政虎起請文写」6－302	
	4.13	武田信玄、次郎等に書状を出し由井へ進軍した氏康の動向について尋ねる。	「武田信玄書状写」埼史 12－214・215	
	5.28	北条氏康、箱根権現別当金剛王院融山に、武相の内で江戸・河越城七・八箇所の地を守った事、氏政に家督を譲った事、徳政を行った事、十年来越訴を認めている事等を述べる。	「北条氏康書状写」6－311	19
	6．3	北条氏康、金子家長・充忠に勝沼の三田氏との合戦で今日直ちに参陣し、忠節を尽くせば、高麗郡の本領安堵の他郡内で 150 貫文宛行を約す。	「北条氏康判物」戦北－703	
	7．3	上杉政虎、那須資胤に勝沼口の情報入手を謝し、勝沼口に城郭を築城し堅固に備えているので安心して欲しいと伝える。	「上杉政虎書状写」6－313	
	7.10	武田信玄、加藤忠景などに三田氏が上杉政虎の要望で青梅に辛垣城築城、氏康は由井に在陣。	「武田信玄書状」戦武－746	
	末頃	北条氏は青梅の三田氏勝沼城など攻略。	「北条氏康書状写」6－1645	20
	9	北条氏康は勝沼攻略後、高坂に着陣、日尾城・天神山城攻略。	「北条氏康書状写」6－1645	20 150
	9．5	北条氏康、用土新左衛門尉に河南郷・白石弥三郎跡地を宛行	「北条氏康判物写」6－317	153
	9．8	乙千代、斎藤新四郎に難所を凌がし連絡してきた忠節を認め、本意之上は領地を与えると約す。	「乙千代判物」6－358	21 157
	9.27	北条氏、高岸氏に諸役免除を与え、忠節を重ねるなら所領を与えるという。	「北条家印判状」 『中世の秩父』168 頁	161
	10	秩父大宮合戦。	「北条氏康判物」6－275	158
	10.17	北条氏康、大宮合戦に高名をあげた斎藤八右衛門に三沢谷で 20 貫文宛行。	「北条氏康判物」6－275	158
	12．3	北条家、高松城明け渡しを命じる。	「北条家印判状」6－327	23 146
	12.18	乙千代、秩父衆に対して千馬山城の用土氏に証人を出し、忠誠を誓えば、知行従前通りを約す。	「乙千代判物」6－359・360	24 151 161
永禄 5 1562	1	北条氏、足立郡太田領に進攻。	『川越市史』中世史料編	
	1.29	乙千代、秩父衆中に各々が談合し走廻り次第では知行すると伝える。	「乙千代判物」6－355	24
	2．9	上杉輝虎、館林城攻撃。	「須田栄定書状」6－334	
	4．2	乙千代、用土新左衛門に（鉢形城）普請について大方ができたというが水の手に十分意を払い、金鑽御嶽城に人数を籠め置くことなどを指示する。	「乙千代書状写」6－339	26 147
	4．5	北条氏、甲山在陣衆の松山本郷への出入りと乱暴狼藉禁止。	「北条氏印判状」6－341	250

和暦	月日	出来事	資料出典	頁
天文 23 1554	5．9	藤田泰邦、斎藤右馬允に屋敷分 10 貫文宛行を約す。	「藤田泰邦（カ）書状写」6—付 26	
天文 24 弘治元 1555	9.13	藤田泰邦、法名祖繁没。（浄蓮寺過去帳は素繁）	「正龍寺宝篋印塔銘」	
	11.22	足利梅千代王丸、元服し義氏を名乗る。	「足利義氏安堵状」戦古－ 820	
		この年、北条氏康は入間郡・比企郡等に検地施行。	『小田原衆所領役帳』	
弘治 3 1557	7.26	小川町奈良梨の諏訪神社に鉢形領西之入の新井佐土守が鰐口寄進。	「諏訪神社鰐口銘文」 小川町史古代中世史料編	
永禄元 1558	6．1	足利義氏は簗田晴助に関宿城を北条氏康に従属して進上し、古河城に移るよう要請する。足利義氏関宿城に入城。	「足利義氏書状」戦古－ 831・832	
	7. 19	北条氏康が天神山城の老母（藤田邦広の室・泰邦母）に神川町小浜の北谷川屋敷分五貫五百文を宛行う。	「北条家朱印状」戦北－ 593	
	11．2	北条氏政、金子左衛門大夫・山角定勝に河越城定番の足軽衆人数不足を指摘、河越城の番は逃亡の無いよう、境目の城のため敵の攻撃に備えるよう指示。	「北条氏康書状写」戦北－ 654	13
永禄 2	12.23	北条氏康が隠居、氏政が家督を継ぐ。	『年代記配合抄』北 2 － 146	
永禄 3 1560	8	長尾景虎関東出陣開始。	「長尾景虎書状写」6 — 269	
	9.28	北条氏康、河越城出馬在陣。	「北条氏康書状」6 － 271	
	10	北条氏康松山在城。	「足利義氏書状写」6 － 278	
	10.29	長尾景虎、倉内着陣。上武の衆が参陣と伝える。	「長尾景虎書状」6 — 279	16
	11.12	長尾景虎、信濃の武将市田氏に藤田秩父・廣田・河田の一跡・小田助三郎方前の事・毛呂土佐守前事等の条書出す	「長尾景虎条書写」6 — 280	
	12 2	北条氏康、長尾景虎の来攻に備え、池田安芸守を河越城に籠城させる。本意の上は忍・岩付領内に望みの地を宛行と約す。	「北条氏康・氏政連署判物写」6 － 286	
	12.27	上田宗調、木呂子新左衛門に比企郡大屋郷を給し、横見郡下細谷の代官を命ずる。	「上田宗調判物写」市史 2 —849	
永禄 4 1561	1	北条氏、松山筋・河越で上杉勢と戦う。河越城籠城。	「北条氏堯判物」6 － 303 「北条氏政感状」6 － 304	
	2	この頃『関東幕注文』作成される。	『関東幕注文』8 － 628 頁	16
		この頃、太田資正は長尾景虎の下知により松山城攻略。	『鎌倉九代後記』8 － 311 頁	
	2.27	長尾景虎、松山城在城。近日中に小田原に向け進軍という。	「長尾景虎願文」上－ 258	
	3.24	北条宗哲は大藤政信に小田原城に援軍として、今川氏真も出陣し、武田は一万の大軍で河村城に着陣予定。鉄炮五百挺を用意し、敵は堀端にも近づけないと伝える。	「北条宗哲書状」戦北－ 687	

●資料掲載頁索引年表

和暦	月日	出来事	資料出典	頁
天文2 1533	2．9	藤田小三郎、北条氏綱の奉加の求めに応じる。	『快元僧都記』 8－534頁	
	7	藤田右金吾、三峯神社を修理する。	「三峯宮棟札」 9－219頁	145
天文5 1536	9．6	寄居町用土熊野神社に用土新三郎鰐口奉納。	「熊野神社鰐口銘文」 『寄居町史』	152
天文6 1537	4.27	扇谷上杉朝興、河越城内にて没す。朝定が継ぐ。	『鎌倉九代後記』 8－305頁	
	7.15	上杉朝定、三木で北条氏康に敗れ、河越城から難波田弾正の守る松山城に退く。	『妙法寺記』、『北条記』8－306・361頁	
天文11 1542	10	信州から越後における武田軍の略奪・人取り記録。	『甲陽軍鑑』『妙法寺記』	245
天文14 1545	9.26	上杉憲政、砂久保に陣し河越城を攻める。北条綱成他籠城戦。	『関東管領記』巻之下	5
	12.27	古河公方足利晴氏、上杉勢を助けるため河越に出馬。	『北条記』「徳真書状」 6－166	
天文15 1546	4.20	〔河越夜戦〕上杉朝定、上田小三郎、難波田弾正善銀・隼人（善鉄）父子討死。藤田氏・大石氏ら北条氏に帰順という。	「上杉憲政書状」『藤岡市史』中世264 「北条氏康書状写」 6－171	7
天文16 1547	12．9	太田資正、岩付城を攻略、入城。上田又次郎を松山城に置く。	『年代記配合抄』北2－146	7
天文17 1548	11.8	太田資正、北条氏康と和睦、従属する。	『年代記配合抄』北2－146	7
	12．5	国峯城の小幡氏が北条氏に与し、小林氏の在所（緑野郡）へ攻撃をかけ、反撃される。	「上杉憲当書状」藤岡市史資料編原始古代中世－275	
天文19 1550	2.19	北条氏康、用土新左衛門に高山知行の内神田川除郷を宛行。	「北条氏康判物写」 6－191	10 152
	4.19	北条氏、郷村疲弊退転のため、徳政令を出し、救済し、越訴の制度を実施。	「北条家朱印状」戦北－369	
	6．9	北条氏康、用土新左衛門に上野金井村（藤岡市）を宛行。	「北条氏康判物写」戦北－378	11 152
	11	北条氏康、平井城を攻める。上杉憲当防戦し、小林平四郎に感状を出す。	「上杉憲当書状」藤岡市史資料編原始古代中世－279	
天文20 1551		氏康、平井城攻略。この頃、忍城主成田長泰、天神山城主藤田康邦。	『豆相記』 8－467頁	
天文21 1552	2.15	北条氏、金鑚一帯焼き討ち。	「仁王経科註見聞私」 〔宇高1988〕	8 251
	3	金鑚御嶽城（城主安保信濃守泰広）攻略。	同上	同上
	3.14	北条家小幡憲重に印判状を発給し児玉郡今井郷の百姓らの還住を命じる。	「北条家印判状」 6－198	
	5初	上杉憲政が平井城から越後長尾氏に拠る。	『戦国史年表』後北条氏編	
	7	長尾景虎武蔵出陣。北川辺矢島に制札を掲げる。	「長尾景虎制札」上－93	13
	7.21	北条氏康、松山普請。高松筋へ敵動きと記す。	「北条氏康書状写」 6－203	10 149
天文23 1554	5.26	将軍足利義輝から横瀬成繁に鉄炮一挺が贈られる。	「将軍足利義藤御内書」他 群7－2023・2024	

著者略歴

梅沢太久夫　（うめざわ　たくお）

1945 年　埼玉県秩父郡東秩父村に生まれる。

1968 年　埼玉大学教育学部卒業。

1971 年　埼玉県立博物館に勤務。

2000 年　埼玉県立歴史資料館長。

2004 年　埼玉県立さいたま川の博物館長。

2006 年　定年退職

元・埼玉県文化財保護協会副会長。

主な著書

『日本城郭大系』第 5 巻「東京・埼玉」（共著　新人物往来社）

『慈光寺』（共著　新人物往来社）

『埼玉ふるさと散歩―比企丘陵編―』（編著　さきたま出版会）

『城郭資料集成　中世北武蔵の城』（岩田書院）

『中世武蔵人物列伝』（共著　さきたま出版会）

改訂版『武蔵松山城主上田氏』―戦国動乱二五〇年の軌跡―（まつやま書房）

『戦国の城』（共著　古志書院）

『北条氏邦と藤田氏』（共著　岩田書院）

『関東の名城を歩く』南関東編（共著　吉川弘文館）

『関東争奪戦史 松山城合戦 戦国合戦記の虚と実を探る』（まつやま書房）

『戦国の境目　秩父谷の城と武将』（まつやま書房）

『武蔵上田氏　論集 戦国大名と国衆⑮』（共著　岩田書院）

古文書を読む

北条氏邦と鉢形領支配

2015 年 4 月 30 日　初版第一刷発行

著　者　梅沢太久夫

発行者　山本　正史

印　刷　恵友印刷株式会社

発行所　まつやま書房

〒 355 − 0017　埼玉県東松山市松葉町 3 − 2 − 5

Tel.0493 − 22 − 4162　Fax.0493 − 22 − 4460

郵便振替　00190 − 3 − 70394

URL:http://www.matsuyama − syobou.com/

ISBN 978-4-89623-092-5　C0021

比企の歴史を彩る **比企双書シリーズ◉** 続々刊行

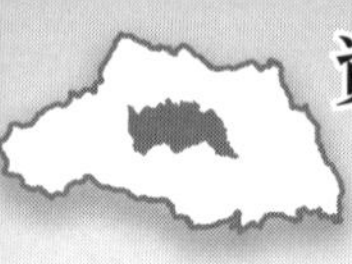

資料的にも整理が難しい武州松山城を
二つの視点によって実像を探る

梅沢太久夫著

改訂版

武蔵松山城主 上田氏

戦国動乱二五〇年の軌跡

上田氏は戦国期の関東において重要な位置をしめる松山城主として、常に問題にされてきたが、資料不足などからいまだつまびらかにされることはなかった。

著者は多くの関係史料や上田氏が大檀那であった浄蓮寺の過去帳を丹念に調べ、上田氏の動向を明らかにする。

ISBN 978-4-89623-072-7

A5判・並製本・三〇五頁

定価（本体**1800**円＋税）

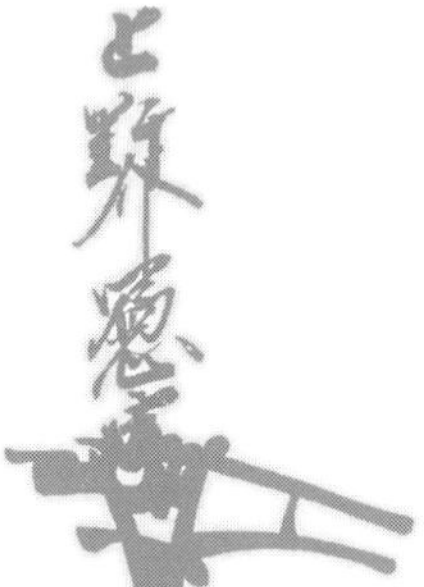

関東争奪戦史

松山城合戦

戦国合戦記の虚と実を探る

松山城を記述する多くの史料を事細かく説明し、意訳などをまじえつつ各史料の相違点、現時点の見解を述べる。

いまだ検討余地の多い松山城の今後の研究課題も視野に入れ、本書は貴重な資料的教科書として比企の郷土史をよりよく彩らせることになるだろう。

ISBN 978-4-89623-076-5

A5判・並製本・二〇三頁

定価（本体**1500**円＋税）

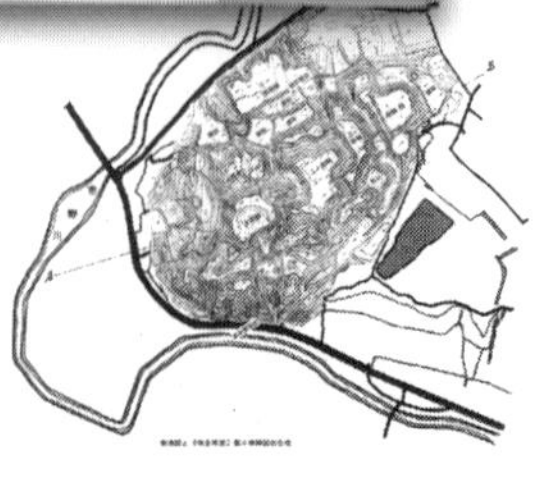

お求めはお近くの書店までお願いします。

地域の歴史探求を多彩な史料を用いて探る

戦国の境目 秩父谷の城と武将

梅沢太久夫著

秩父は、北に上杉氏、西に武田氏、南に後北条氏、という戦国大名たちにはさまれた「境目」の地域であった。

この境目にはぐくまれた中小の武将が多数活躍した足跡を残し、縄張りも小さい城郭も多数存在する。

本書ではこの山地に囲まれた秩父谷地域に焦点をあて追跡する。

ISBN 978-4-89623-083-3

A5判・並製本・367頁

定価2625円
本体2500円＋税

・戦国を生き抜いた辺境の武将達の実像を追及
・歴史史料を個人所蔵史料レベルまで追及し文に基づいてわかりやすく現代語訳
・秩父地域の城郭三十点以上を史料を読み込み後北条氏の鉢形城築城等詳述
・著者が長期間にわたってまとめあげた武将史料一覧など史料を豊富に附随

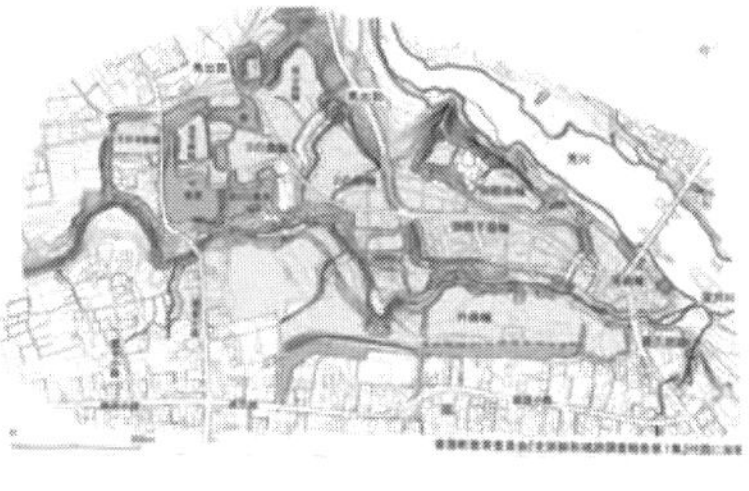

本書内容

お求めはお近くの書店までお願いします。